中央高校基本科研业务费专项资金资助
中央戏剧学院优秀科研成果出版资助计划

凌叔华年谱

袁婵 著

商务印书馆
创于1897 The Commercial Press

凌叔华的父亲凌福彭和母亲

民国时期的凌福彭

少女时期的凌叔华

陈西滢与凌叔华

凌叔华为徐志摩绘《海滩上种花》

凌叔华泰山云步桥游览照（1934）

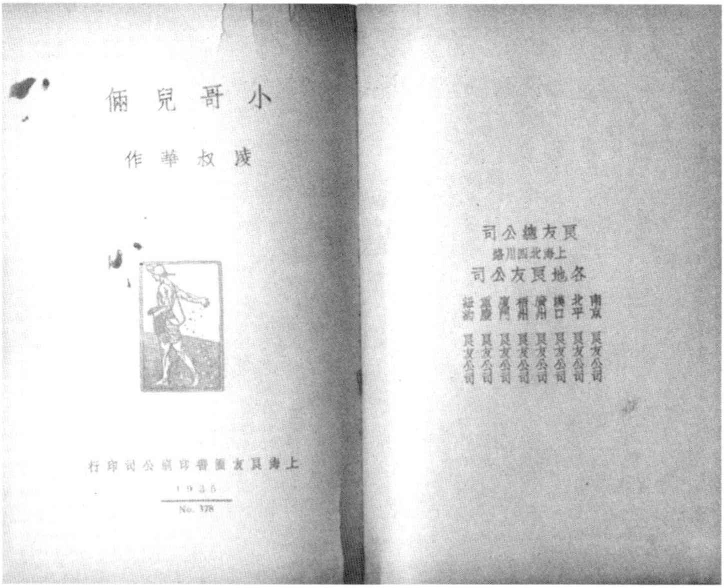

《小哥儿俩》初版书影（1935）

朱利安·贝尔（左）与陈西滢、凌叔华

陈小滢周岁一家合影

凌叔华

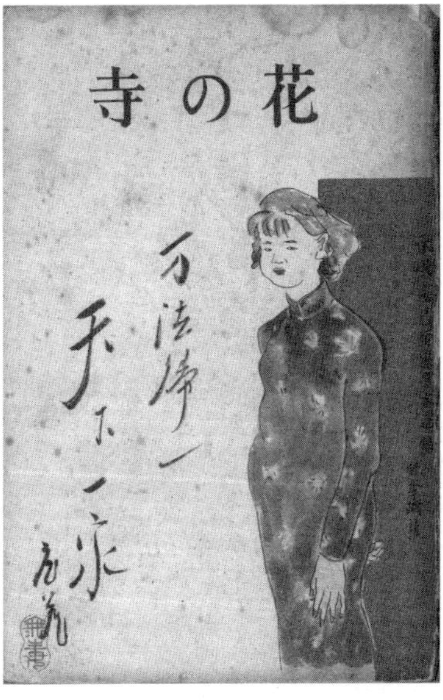

《花之寺》日译本封面（1940）

《古韵》英文初版封面（1953）

凌叔华侧影

凌叔华绘《古韵》插图：《我们在北京的家》

凌叔华绘《古韵》插图:《贲先生》

凌叔华法国画展宣传册（1954）

《爱山庐梦影》初版书影（1960）

凌叔华与台湾女作家合照（后排左起：王怡之、张秀亚、琦君；前排左起：谢冰莹、凌叔华、林海音）

凌叔华在新加坡时所住的教授宿舍

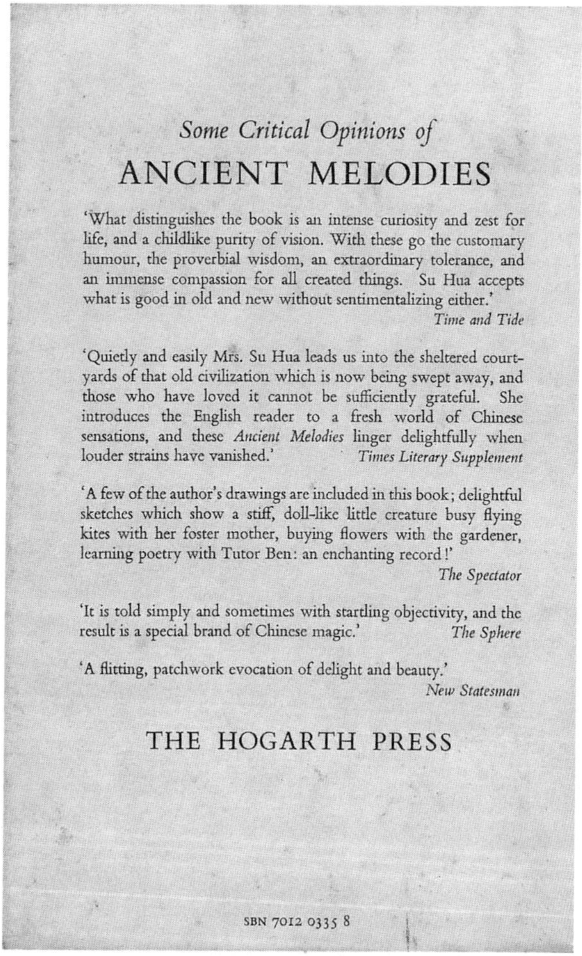

Some Critical Opinions of

ANCIENT MELODIES

'What distinguishes the book is an intense curiosity and zest for life, and a childlike purity of vision. With these go the customary humour, the proverbial wisdom, an extraordinary tolerance, and an immense compassion for all created things. Su Hua accepts what is good in old and new without sentimentalizing either.'
Time and Tide

'Quietly and easily Mrs. Su Hua leads us into the sheltered court-yards of that old civilization which is now being swept away, and those who have loved it cannot be sufficiently grateful. She introduces the English reader to a fresh world of Chinese sensations, and these *Ancient Melodies* linger delightfully when louder strains have vanished.' *Times Literary Supplement*

'A few of the author's drawings are included in this book; delightful sketches which show a stiff, doll-like little creature busy flying kites with her foster mother, buying flowers with the gardener, learning poetry with Tutor Ben: an enchanting record!'
The Spectator

'It is told simply and sometimes with startling objectivity, and the result is a special brand of Chinese magic.' *The Sphere*

'A flitting, patchwork evocation of delight and beauty.'
New Statesman

THE HOGARTH PRESS

SBN 7012 0335 8

《古韵》(1969)封底

序　一

《凌叔华年谱》：一份翔实、严谨的文献史料

傅光明（首都师范大学外国语学院教授）

1987年5月，蒙天缘眷顾，我与恩师萧乾先生结识。1990年，蒙先生推荐，我开始翻译凌叔华的英文自传体小说《古韵》（*Ancient Melodies*）。假如能说我对凌叔华有点儿研究，这可算作起点。

明摆着，有关凌叔华生平创作的各种材料，既分散、又匮乏，这使有的研究难逃从其小说索隐之嫌，甚而有人索性拿《古韵》当自传。似乎该怪她本人，谁叫她生前没多留下点儿自传性文字。最有趣的是，她竟对自己生于何年，糊涂了一世。

袁婵的凌叔华研究自读博始，2020年出版学术专著《"新闺秀"的旅吟：凌叔华的生平与创作》后，仍悉心收集相关史料，辗转北京、武汉、伦敦、香港、新加坡等地，颇有斩获。对于凌叔华这样一位"新闺秀派"传主，如此开掘史料，实属不易。《凌叔华年谱》随之而生，其价值不言自明。难得的是，袁婵有意识地进行文体创新，尝试年谱式传记的书写方法，让年谱在史料价值之外，更具可读性和可感性。

对于我，颇觉神奇的是，在以25岁之年译完《古韵》三十年后，又蒙凌叔华与陈西滢夫妇的独女陈小滢委托，开始整理皇皇65万言的陈西滢日记。日记无疑是一个作家最真实的自传，从《西滢日记》可见其真实为人，见其为中英文化交流等诸多工作付出巨大辛劳，堪称弥足珍贵、十二分鲜活的“新”史料，亦是最妙趣出彩的“西滢闲话”。透过这私人化的记述，可寻出凌叔华自身着墨甚微的家庭生活的踪影，及藏匿其中的细节、情绪。

对于凌叔华，无论自传体小说《古韵》，还是其他虚构和非虚构作品，均可视为管窥她的世界的一扇小窗;《西滢日记》也好，时人的回忆文章与访谈记录也罢，无一不是通往她的人生的路径——至少有利于还原某些历史真实；不过，也可能使历史距真实更遥远。不管怎样，历史的重要特征之一应在于其丰富多元和庞杂难辨。诚然，凌叔华与中外文友如胡适、徐志摩、苏雪林、弗吉尼亚·伍尔夫、瓦内萨·贝尔等人的书信，时常令我真切感到，奇妙的书信世界常能透露出史料与人生的一种纷纭复杂而又内蕴十足的韵致。这韵致，是我读《凌叔华年谱》的感受，或也是作者勉力的方向，及作品之意义所在。

梁启超谈到，“时代愈远，则史料遗失愈多而可征信者愈少”。照此，文献史料更有收集整理之必要。一部合格的年谱，翔实与严谨缺一不可。由此，袁婵的努力自然溢于行间。同时，不可忽视年谱中多视角多侧面的“记忆”材料，正是它们，丰富了历史情境，让读者在过去与现在直接或间接的关联中，去理解过去，理解不论是作为作家、画家的凌叔华，还是作为女性的凌叔华，抑或她所生活的风云变幻的20世纪中国与世界。

再蒙天缘垂青，2012年至今，我从以往的中国现代文学研究跨出界来，开始痴心、矢志于重新翻译“古老的”莎士比亚；袁婵在进入中央戏剧学院任教之后，开始给学生讲授莎士比亚。我们因莎士比亚结识，却不知早由凌叔华预设下伏笔，由“古韵”之遗响引出同道之缘。

是为序。

2024年10月

序　二

传奇凌叔华的命运实录

杨玉峰（香港大学中文学院副教授）

为人熟知的现代女作家，大都有着传奇色彩的人生，凌叔华就是一位具代表性的例子。从她的出身、学业、爱情、婚姻、事业，以至在海外生活等，都令人刮目相看。凌叔华充分体现二十世纪以来，受到新文化思潮冲击，由旧社会走向新时代的女性的蜕变历程，她的喜怒哀乐、挣扎追求，谱写出处身新旧夹缝中妇女一段又一段的婉转乐曲；阅读凌叔华，就让人恍惚随她进入二十世纪大舞台，一起经历起伏悲欢，感慨万分！

《凌叔华年谱》正是一部为我们展现谱主一生曲折命运的实录，它也是袁婵博士继《“新闺秀”的旅吟：凌叔华的生平与创作》一书之后，再一次深入挖掘女作家生活细节、思想演变、奋进前行的力作。年谱的性质本是以史事系年，顺次铺写，不免会有流水账簿般刻板啰唆的问题，甚至倾于沉闷，然而谱主凌叔华传奇性的一生，却给予年谱所记的事情柳暗花明，具有诱人的吸引力。凌叔华一生有三段重要历程。最初由一位接受家庭教育的高门闺秀，远赴日本学习，继而进入天津女子学堂，毕业于燕京大学，凌叔华经历了少女时期的学习阶段，为后来的创作和艺术事业发展奠定基础。及后随夫移居英国，一名东方女性长时间在异民族的社会里生活和开创事业，当中甘苦及付出的努力可想而知。1956年凌叔华受聘到新加坡任大学教席，重新回到华人社会生活，为时虽不足十年，但工作和创作较为顺心。南洋惬意的岁月，相对是凌叔华较安稳的人生阶段，却又是被研究者所忽略的重要篇章。试问一位处身新旧交替时代的女性，足迹曾横跨欧亚，前半生成长于中华大地、后半生移居英伦欧陆、期间又在星洲生活，她的事迹，怎会是平凡乏味？

凌叔华的传奇人生，《凌叔华年谱》有着精彩的演绎。过去也有学者专门研究凌叔华，也曾搜集过她的佚作，编写传记、年谱等，如陈学勇的《中国儿女：凌叔华佚作·年谱》（2008）、《高门巨族的兰花：凌叔华传》（2023年增订本）及林杉的《凌叔华：中国的曼殊斐儿》（2023）便是很有参考价值的著作。可惜大多数学者往往受限于所用语言，以及所处地域，未能充分追踪研究对象的历练痕迹，以致无法掌握较全面的材料，研究成果不免会有所缺漏。对于凌叔华这样一个以中英文创作，又在海外度过大半生的作家，中国学者或西方专家要把握她的资料尤其困难。对于袁婵博士来说，她却占了一些优势和良机，况且学术研究，后出转精，她的《“新闺秀”的旅吟：凌叔华的生平与创作》（2020）和《凌叔华年谱》书稿，也充分体现了作者勇于继往开来、孜孜不倦的精神。袁婵曾在南京、英国及香港读书、做研究，通晓两文三语，所以走访图书馆、搜罗材料较为得心应手。她研究凌叔华，便是在前辈学者的成果上更上层楼，之前出版的《凌叔华的生平与创作》，即以丰富翔实的资料，尤其是有关凌叔华的家族背景和在英国的生活与创作，增补了大量原始材料及英文文献，让凌叔华的人生两大阶段得以彰显。而书稿《凌叔华年谱》经过袁婵的努力，再进一步把凌叔华过去鲜人着墨的南洋经历，添上色彩。如此一来，谱主九十年的曲折人生，更为丰满，学者、作家、艺术家的复合形象更为立体、突出。

凌叔华晚年在给好友苏雪林的信中写道："你所有的岁月，对你不曾留下多少深刻无情的痕迹，因为你会把丑事美化了，你是命运注定的一个诗人。你的童心，美化了人生的丑恶，世上的张爱玲还有不少，望你时常想起我今天的话为幸。"（1985年7月6日）换言之，她颇羡慕苏雪林有着较如意的生活，暗示自我一生经历过不少深刻无情的挫折，还把自己类比才女张爱玲，大有同病相怜的感伤！实情是否如凌叔华切身的告白那样？1985年张爱玲仍在世，晚年寡居美国，境况凄凉。而凌叔华则独居英伦，也感孤单寂寞，相比之下，凌还有女儿外孙，只是不在身边而已。那么，凌叔华的倾诉，恐怕只是自我回顾平生后的一时感叹。

话说回来，凌叔华传奇的一生，确实如同张爱玲，本身便是一部耐人寻味的故事书，仔细翻阅，不免有波澜起伏之感，掩卷时或许能让大家咄咄称赏却又惋惜无奈！记录如斯人物的《凌叔华年谱》，相信也会通过翔实细致的陈述，把凌叔华的故事刻画得更加精彩！

目 录

·凡　例·

一、本年谱分为：谱前（凡例、凌叔华传略、凌氏家脉），本谱（时代背景、谱文），谱后（凌叔华著译年表、参考文献）。

二、所记事件，包括谱主生平活动、言论、著述等，皆按时间先后，逐条记事。凡有考证、补充、评述等需要说明的内容，或对过往有关谱主传记文字的误记或有争议之处，均用注释形式予以说明。

三、目前已知的谱主全部著述一律入谱，发表时署名若使用其他名号，如“瑞唐”“素心”等，予以注明；若使用“凌叔华”“凌叔华女士”，则不注明。

四、记事用公历，谱主岁序以足龄计算。正文记事详其年、月、日。无月、日可稽者，附于其同年同月之后。

五、本谱所用各种材料，凡公开发表者一律注明出处；未经发表者注明现存之处。

六、本谱所提及的某些引语存在不符合现代语言规范、语义模糊等情况，出于尊重时代背景及原文引用的考虑，不作改动与统一。

七、历史文献中无法辨认之字，用“□”表示。

前　言

凌叔华（1900—1990），原名凌瑞棠，笔名叔华、瑞唐、素华、素心等，是中国第一代现代女作家，“现代评论派”“新月派”“京派”文学代表作家。自20世纪初开始文学创作以来，在《晨报副刊》《现代评论》《新月》《大公报》等重要文学刊物发表小说、散文、戏剧作品若干，出版短篇小说集《花之寺》（1928）、《女人》（1930）、《小哥儿俩》（1935）和散文集《爱山庐梦影》（1960）等，并在英国出版英文自传体小说《古韵》（*Ancient Melodies*）（1953）。其文学成就主要在短篇小说，曾被施蛰存称作“真正懂得短篇小说作法的人”[1]，夏志清也在《中国现代小说史》（*A History of Modern Chinese Fiction*）中评价其创作才能高于同时代其他女作家。凌叔华的创作以女性和儿童为主要对象，风格介于保守的传统“闺秀派”与大胆的现代“新女性”之间，被同时代评论家毅真称作“新闺秀派”。[2]

凌叔华祖籍广东省番禺县深井村，原名金鼎村，因村中有深井，需要村民连接三根一丈二尺（约11米）的牛绳才能打到水，故更名为深井村。

该地区“聚族而居”，“以一个姓氏为中心构成的村、坊、里、约等聚居点到处皆是”。[3] 凌姓是深井村人口最多的姓氏，据《番禺县续志》，深井村凌姓始祖为抗元名将凌震（1235—1315），字国威，号雷门，福建莆田人，淳祐进士第，宋元之交被宋端宗封为广州制置使，组织抗元活动，曾收复广州，后不敌元军，退至东圃（今属广州黄埔区），死后葬于东圃古鼎冈，后代散居深井等地。[4]

凌叔华家庭有据可查的历史可以上溯至曾祖父凌梓，《番禺县续志》卷十七“封荫类”有记：“凌梓，以孙凌福彭直隶布政使头品顶戴赠光禄大夫。”[5] 此外，《番禺县续志》卷二十二“人物志·义行类”也有提及凌梓为巨富。[6]

凌叔华祖父为凌朝庚，号作朋。据《番禺县续志》记载，他“性慈惠而好奇，耐劳苦”，父亲凌梓去世尚未安葬，他“徒步野宿数百里求墓地”。咸丰初年饥荒匪乱，凌朝庚为乡民捐米数万石，“凌义士之名遍远近”。道光咸丰之交，动乱频繁，凌朝庚与外国朋友研究制成汽船水雷，曾经以水雷破敌舰之策上书，然而无人赏识，“论者咸以天不假年不竟其用为可惜”。[7]

凌叔华父亲凌福彭原名凌福添，字润台，光绪十一年（1885）乙酉科拔贡，光绪十九年（1893）癸巳恩科顺天中式，光绪二十一年（1895）乙未科进士（第二甲第三名）。[8] 1900年之前，官职尚小，先“由户部主事考取军机章京，历升员外郎中，京察一等，记名以道府用”。[9]

凌福彭早年与支持变法的同乡康有为（1858—1927）和时任户部左侍郎的张荫桓（1837—1900）往来频繁。1894年4月4

日，凌福彭邀约张荫桓、康有为至法源寺赏桃花、吃僧饭，“深入法海，谈禅不倦”，当晚，康有为和凌福彭“夜话将曙”[10]。1898年1月28日，张荫桓、康有为在凌福彭家夜饮，次日，康有为将陈述变法纲领的《上清帝第六书》呈递总理衙门。[11]同年8月16日，凌福彭与康有为拜访张荫桓，康有为“健谈不辍”，[12]虽然具体内容不详，但是在戊戌变法的特殊节点上，“可以肯定都与康有为及变法活动有关”，[13]由此也可一窥张、凌二人与变法的关系。

戊戌政变后，康有为外逃，张荫桓被发配新疆，凌福彭则未受牵连。[14]有学者认为凌福彭与康有为不同，因为他是“典型的忠于王室的正统官员”。[15]但也有可能是出自身在仕途的审时度势。《三十年来燕京琐录》录有逸闻一则，可见此种论点。说张荫桓在任时，凌福彭“事之惟谨”，通宵陪玩叶子戏，且不求胜。然而，张荫桓被贬新疆时，“往送者至多，而凌独不往”。有幕僚问：“君不往送，独不虑其卷土重来乎？”凌福彭笑说：“届时吾自有数。”此后，一路擢升，1909年官至直隶布政使。[16]

民国成立后，凌福彭又追随袁世凯，担任政府要员。凌叔华自幼受到父亲的政治生涯、艺术创作及多妻妾大家庭的影响，既享有优渥的物质和精神文化生活，也过早在复杂的家庭关系中认清世态人心，养就敏感、务实的个性。凌叔华早年受教于名儒辜鸿铭，也随书画名家王竹林、缪素筠等习艺；后与兄姐同赴日本，短暂学习不到两年，归国后考入直隶第一女子师范学校，接受现代科学知识和传统文学文化教育，开始以文言创作杂文、游记、书信、诗词；也在校园生活中收获了宝贵的师生、同窗情谊。五四运动后，凌叔华考入燕京大学，系统接受西方文学和文化教育，对女性的价值和人的价值有了更为深刻的认识，开始以白话文作为记录和表达中国女子生活的媒介，创作并发表白话小说。在此过程中，她得到了老师周作人的帮助，同时也因为画家身份，成为“现代评论派”“新月派”的同人，获得了进入文学场的契机；也收获了与陈源的情缘，及与胡适、徐志摩等的友谊。与陈源结婚后，二人赴日本小住，后凌叔华随赴任武汉大学的陈源迁居武汉，除偶尔的文学创作和参与武汉文化活动外，几无新事，家庭生活的沉闷无聊令凌叔华陷入困境，与新来武大担任讲师的英国诗人朱利安·贝尔（Julian Bell，1908—1937）展开了一段婚外情，也展开了对文学世界的新探索。她和朱利安·贝尔合作，将自己的文学作品翻译成英文，由朱利安·贝尔介绍，投稿英国杂志；此外，凌叔华也尝试新的文学身份，担任《武汉日报·现代文艺》主编，希望能联合众家，共同改变华中文艺空气。然而，1937年，由于朱利安·贝尔在西班牙内战中牺牲、中日战争爆发、武汉大学西迁乐山等变故，平静的生活被强行打破，加之陈源出国访问，凌叔华不得不独自面对战时困窘，为生存设法，应对人事纷争。绝望之际，她致信朱利安·贝尔的母亲瓦内萨·贝尔（Vanessa Bell，1879—1961）和姨妈弗吉尼亚·伍尔夫（Virginia Woolf，1882—1941），向女性前辈寻求帮助。在弗吉尼亚·伍尔夫的鼓励下，凌叔华开始用英文创作自传体小说，分章寄往英国。战后，凌叔华携女儿前往英国，与陈源团聚，在英国继续发展她的文学事业，在弗吉尼亚·伍尔夫的丈夫伦纳德·伍尔夫（Leonard Woolf，1880—1969）和挚友维塔·萨克维尔－韦斯特（Vita Sackville-West，1892—1962）的帮助下，在英国报刊发表文章，并最终完成并出版弗吉尼亚·伍尔夫建议创作的自传体小说*Ancient Melodies*（多译为《古韵》），获得了一定范围内的成功。之后，凌叔华去往新加坡南洋大学任教，与当地文学艺术界往来频繁，时有画展、讲座活动。并为配合教学，提升学生对新文学的认识，重新整理出版《凌叔华选集》，将授课讲义和与艺术、戏剧、新诗有关的文章，以及后期创作的散文结集，以《爱山庐梦影》为书名出版。凌叔华晚年几次回国，访问广州、昆明、敦煌、台北等地，也有文章发表；但多数时间仍常居欧洲，与陈源过着清寂生活，陈源去世后，更是独自度日。直至临终前，方由专机接回中国，于北京去世。

凌叔华九十年的人生历经多个历史时期，跨越中国、英国、新加坡三个国家，她的书写与她的人生互为镜像，展现了近百年中国文学创作和女性命运交织的历史，成为“中国女子思想及生活”的重要证据。[17]

本年谱将以时间为核心线索，由凌叔华1900年出生始，至1990年去世止，追溯凌叔华的生平细节和创作经历，力图通过报刊、方志史料等客观材料，书信、日记等主观材料，以及她的文学和艺术作品，重构凌叔华幸运又多舛、热闹又孤独、丰富而多面的一生。

凌叔华年谱

· 1900年　出生

庚子事变爆发，八国联军攻入北京城。

中国人投资兴办的第一所女学堂——经正女塾关停。

是年，凌福彭奉旨补授天津知府。[18]

3月25日，凌叔华出生。[19]为避战乱，出生后即被带回老家番禺暂住。母亲是凌福彭的妾室，但信息不详，凌叔华只提到“女主人家是姓潘”，[20]其他更无所证。

· 1901年　1岁

9月7日，清政府与英、美、俄、德、日、奥、法、意、西、荷、比11国公使在北京签订《辛丑条约》。

清政府推行“新政”，改革教育制度，但女子教育仍被排斥在外。

9月，凌福彭到任天津知府，其时天津尚未收回，凌往来北京和保定，完成筹备事宜。[21]

· 1902年　2岁

4月8日，清廷与俄国签订《中俄交收东三省条约》，《新民丛报》《大公报》创刊。

爱国女学、务本女塾等女校在上海创办，陈撷芬创办《女报》。

秋，凌福彭随袁世凯赴天津，完成接收工作，并部署善后事宜，袁世凯评价其“井井有条”。[22]

· 1903年　3岁

邹容《革命军》发表，“苏报案”发生，章炳麟、邹容受审。

金天翮发表《女界钟》，倡言女性革命。法国大革命时期女性革命人物罗兰夫人（Madame Roland，1754—1793）相关著作译介到中国，于此年最为密集。[1]

是年，凌福彭受袁世凯委派，赴日本考察监狱制度，回国后在天津推进监狱制度改革，并同时在保定施行，包括改善监狱条件，建立罪犯习艺所，使监狱开始由严惩逐步转向教化功能，是监狱近代化的重要标志。[23]

同年，筹办北洋工艺学堂。

1　夏晓虹认为1903年堪称“罗兰夫人年”，见夏晓虹:《晚清女性与近代中国》，北京：北京大学出版社，2004年，第193页。

· 1904年　4岁

2月10日，日俄双方正式宣战，日俄战争爆发。

清政府颁布《奏定学堂章程》，称“癸卯学制”，仍将女性排除在学校教育之外。

凌福彭任天津道台，并代理津海关道，河工洋务表现优异，被保荐卓异。[24]

9月10日，凌叔华的妹妹凌淑浩出生。

· 1905年　5岁

科举制度废除。8月20日，中国同盟会在日本东京正式成立。华北女子协和大学创办，是中国女子大学的重要起点。

凌福彭改属保定府知府，次年实授。[25]

· 1906年　6岁

清廷颁布《宣示预备立宪谕》，标志预备立宪开始。

慈禧“面谕学部，实兴女学”。[26]

凌福彭调补保定知府。保定设有谳局，全省法律事务均由谳局主持。袁世凯盛赞凌福彭，“遇到疑难重案，督饬局员悉心推鞫，务得真情，民不含冤，狱无留滞”。由于天津交涉事务繁多，仍将凌福彭调任天津府；并令他督办自治局，总理高等审判分厅，作为立宪基础。[27]

凌叔华约于此年开始随王竹林、郝漱玉等名师学画。[1]

1　凌叔华在《古韵》中提到初次被父亲的朋友王竹林发现绘画天赋时是6岁，此后开始学画。跟家庭教师学习古文及跟辜鸿铭学英文应差不多也在这时候。

· 1907年　7岁

清政府颁布中国第一个女子学堂章程《学部奏定女子小学堂章程》和《学部奏定女子师范学堂章程》，首次承认了女子教育的合法地位，不过目的仍是培养“知礼守法”的“贤母”。《中国女报》创刊。秋瑾牺牲。

3月23日，袁世凯上书光绪皇帝，举荐凌福彭，称其：“才长心细，器识宏通，如果重以事权，必能力膺艰巨。”光绪批复：“知道了，钦此。”

4月19日，《电传宫门抄》：“召见军机大臣及凌福彭。”[28]

5月11日，袁世凯奏保凌福彭补授津海关道。[29]

· 1908年　8岁

清廷颁布《钦定宪法大纲》，光绪皇帝驾崩，慈禧太后病逝，溥仪即位，翌年改元宣统。

京师女子师范学堂创办，1919年更名为北京女子高等师范学校。

3月19日，《电传宫门抄》："召见军机 凌福彭。"[30]

4月15日，《电传宫门抄》："召见军机 文华 陆润庠 陈璧 凌福彭。"[31]

凌福彭任顺天府尹，任职期为光绪三十四年到宣统元年（1908—1909）。任职期间，《中国黑幕大观》"政界之黑幕"录有一则逸事《凌福彭批颊》，讽刺凌福彭媚上："凌福彭尹京兆时，谗事袁世凯，无所不至，尤讳其姓名，一日偶与同僚共读邸抄，误呼其名，遂仓皇失色，自批其颊无数。人多笑之。"[32]

· 1909年　9岁

摄政王载沣命袁世凯回乡养病。

3月8日，美国芝加哥万名女工为争取增加工资、实行8小时工作制及选举权，举行街头示威游行，规模盛大。

凌福彭任直隶布政使，任职期为宣统元年到宣统三年（1909—1911）。

袁世凯洹上归隐，圭塘唱和，录有凌福彭诗两首《次王介艇丈游养寿园韵》《次韵上容庵宫太保》：

次王介艇丈游养寿园韵

解柄归农日，真灵位业存。
勋名三尺剑，生计数弓园。
恋岫知云意，寻山到水源。
东皋春已及，布谷唤前村。

次韵上容庵宫太保

天涯芳草望归人，忽漫开缄墨沈新。
一亩宫墙成小筑，千秋洛社结比邻。
苍龙阙角催耕早，金爵觚稜入梦频。
三月桑干河上过，连营万骑已前尘。[33]

· 1910年　10岁

汪精卫刺杀载沣未遂。

第二次国际社会主义妇女代表大会确定3月8日为国际劳动妇女节。

9月17日，《神州日报》刊载《凌福彭被参消息》："直隶藩司凌福彭日前被某御史奏参，因凌有帷薄不修等事，以致外间颇招烦言，闻该摺已抄给阅看。"[34]

12月23日，《神州日报》刊载《近日大员之艳史》，称"直隶藩司凌福彭与其第四妾之假母，年已三十余者，有密切关系"，认为卖官之风盛行，如果不是通过这位假母，绝不能达到目的，属员也多称这位假母为"假夫人"。[35]

· 1911年　11岁

清廷成立责任内阁。

10月10日，孙中山领导的中国同盟会举行武昌起义，辛亥革命爆发。

《请变更初等教育方法案》规定，"初等小学儿童年龄在10岁以内，准男女同校"，是为男女同校的开始。

3月12日，《民立画报》刊载《凌福彭之一场晦气》，讲述凌福彭五姨太太卖缺劣迹："陈某出二千两银条亲自送交凌藩，求署某缺，适为某甲所见，凌碍于面子……大骂混蛋，陈亦回骂曰，你是卖的，我是买的，交易不成，也不妨事，何至挨你的骂。拂袖竟去。凌亦嗒然半晌，徐言曰，今日我真晦气。"[36]

4月8日，《浅说画报》刊载《凌福彭幸遇救命星》，亦是五姨太太卖官之事，提到该事被各报揭载，御史赵熙已议具摺奏折，凌福彭找某军机游说，赵熙碍于情面，只能作罢。[37]

5月15日，时任直隶总督陈夔龙上皇帝书，请授凌福彭头品顶戴。[38]

7月4日，《神州日报》刊载《凌福彭杯酒辩冤》，言凌福彭日前星期三在保定大设宴席，邀请八九位要员，"执杯满饮，大发牢骚"，回应卖官传言：

诸公与仆共事日久，何所不知，而近来外间纷纷诽谤，以卖缺诬我，并涉及闺阃，殊令人难堪。时事若此，人心如此，余深愿跳出宦海，归老泉石。

席间各位幕友极力劝慰，才使凌福彭怒气渐消。[39]

· 1912年　12岁

1月3日，中华民国临时政府在南京正式成立，孙中山就职临时大总统；2月，宣统帝下诏退位，袁世凯就职临时大总统，任命赵秉钧为国务总理。中国同盟会改组为国民党。

中华民国临时政府教育部要求全国学校取消学习儒家经典。

南京临时政府教育部颁布《普通教育暂行办法》和《普通教育暂行课程标准》，此后，又陆续颁布各种学校章程，形成"壬子癸丑学制"，规定初等小学可以男女同校，可以设立女子中学和女子职业学校，女子教育最终被纳入国家系统学制中。4月8日，女子参政同盟会在南京召开成立大会。

辛亥革命后，暴动频繁[1]，凌叔华母亲携女逃到河北乡下避险。[40]

4月，凌叔华与兄姐赴日本读书，姐姐凌淑英、凌瑞清、凌大容就读于神户同文学校，哥哥凌淑桂、姐姐凌淑平和凌叔华在家随家庭教师学习。凌叔华后来回忆当时的日本，说"完全充满童话式的天真美梦"。[41]

1　据凌叔华妹妹凌淑浩回忆，辛亥革命后，北京发生兵变，诸多反叛者被处死，并当街枭首示众，一时人心惶惶。

· 1913年　13岁

3月20日，宋教仁被暗杀，22日去世。赵秉钧背负嫌疑辞去总理一职，孙中山、黄兴逃亡日本。10月10日，袁世凯当选正式大总统。

袁世凯勒令内务部解散女子参政同盟组织，女子参政运动失败。

4月2日，凌福彭开始督修光绪皇帝崇陵未完工程，至1915年完成。凌叔华后来提到，几年前凌福彭任直隶布政使时损失了不少钱财，所以袁世凯特地给了他这个肥差。

8月10日，下午五点左右，凌淑英、凌瑞清、凌大容和凌淑桂在拜谒生田神社时，不慎于神户布引瀑布溺亡。事发之后，凌淑平与凌叔华被父亲友人送回中国。

为了怀念关系最亲密的八姐，凌叔华写了一篇悼文，虽然没有存留，但凌叔华回忆说：“我始终觉得这一篇该是我一生最好的创作。”[1] 因为现在虽然“人大心大，文字比前用得流利一些，可是总没有那时的真挚可贵了。同时我也明白了最好的创作，大约准是伴着真挚情感来的”。[42]

9月13日，陈源赴英读书，抵达英国布莱顿。

1 《古韵·樱花节》最后一段写到八姐遇难前的一幕，表现出凌叔华在死亡问题上的神秘主义倾向：“八姐没说话，显得很忧愁，低低地唱起了她最喜欢的一首歌：‘花非花，雾非雾，夜半来，天明去，来似春梦无多时，去似朝云无觅处。’当时我只觉得这首歌音调优美，并不知道是什么意思。八姐关了灯，我们躺在铺了草席的地板上。月光把梨树的影子投到对面的白墙上。寒冷的夜风吹起了镶了花边的窗帘，不时将花瓣吹进屋来。过了好长时间，我都没有睡着，笛声仍萦绕在脑际。”凌叔华日后给女儿陈小滢说起此事，提到那天早上自己曾在八姐离开家前向她借了一把梳子。从那以后，凌叔华不肯把自己的梳子借给别人，认为会带来厄运。

· 1914年　14岁

袁世凯公布《中华民国约法》，扩大总统权限，改责任内阁制为总统制。

教育部发布《整理教育方案草案》，提出“普通教育之中，女子教育亦属重要”。虽仍将师范教育与职业教育定为女子教育重点，但在初小阶段，实现了男女教育同权。[43]

2月27日，赵秉钧去世。凌福彭后作薤歌悼念：“鼎湖有弓剑，招魂何处想，当执笏上西陵。”[44]凌福彭与赵秉钧曾约定凌叔华与赵子之婚约，赵死后自动解除。

5月24日，凌福彭报告崇陵工程完竣，瑾贵妃命世续前往验收。[45]

9月1日，凌福彭作为广东代表，担任约法会议员，系龙建章出缺改选。

秋季，凌叔华进入天津直隶第一女子师范学校，就读于二年级。

· 1915年　15岁

5月9日，袁世凯政府接受丧权辱国的“二十一条”，此日被称作“国耻日”。孙中山发表《讨袁宣言》。《青年杂志》创刊，后改名为《新青年》。

美国教会筹办的中国第一所女子大学金陵女子大学在南京正式开学。

4月9日，凌福彭任中华民国参政会参政，授少卿。

7月12日，洪水淹没广州城。

9月11日，袁世凯派凌福彭回广东抚慰水灾受灾群众，并会同地方官绅筹办一切善后事宜。[46]

· 1916年　16岁

5月9日，孙中山发表《第二次讨袁宣言》，6月6日，袁世凯病逝。

北洋政府教育部统计，全国受中等教育的女子达8000人，受初等教育的女子达160 000人。

1月28日，早饭后，凌叔华进书房整理书桌和书架，坐西窗下读论语“学而时习之”一章，“觉孔圣之言，万世不渝”，只是可惜近人对旧学的盲目态度，令凌叔华同辈学生没有读孔圣书的机会。午饭后，弹风琴约一小时，感到厌烦。想到好友凌集嘉说，琴声既能感人、使人愉快，又能如法国战败后振奋人心，也能如中国消磨人之意志，感国人可悲。夜晚与父母闲聊，父母今年想回老家扫墓，凌叔华不能随行，遗憾之至。[47]

1月29日，午饭后，凌叔华和好友凌集嘉、妹妹凌淑浩在中庭散步，经商议决定去郊野游玩，经过植物园时看到“寒冰凝结，残雪犹存，木衰草枯”的荒凉冬景，又经过野墓地时看到“断碑残棺”，感到“浮生若梦，人寿几何，及时行乐，不可迟延”。但这番行走，让她“神清脑快，体暖腹饥”，深感“运动诚养生之妙诀”。晚上，凌叔华父亲告知次日早车带几姐妹去北京游玩，住北京旅馆，凌叔华听说旅馆楼上可以远眺全城，十分开心。但想到年假有预习作业，又忧愁起来。[48]

1月30日，随父至北京，参观故宫。

暑假，由上海吴淞口出发，赴普陀山游玩，下榻永福庵，游前山佛殿、集市、大沙滩和化身洞，乘车登佛顶，又下山经仙人井，过紫竹林，归永福庵，次日又游南天门、仙人跳等胜景，坐船归。后凌叔华创作游记《游普陀山记》，使用语言为文言，结构多借鉴古代游记名篇，并有诸多古诗词名句的引用和化用，如见红日于绿水间，深觉王勃“落霞与孤鹜齐飞”之精妙；登上佛顶时，领悟了李白“山从人面起，云傍马头生”；[1] 佛顶四眺，又想到王维“江流天地外，山色有无中”。并化用苏轼《前赤壁赋》：“嗟乎！羽化而登仙，遗世而独立，梦耶？醒耶？能乎？否乎？”[49] 凌叔华晚年谈到，“我们都是从孩提时就受过爱山水的训练”，[50]“每当看到美景诗兴大发的时候”，就会想到从国文启蒙老师处学来的诗句。[51]

12月，在《会报》第二期发表文学作品七篇：[52]

诗词《感怀两首》，抒发青年人对自我和国运之忧虑思考：

悔向尘寰寄此身，聪明徒惹世人嗔。
落花飞絮常扃户，明月清风自结邻。
与我神交惟笔墨，慰吾残喘是萱亲。
愿将棉力供天职，岂怨前途历苦辛。

---

1 凌叔华原文为“云向马头生”，应是李白原诗“云傍马头生”的错记。

前游如梦又如烟，碌碌尘寰十几年。
读书空羡班超志，倚柱时怀漆室篇。
窗前喜种冬青树，池里憎开并蒂莲。
念纪文明多俊秀，莫辞骀驽逐先鞭。[53]

《暮秋竹枝词四首》录津京暮秋时节之景，抒观景之情：

柿红栗熟又深秋，杨叶萧萧起暮愁。
才向金钢桥上过，行人袖手少行舟。

九月燕津秋兴豪，黄花灿烂有肥螯。
闻道明朝重九节，鼓楼闲步算登高。

夜来风雨晓来霜，萧条大路觉凄凉。
沙尘满目骡车过，大衣新着意徜徉。

霜落瑶台堦叶稀，秋风四野夜迟迟。
红窗团坐齐相嘱，朝来晨会着棉衣。

老师白眉初评价：“幽思逸致，落落不群，于以知闺阁多英才也。”[54]

《雨后天晴邀女友看菊小启》为凌叔华清明约朋友赏菊的邀请信，花好人俗，“诚负名花”，所以要邀请自己欣赏之雅人，

“敬当扫帚以待，专候璇闺万福”。老师张皞如评价文章：“一路雨添花，此文家纤秾之品，亦文家自然之品也。二者兼得，真乃难事。”白眉初亦称赞：“雨字菊字胶黏一片，方是雨后看菊，文从此着手，可谓探骊得珠。”[55]

《与同学书劝其熟读尤西堂〈反恨赋〉》先写为消与朋友离别之愁，推窗远眺，却只见“荒草夕阳，断壁残树”，从而转入对国家现状的担忧。而读了尤侗《反恨赋》后，凌叔华开始反思自我，认为不该作“无谓之悲”，而应承担起对家国的责任，强健精神与体魄：“人生自有责任，上而国，下而家，天职何限，苟以风烛憔悴之躯，临天演淘汰之日，有不败者乎？而健康之精神，寄于健康之身体，青年尤应知之闻。”[56]老师张皞如评价：“无一语不神韵，无一笔不风华，凌生才人也，亦学有根柢也，勉之进之。”白眉初评价：“风骨出于六朝，情愫托于三百，清词丽句，飘飘欲仙。”[57]

《张允瑛女士追悼会记》是直隶第一女子师范学校师生为本年去世的三年级学生张允瑛举行追悼会后的课程作文。凌叔华和其他师长同学一样，认为允瑛之死是“过于勤学，乏于运动，致成憾事”，凌叔华由此再次思考，国难当头，个体该如何承担对国家民族的责任，强健身体当为重中之重：“寄语同胞诸学子，立身兼要学养生。”[58]老师张皞如评价：“匹马单枪，如入无人之境。此语惟凌生当之。”[59]

《论女子学文之功用》是凌叔华“家政救国”观念的集中表达，她认为“文章不可以图强”，女子教育应该重智技、轻六艺，培养“新型贤妻良母”，通过家庭，服务社会。[60]这是民初社会的主流性别观，对时为中学生的凌叔华影响巨大。老师张皞如评价：“入门下马气如虹。惟斯文得之，虽后幅于文字稍略，而议论坚卓，根柢宏深，大气盘旋，实有他人所不及者。瑞棠勉之，吾为吾校得才贺。”[61]

《记学艺会事》是凌叔华参加学艺会后所作的记录文章，刊于“学艺会诗文录”专题下。学艺会是为让学生向家长、师生展示所学，使家庭尊长了解所学，也是借此观摩机会勉励学生。借此，凌叔华反思词章误国，认为教育之意义是为“图强”，师范之意义为“陶冶国民”，在文末赋诗一首，再表心志：

> 琴声缭缭助清思，愧乏颁椒咏絮词。
> 学校原为施教育，女儿不独汉宫师。[62]

另外，《会报》有“文苑”“书牍”“课选”“游记”“实验”“参观报告”等栏目，栏目名由名家或善书法的师生题写，如“学术”“实验”“教授”由梁启超题写，“论著”由岩修题写，“游记”“文苑”由秦毓琦题写，“书画”“校闻”由凌福彭题写，“家政”由国文教员白眉初题写，第二期的“书牍”由本科四年级的凌叔华题写。

捐赠《西湖风景画》《中国风景画》各一册给直隶第一女子师范学校。[63]

· 1917年　17岁

1月1日，《新青年》发表胡适的《文学改良刍议》和陈独秀的《文学革命论》，开启新文学运动。

《新青年》从第2卷第6期开始，开辟“女子问题栏”，专门讨论女性问题。

4月，凌叔华在《会报》第三期发表文章三篇：

《游普陀山记》是1916年暑假游普陀山后所写的文言游记。老师白眉初评价：“普陀山为中国名胜，生获破浪一游，幸福匪浅。而思想之超凡，文笔之洒落，有天女散花之观，有此文方不负此游。”[64]

《对于化学实验水之心得》刊于配合理科教学的“实验”栏目，凌叔华由水之本质，与动物、植物、矿物的关系，鉴别水的方法等化学原理，谈至人生道理，水与人“须臾不可离者”，而溶解力强，纯粹者极少，“苟一不慎，利之所在，害亦随之”。算是谈水的科普小品文。[65]

《题〈咏絮楼集〉（三首）》是凌叔华赞颂同学张兆檀及其诗集《咏絮楼集》的诗作：

班昭道韫是前身，谁说今人逊古人。
愧侬汲汲徒窥管，美雨欧风却失真。

夜深剪烛又焚香，为读新诗兴倍长。
不独吟风兼弄月，文词满纸灿琳琅。

咏絮楼名不枉称，谢家恐少此聪明。
丹青写出惟妙肖，浑疑摩诘是前生。[66]

张兆檀在同期《会报》上，也有《敬和淑华仁姊先生原韵即以鸣谢》回赠凌叔华：

不栉何须憾此身，津门唱和有同人。
班昭道韫前生句，恰是吟坛自写真。

行间字里笔花香，字字光芒万丈长。
琼玖琼琚欣远赠，果然声价重璆琊。

愧煞楼标咏絮称，选声斗韵理难明。
自经华衮褒扬后，愿侍诗龛过一生。[67]

《会报》第四期另有一首《和凌君淑华原韵》，称“自从唱和添诗兴，笑顾及门也菀然”，均是中国传统女诗人交相唱酬传统在现代学校的回响。

6月7日，在学校管理人员和理科教员的带领下，由经理人导赏，参观中记料器厂。

是月，凌叔华以国文考试年级第一的成绩于直隶第一女子师范学校毕业。

8月22日，凌叔华进入直隶第一女子师范学校家事专修科学习，为第一届学生。[68]

夏秋时节，天津发生特大洪水，凌家房屋被淹。[69]

进入家事专修科后，凌叔华积极参加校友会活动，担任校友会总委员长，“承会长或总务部长之委托召集或支配各委员长”。[70] 此外，校友会下设总务、学艺、图书、讲演、文艺、运动、交谊、余兴八部，凌叔华还主职文艺部，任委员长，“掌理文社、诗社等之组织，进行学校新闻、本会会报之编辑、发刊事项”。[71]

12月，在《会报》第四期发表文章五篇：

与同学韩恂华共同创作的《参观中记料器厂》，是6月7日参观中记料器厂的纪要文章，介绍基本概况，以及当时正在制作的捕蝇器和灯台的制作过程和原理。并由参观工厂展开关于国货的思考：“欲国之强，必使民有业，苟人人皆用国货，岂非民有业欤?”[72]

《民国五年年假日记》为凌叔华1916年1月28、29日的日记，谈及年假生活，以及与好友凌集嘉的交游。

《与执友书历述平生得意事与失意事》是凌叔华对好友尽诉愁肠的书信，凌叔华自认“多烦忧而好忧恼”，忧自己虚掷光阴，一事无成；忧国弱民贫；伤兄姊空怀报国志，英年早逝。

然而，她双亲俱在，家境优渥，作为女性，未受深闺之禁，情殇国愁近似无病呻吟，“常被流俗笑”，故而不愿言说。幸而有执友，“情逾骨肉，同志相怜，伯牙已遇，子期乐何”。张皞如评论：“谈得意处，如龙跳天门；谈失意处，如蝉吟秋树。光明俊伟如子由，抑郁慨恻如子长，读之令人神往。”[73]这位执友，应是在凌叔华日记中出现过的凌集嘉，即荷生，国文老师张皞如也为二人友情写过专文《奇遇歌赠荷生淑华二女士并序》，称二人“一见如旧，居处笑言，朝夕与共”。[74]

《拟中秋夜与嫦娥书：对月述怀》是凌叔华中秋赏月的抒情文字，感人生易逝，富贵浮云，“苟尽吾责任于家国，何苦终宵累日自寻烦恼耶？”重申青年人对家国之责任。老师张皞如评论：“神情遥远，气象万千，壮夫之怀，才人之笔，金圣叹所谓灵眼觑着、灵手捉着；古史家所谓天为雨粟、鬼为夜哭者，此也有此文，乃不负此题。”

《国文毕业考试题目》为凌叔华国文毕业考试作文。题目为：“在相从未及终年，忽尔毕业期至，毕业后离多会少，今愿以远大自期、勤朴自励二语赠诸君，以勖将来，诸君其有意乎？抑别有心期乎，其各随所志，直言勿隐。”凌叔华从“国之本在家，家之本在身”“生于其间，即负责任”，寄望自己与同侪“不伤今日之别，振精神以鞠躬尽瘁，期为一郡之人物，一国之人物，进而为世界之人物焉”。老师张皞如评价：“词意坚卓，根柢宏深。”[75]

· 1918年　18岁

11月11日，第一次世界大战结束。5月16日《中日共同防敌军事协定》在北京签字。

《新青年》刊发“易卜生专号”，介绍《玩偶之家》，敢于追求个人独立和解放的娜拉推动了中国女性的觉醒，成为现代新女性的楷模。

12月，在《会报》发表文章四篇：

《拟募捐赈济水灾启》和《邀女友组织游春游行团启》均为书信作品，前者以对灾民生活的描写，如“狂风起于深夜，冻馁不能成眠；冷雨降乎中宵，淋漓那堪驻足”，召唤同情与募捐之心。[76]后者则抒游春之景情：“东风十里，桂棹兰桨，丝竹千舫，板桥露影于杨柳阴中，玉笛翻腔于鹧鸪天里。”[77]

《人必如何而后为得志说》大量用典，以“四愁之诗”“离骚之赋”“高歌易水悲壮士”等，表达得志之慨。老师张皞如评论：“色色空空，唤醒世人，理既超妙，笔复纵横，读之如遇南华老仙，放言谈道，句句令人点头称是。”[78]

《对于中日密约之感言》作于中日密约签字、但尚未盖印之时。中日密约被凌叔华称作“中华民国之末日”，力批当局“含首露足、含糊宣布一二以塞责、以饰人目”，要求开诚布公，共同抗敌。凌叔华认为，能求得的“不死之方”，是“力强体壮、才大思精”的“吾国青年”，盼同胞莫忘今日之耻，同心协力。老师张皞如评论:“笔有锋芒，辞挟风霜，使当道者见之，不知心有戚戚焉否。”[79]

· 1919年　19岁

5月1日，上海《大陆报》首先报道了中国外交在巴黎和会失败的消息。5月4日，五四运动爆发。在法国的中国代表团拒绝在《凡尔赛和约》上签字。

邓春兰给北大校长蔡元培写信，要求北大增设女生席位。成立北京女学界联合会。

凌叔华毕业于直隶第一女子师范学校家事专修科。[80]

暑假与家人在北戴河消夏。[81]

· 1920年　20岁

7月14日，直皖战争爆发。

北京大学招收第一批女生，冲破男女不同校之禁律。

暑假与家人在北戴河消夏。[82]

· 1921年　21岁

7月23日至8月初，中国共产党第一次代表大会召开，中国共产党成立。

教育部通令各地速设女子中学或于相当学校附设女子中学部；北平有七所公立大学招收女生。

春天，凌叔华进入燕京大学。因为想当歌德，又想日后可以与学医的妹妹淑浩合作，选择动物系。[1] 一位英文老师读了凌叔华的作文，坚持认为她在文学上会有发展，还借给她动物爱好者、意大利宗教家圣方济各的书，凌叔华改变主意，决定转入英文系。[2]

约是年，应好友、齐白石得意门生江南苹之邀，参加陈师曾与齐白石招待日本画家渡边晨畝的宴席。渡边来北京主要是

1　该学期修读课程为英语、地质学、动物学、国文、论文、圣经，多为大学一年级基础课程。其中，英语和国文是全校学生公共必修课，圣经是教会大学燕京大学的特色课程，动物学是动物系的专业必修课。（“Record of Ling Rui T’ang 凌瑞棠”，北京大学档案馆。）

2　凌叔华在英文系修读课程有十九世纪英文文学、十八世纪英文文学、十七世纪英文文学、十六世纪之前英文文学、莎士比亚、现代诗歌和戏剧、英文写作、翻译等；历史文化方面有《圣经》精读、现代历史、社会教育、宗教哲学、议会法等。此外，还有与国文相关的中国文学、国文写作、中国哲学（《易经》）、国故概要、名著选读、文字学等。同时，凌叔华还选修了日文和法文两门外语。（“Record of Ling Rui T’ang 凌瑞棠”，北京大学档案馆。）

想带中国画回日本出售，救济1920—1921年华北旱灾灾民。凌叔华捐出自己画的山水屏风，卖得一百大洋助赈。也因此次机缘，结识郁达夫。[83]

· 1922年　22岁

中国共产党创办第一所妇女学校——上海平民女校。本年，全国进入大学学习的女学生达665人，占当年大学生总数的2.1%。

广东省肇庆市建立“三君祠”，纪念邓瑶光、凌福彭、叶兰泉三人在1915年广东水灾中的治水之功。

11月10日，陈源回国，抵达上海。

12月20日，陈源受聘为北京大学教授。

· 1923年　23岁

鲁迅出版小说集《呐喊》。

2月，凌叔华和江南苹夫人做东道主，举办画会，所到画家有陈师曾、陈半丁、姚茫父、王梦白、萧厔泉、齐白石、金拱北、周养庵，还有美国女画家穆玛丽（Mary Augusta Mullikin，1874—1964）。众人合作《九秋图》，姚茫父有字作注：

> 九秋图，癸亥正月，半丁海棠，梦白菊，师曾秋葵，厔泉松，白石雁来红，养庵桂花，拱北牵牛红蓼，茫父兰草，集于香岩精舍，凌叔华索而得之，茫父记。[84]

凌叔华后来回忆此次画会，写下《回忆一个画会及几个老画家》，于1943年7月15日发表于《时与潮》。美国画家穆玛丽也有文章，盛赞当天的聚会正如凌叔华这位年轻女士所绘之杰作。[85]

春，凌叔华应穆玛丽之邀到北京东郊游肃王坟看架松，认识克恩慈女士。忽刮大风，克女士将短外套借与凌叔华，次日凌叔华又上门还外套。凌叔华因外文名与克女士甥女同，遂认克女士做姨母，结成忘年交。[86]

3月，新月社成立。

5月14日，日本官员松冈洋右首次到达北京，供职于南满洲铁道株式会社（简称“满铁”），旨在将其打造为日本侵略中国的情报中心，后来就任日本外相。他在北京期间，与凌叔华相识。

6月27日，松冈洋右致信凌叔华，感谢她此前相赠的两幅精美画作（其中一幅画在扇面上），全信英文写就，唯有一句中文，称凌叔华“容姿清楚，举止优雅而聪明，本邦（日本）现代妇人中所稀见也”。他还谈到他对女性的看法，认为：“女人应该谦虚、有女人味，性格上首先要坚定而且坚强。我认为，您就接近这样一个理想。”他还对凌叔华的艺术观点表示了赞同：“我完全赞同您对艺术的一些看法。如果艺术作品不能体现个人特色，那么就会平淡无味。您需要遵守一些基本的规矩和原则，但如果没有或者没能超越它们来表达您自己，即您的个性，那么就仅仅是在复制。”[87]

8月19日，《晨报副刊》刊载萧度写给孙伏园的一封信题为《纯阳性的讨论》，质疑为何在当下的讨论中从来不见女性的参与。

8月25日，凌叔华在《晨报副刊》发表杂文《读了〈纯阳性的讨论〉的感想》，署名“瑞唐女士”，代表读书的女学生，回应萧度：一、近年所选女性文章，多为“风花雪月”“秋愁春恨”一类；且选登作品者，多为有名望或与报馆中人相识，女作者不愿作女性题，又非名人，无人脉，便不愿白费工夫。二、目前的公开辩论，题目及论说或有价值，但辩论者态度却多带谩骂性质，“女子富于感情，易于喜怒羞愤，且又心细多疑”，面对谩骂无法处之泰然，故不愿参与。三、社会兴起“爱读女子诗不欢迎女子文”的情形，不知不觉减少了女子作论的兴味。但尽管如此，凌叔华依然希望能为女性争取言论空间，希望“新文化的领袖，或先进者”能够提携女作者，“以您们所长的，补她们所短的。不受栽培，加以忠告，忠告无效，不妨开心见诚的指摘”，可是千万不要采取“咨嗟叹息袖手旁观态度”。[88]

9月1日，凌叔华致信老师周作人，表明想成为中国女子思想和生活的记录者，参与社会讨论，希望能得到周作人的帮助：

> 我虽然愚鲁，但是新旧学问也能懂其大概，在燕京的中英日文皆不曾列众人以下，但凡有工夫还肯滥读各种书籍，这是女学生缺少的特性，也是我能自夸的一点长处。这几年来，我立定主意做一个将来的女作家，所以用功在中英日三国文上，但是想找一位指导者，能通此三种文字的很少。先生已经知道的，燕大教员除您自己以外，实在找不出一个来，所以我大着胆，请问先生肯收我做一个学生不？中国女作家也太少了，所以中国女子思想及生活从来没有叫世界知道的，对于人类贡献来说，未免太不负责任了。先生意下如何，亦愿意援助女同胞于这类事业吗？

凌叔华表示，现阶段语体文写得不多，但她很愿意学好。如果周作人愿意，她想将自己所写的语体文游记呈上请教。不过，出于女学生的谨慎，凌叔华也特别提到，即便周作人不愿，也请代守秘密。[89]

9月6日，周作人收到凌叔华信后，“觉得是一个颇有才气的女子，便复信答应了她，给她看所写的文章”。于是，凌叔华又寄呈近作一册，并附上求教短信：

> 我是第一次写语体长文，这册子内误谬不对的地方一定非常之多，英文点句法我曾学过，中文新圈点法我是外行，不知道究竟与英文一样不？我还有由英文及日文译出的小文，以后等先生有空再呈上。[90]

12月9日，凌叔华小说《女儿身世太凄凉》发表于《北京女子高等师范周刊》第47期，署名为瑞唐女士，讲述三位女性的故事。旧式少女婉兰接受父母的包办婚姻，婚后才得知丈夫已与家中女仆生育一子，丈夫还将女仆纳为妾室，并继续寻花问柳。婉兰要忍受丈夫风流，还须忍耐婆婆刁难和妾室迁怒，被迫逃回娘家。旧式姨太太三姨娘自幼孤苦，被叔叔嫁给婉兰父亲后，才知丈夫已有妻妾，丈夫冷淡，妻妾争宠，生活也深陷苦难。表姐是现代女性，提倡自由恋爱，然而因为拒绝包办婚姻，受到父母埋怨；又拒绝追求者的求婚，被小报造谣污蔑，最终含冤去世。文末附有“著者注”：

> 这篇小说，事真不真读者当不着急问的，女人的解放与不解放，及社会法律，对女子有什么责任这是目下要紧的题目。[91]

· 1924年　24岁

1月20日，国民党第一次全国代表大会召开，第一次国共合作正式建立。

国共两党女性在广州组织了中国第一次三八国际劳动妇女节纪念活动。

泰戈尔访华。

1月13日，周作人在凌叔华寄来的作品中，选了小说《女儿身世太凄凉》，送给《晨报副刊》发表，署名瑞唐。

1月21日，周作人日记写："得凌谢二女士函。"即凌叔华和冰心。凌叔华信中提到《女儿身世太凄凉》发表后，有人寄匿名信给《晨报》，污蔑小说主人公就是凌叔华，还说她"已出嫁又离婚"，凌叔华为此解释道：

> 唐幼年在日本时，家父与赵秉钧（他二人是结拜兄弟）口头上曾说及此事，但他一死后此事已如东风过耳，赵氏之母人实明慧，故亦不作此无谓之提议矣。那投稿显系有心坏人名誉。

凌叔华愤愤的原因在于：一、"唐日前因女子问题而作此小说，想不到竟有人为之画蛇添足。"二、"女子是否出嫁，在校中实有不同待遇，且瞒人之罪亦不少，关于唐现日之名誉及幸福亦不小也。”[92]

2月15日，周作人在《晨报副刊》以“荆生”之名发表文章《卑劣的男子》，提起此事：“有女子作了一篇小说登在报上，不久就有一个男子投寄一篇‘批评’，寻求作者的身世，恶意的加上许多附会。”批评道：“不尊重别人的人格，在因袭的旧礼教容许之下，计划自己的安全，一面用了种种手段暗地里求达私利的目的，这便都是卑劣的人。有胆量的男子，索性站出来与传统反抗罢。这样扭扭捏捏的行为，真教人看了恶心。”[93]

2月21日，创作散文《朝雾中的哈大门大街》，署名瑞唐，为直抒胸臆之散文作品，借雾中隐去的哈大门大街，感外敌内辱、国仇家恨统统消失之爽快。

3月23日，在《晨报副刊》发表小说《资本家之圣诞》，署名凌瑞唐，写圣诞夜的资本家回顾发迹史，沉迷财富与荣耀，对他人苦难漠然处之的冷酷无情。

春，姚茫父、凌直支、齐白石、陈半丁、王梦白、凌宴池等人为准备樱桃斜街贵州会馆的“中日绘画联合第三次展览会”，组织了“北京画界同志会”。

4月18日，散文《朝雾中的哈大门大街》在《晨报副刊》发表。

4月29日，泰戈尔同秘书恩厚之，以及徐志摩等人前往贵州会馆参加展览会，姚茫父、陈半丁、凌直支等开欢迎茶会招待。[94]

5月3日，在《燕大周刊》发表译文《约书亚·瑞那尔支》，署名凌瑞唐，为英国画家约书亚·瑞那尔支（Sir Joshua Renolds,1723—1792）的传记。

5月6日，在燕京大学女子学院演说会上第一次见到泰戈尔，与泰戈尔谈论中国诗画。泰戈尔问凌叔华作中国诗是新的还是旧的，凌叔华说：“旧的没味，新的常不觉要模仿欧式，也很无聊，不如不作爽快。”泰戈尔又问凌叔华作画喜欢中法还是西法，凌叔华说：“中画年纪大些，经验也许比欧画深些，中画好的真能令人出神，可是拿四王做招牌的又是真使人厌恶。欧画有些太重写实，近年流行巴黎新式也很怪气，叫人一看见分不出什么来，细看方知。真艺术品，并不贵乎做作，愈随便愈见描笔，兴会到了的作品，实有一种不可泯灭的神力。”泰戈尔点头微笑，说：“好诗也是如此呀！”凌叔华将此写入日记，表达对泰戈尔的敬仰：“泰戈尔没来以前，我觉着他系一个可敬仰的诗人罢了。泰戈尔来了以后，于我印象上深深地画上了‘可亲可爱的诗人，聪颖解人的文人，原来也是泰戈尔先生’几句话。”[95]

泰戈尔在京期间，凌叔华曾花一下午工夫代同学写邀请函，并因泰戈尔赞同写中国有文学价值的信，郑重写了中文，然后又翻译成英文。泰戈尔收信后，亲笔回了一封道歉信。[96]欢迎茶会后，北京画界同志会另在凌叔华家设茶会招待泰戈尔和北京文人，凌叔华母亲特地定了藤萝饼、玫瑰花饼、萝卜丝饼，还请工人现磨新鲜杏仁，每人都喝两大碗，凌叔华还问泰戈尔：“今天是画会，敢问您会画吗？”泰戈尔遂在凌叔华准备的檀香木片上画了佛像、莲花。之后，凌叔华还安排大家弹琵琶名曲，如《高山流水》《寒鸦戏水》《灞下吟》等，泰戈尔很开心。[97]

5月10日，在《燕大周刊》发表译文《约书亚·瑞那尔支（续）》，署名凌瑞唐。

5月12日，在《晨报副刊》发表《我的理想及实现的泰戈尔先生》，署名瑞唐。

5月17日，在《燕大周刊》发表译文《汝沙·堡诺》，署名凌瑞唐，为法国画家汝沙·堡诺（Rosa Bonheur，1822—1899）的传记。

5月24日，在《燕大周刊》发表译文《汝沙·堡诺（续）》，署名凌瑞唐。

5月31日，在《燕大周刊》发表译文《加米尔·克罗》，署名凌瑞唐，为法国画家加米尔·克罗（Camille Corot，1796—1875）的传记。[98]

6月，毕业于燕京大学英文系，获文学学士学位，并获代表优秀毕业生的"金钥匙奖"。

是月，在英文期刊《中国科学美术杂志》（*the China Journal of Science & Arts*）1924年第6期发表诗剧《月宫女神》（*The Goddess of the Moon*），署名Ling Juitang。角色设嫦娥、后羿、吴刚和玉兔四者。嫦娥本是为陪丈夫后羿才来到清寂山中，但是后羿沉迷修道，对嫦娥冷漠以对。嫦娥无意间发现玉兔在为后羿炼制仙药，才知晓后羿准备弃她独自升天，嫦娥认清事实，伤心欲绝，服下后羿的丹药，升上月宫，成为月宫女神，决心离开身后世界，普度苍生。[99]该剧上演时，是向改编创作过嫦娥奔月故事的京剧名旦梅兰芳借的服装行头，梅作的结局是“嫦娥与众仙姑在广寒宫里饮宴，庆贺中秋佳节”，宴终人散，嫦娥看到众生成双成对，“不觉动了凡心”，唱起“当年深悔偷灵药，碧海青天夜夜心”。[100] 凌叔华的结局与其形成鲜明对比，体现出凌叔华作为“五四”新女性的立场，不再认为女性应以“保国强种”为唯一要务，而鼓励女性走进社会，寻找自我，服务大众。

7月5日，在《晨报副刊》发表散文《解闷随记》，署名华，记录五则对社会和文化现象的看法。一为《晨报副刊》有文章谈论泰戈尔到华情形，说他无论到哪个国家，都被许多妇女欢迎，唯有中国妇女因他“土面灰发”，不动钦慕之情，“千金丽质，与泰氏周旋者，林女士一人而已”。凌叔华对此十分不满，她也是“与泰氏周旋”的女子之一，不免质问作者：“因她们不是‘丽质’，便可以连女子资格也取消吗？”其中林女士当指林徽因，此事也被认为是凌叔华对林徽因心结之始。

二为北京忽然流行起给美丽女子写爱慕信，据闻一位小姐接了两百封情书，却一封未回。凌叔华认为这不是狠心，而是：“因为两百封信不过用两元邮资，连信纸，就算顶好的，也不过花上五六元，再用些丝带也不过一元，统共不过十块洋钱，他要去换人家‘千金丽质’，未免太上算了，天下哪有这样便宜事？”

三为看到林语堂发表文字，说知幽默如同饮铁观音，而凌叔华认为，铁观音有许多人都没喝过，虽是笑话，大概有很多人不懂，“须叫大多数容易了解才收效果”。

四为分享用粤语写的咏史诗《项羽》，享方言土音之乐。

五为谈论俏皮话往往刻薄，招人听，也有可能被有心人厌恶终身；然后想起林语堂提倡幽默，是否也会受其刻薄之累？或许林语堂提倡的“不是对人问题的‘幽默’，多半是对物或已过去人或不相妨害人的‘幽默’”。[101]

秋，徐志摩致信凌叔华，回忆前夜朋友相聚，发表秋风秋雨之感伤，并附上新写诗作《问谁》。是年，凌叔华与徐志摩书信往来频繁，志摩曾有信写：“我一辈子只是想找一个理想的‘通信员’……最满意最理想的出路是有一个真能体会，真能容忍，而且真能融化的朋友。”[102]凌叔华便是他理想的“通信员”，往来信件不下七八十封。后来，凌叔华在给胡适的信中强调，她与志摩永久是文学上的朋友，她对志摩除了相当于朋友的同情，并可惜他与陆小曼的关系被误解轻视外，一点关系都没有，也不信他会与自己有什么关系。[103]后来凌叔华担任《武汉日报·现代文艺》编辑时，以《志摩遗札》之名发表过徐志摩写给她的部分信件。

11月23日，南京有人寄不易得到的好鱼至凌府，凌叔华送了三尾到东吉祥胡同的陈源家中，陈源说，胡适有饭局不能吃鱼。凌叔华母亲遗憾道，胡适有饭局，鱼便少了一个知味的人。

是日，徐志摩作诗《为要寻一颗明星》，致信凌叔华并将诗作附上。

11月24日，致信胡适，应是初交，开头便说：“我想您也不高兴有‘先生’二字，所以去了，否则请恕大胆子。”信中提出想借胡适的诗签抄一本，请求割爱，如其应允，请交给陈源带下。可见凌叔华与陈源关系已趋亲近。

12月13日，《现代评论》创刊，日后成为凌叔华发表作品的主要阵地。

12月，在《晨报六周年增刊》发表小说《我那件事对不起他?》，署名瑞棠。讲述胡少奶奶在丈夫出国留学期间尽心履行媳妇责任，孝敬公婆，丈夫回国后，却以其守旧传统，提出离婚，胡少奶奶只能选择自杀。

是月，徐志摩在凌叔华家，正逢大雪，“摘了几朵半绽的梅萼”“选丁香树下最白净的雪满盛一盌，盖好封好扎起”，放在书架底下，过几天打开来，泡上极好的日本茶，加上杯中剩余几滴梅渍，称西王母那里的琼浆也不过如此。同赏者有陈源、张歆海、张彭春。随后凌叔华发起“快雪同志会”，约定下次晴爽的雪天，有天大的事情也要丢开，一同出城上西山玩。后来又加入刘叔和与陆小曼。[104]

约年末，带父亲凌福彭参加新月派的聚会，请示可否正式加入。凌父因徐志摩与陆小曼恋情及其他传言，似存保留意见，故凌叔华说“不想弄巧反成拙”。[105]

是年，参加日本东京东洋名画展。[106]

同年，担任燕京大学中国艺术史讲师。创作小说《阿昭》，1928年发表在《燕大月刊》第1卷第4期，以儿童视角回忆家中一位三十来岁的厨师，署名凌叔华女士。

· 1925年　25岁

3月12日，孙中山逝世。发生五卅惨案、省港大罢工、女师大风潮。

全国各界妇女联合会在北京成立。中国妇女协会在上海成立。

1月10日，在《现代评论》发表小说《酒后》，讲述新式知识分子夫妻永璋和采苕在家宴请友人，客散后，采苕见朋友子仪醉倒在沙发，忽然心动，向丈夫永璋提出想要亲吻子仪。但当丈夫终于应允后，采苕却决定不要亲吻子仪了。

1月19日，周作人在《京报副刊》以“平明”之名发表文章《嚼字》，提到凌叔华小说《酒后》:“在《现代评论》里读得一篇凌叔华先生的小说《酒后》觉得非常地好。”并提到小说中屡次出现的“跕”字，认为可能是“站”字之误。

1月29日（正月初六），凌叔华致电徐志摩，告知大雪，除张歆海外“快雪同志会”五同志相约在玉泉吃饭，饭后去香山，到双清小坐。凌叔华带去广东油炸（花生、芋艿、慈菇、豆板、杏仁等），大家争抢着吃。到名亭“看云起”时，凌叔华和陆小曼摔了不少跤。[107]

3月，徐志摩为避与陆小曼恋情风波，接受凌叔华建议，去往欧洲。临行前将装有日记、书信的“八宝箱”交与凌叔华保管，开玩笑道，如发生意外，请凌叔华为他作传。此举为日后“八宝箱之争”埋下伏笔。此外，凌叔华亦托志摩带去白绢，收集所遇之名人墨宝，留有墨迹者有英国画家罗杰·弗莱（Roger Fry，1866—1934）、作家多拉·罗素（Dora Russell，1894—1986）、徐悲鸿、张大千、闻一多、丰子恺、冰心、林风眠等。

3月2日，朱自清致信俞平伯：“《现代评论》中《酒后》及冯文炳之某篇，弟颇爱之。”[108]

3月7日，丁西林在《现代评论》发表凌叔华小说改编的剧本《酒后》：“我读了那篇小说，觉得他的意思新颖，情节很配作一独幕剧。当时同读的两位朋友，亦表示赞同，并竭力怂恿我写一篇短剧。我既受了那篇小说的启示，又得到他们两位的鼓励，遂写成了这本剧本。”丁西林的剧本保留了人物关系和情节结构，但是加强了丈夫在妻子想偷吻朋友的意愿形成中的推动和怂恿，更添喜剧色彩，性别意味有所减弱。

3月10日，徐志摩致信陆小曼：“最后一句话：只有S[1]是唯一有益的真朋友。”[109]

3月13日，凌叔华去陆小曼家拜访，小曼在14日的日记中写：“昨天……下午S来谈话，两人不知不觉说到晚上十一点才走，大家有相见恨晚的感想，痛快得很。”[110]

3月16日，创作小说《吃茶》。小姐芳影是传统闺秀，没有与男性相处的经验，认识好友淑贞的哥哥、留洋归来的王斌后，

1　S指凌叔华，下文同。

处处得到王斌照顾，芳影以为王斌对她有意，芳心暗动，却不知那些照顾只是“外国最平常的规矩”，得知王斌即将结婚时，感到“好似一大缸冷水，直从她头上倾泼下来”。[111]

3月17日，陆小曼在日记中回想和凌叔华的聊天，说凌叔华的几句话引起她无限的怅惘：

> S说当初他们都不大认识我的，以为不是同她们一类的，现在才知道我，咳，也难怪！我是一个没有学问的很浅薄的女子，本来我同志摩相交自知相去太远，但是看他那样的痴心相向，而又受到了初恋的痛苦，我便怎样也不能再使他失望了。……S说，男女的爱一旦成熟结为夫妇，就会慢慢的变成怨偶的，夫妻间没有真爱可言，倒是朋友的爱较能长久。这话我认为对极了，我觉得我们现在精神上的爱情是不会变的，我也希望我们永远做一个精神上的好朋友。[112]

3月18日，徐志摩致信陆小曼：“朋友像S、M他们，固然他们也很爱我器重我，但他们却不了解我——他们期望我做一点事业，譬如要我办报等等，但他们哪能知道我灵魂的想望？我真的志愿，他们永远端详不到的。男朋友里真望我的，怕只有B一个，女友里S是我一个同志。”[113]

3月19日，凌叔华请陆小曼吃饭，小曼在日记中写：“有W、H等几个人的清谈，倒使我精神一畅呢。”席间，小曼无意中说了一句:“这个礼拜为甚么过得这样慢。”W他们都笑起来:“我叫他们笑得脸红耳热，越发的难过了，因为我本来就不好过，叫他们再一取笑，我真要哭出来了；还是S看我可怜救了我的。”[114]

3月21日，在《现代评论》发表小说《绣枕》，署名淑华。讲述一位大小姐在炎夏赶制靠垫套子，寄望能以巧手为自己换来美满姻缘。然而，两年过去，大小姐仍孤身在家做着针线，她曾用心缝制的绣枕却已经遭人弃踏，几经辗转，成了仆人的手中物。

3月30日，致信邀请胡适来家中欣赏藏书。

4月5日，胡适至凌府，看凌叔华家收存有戴鸿慈家的书，因寻得《宋元学案补遗》，共八册。[115]胡适当晚为之写跋，凌福彭看后称赞有加。

4月20日，陈源三十岁生日，胡适赠诗集《秋蟪吟馆诗钞》，并借周鲠生女儿周如松之语题字：

> 这是我很佩服的一部诗集，送给我很佩服的一位朋友，祝贺他至少活三个三十岁。十四，四，二十。（乙丑，三，二八）
>
> 今天是通伯的三十岁生日，承周如松女士替我做了这几句颂词，我要谢谢她。
>
> 胡适

4月23日，日本作家小畑薰良在北京宴请《现代评论》同人，在场有王世杰、丁西林、杨振声、陶孟和、任鸿隽、周鲠生、高一涵、唐有壬、徐志摩、陈源、马寅初、冯友兰等，凌叔华、陆小曼也在座。[116]

4月24日，陆小曼致信徐志摩，说准备去大觉寺休养两礼拜。[117]此后凌叔华写信约她三次，均未得见。[118]

4月25日，在《现代评论》发表小说《吃茶》。

4月30日，徐志摩致信泰戈尔，提及凌叔华，及凌叔华为泰戈尔准备的生日礼物：[1]

> 还有一个偷偷爱慕而使你不能不怀念的人，就是女作家凌叔华小姐；你曾经给她很恰当的奖誉，认为她比徽音有过之而无不及。凌小姐给你做了一项白玉镶额的精致便帽，还有其他的物品，准备给你作六十五岁寿辰的贺礼。[119]

5月上旬的一个周六，与美国哲学家威廉·詹姆斯（Williams James）请张彭春午饭，邀请胡适同来。[120]

5月7日，在《现代评论》发表小说《再见》，描写职业女性

---

1 原文为英文：But there is one more person who secretly loves you too well to deserve your not remembering her: She is the lady artist Miss Su-hua Ling whom you once rightly prefered to Phyllis (who by the way is still in the states). Miss Ling has made you a beautiful cap with a white jade fixed on it in the front and other presents for your 65th birthday occasion too, at which I had hoped to be present.

筱秋和当上政府官员的旧情人骏仁在西湖重逢，两人回顾往事、交流现状后，发现彼此——尤其是愈加世故的骏仁——的变化，更感时光荏苒，旧情难续。凌叔华在给胡适的信中说，这篇小说她“很想装契诃夫的俏，但是没装上一分”。陈源却认为意思深刻，好好修改可能成为杰作。凌叔华希望“与契老相好”的胡适能指点一二。

5月8日，北京文化界演出泰戈尔剧作《齐特拉》（*Chitra*），徐志摩、林徽因参演，鲁迅、陈源等文化界人士均出席观看。

5月11日，北京女子师范大学学生召开紧急大会，决议驱逐维护北洋政府专政的校长杨荫榆。

5月26日，徐志摩致信陆小曼，说凌叔华两月没有来信，不知何故。[121]

5月27日，鲁迅、周作人、沈尹默等七位联名在《京报》发表《对于北京女子师范大学风潮宣言》，声援学生，反对校长杨荫榆对学生的压迫。

5月30日，陈源在《现代评论》发表《闲话》，认为学生是“群众专制”，表明支持校方的立场。陈源的“现代评论派”和鲁迅、周作人的“语丝派”开始笔战，有人甚至将关于陈源和凌叔华的婚约传闻写入文章，据周作人回忆，凌叔华曾致信他，请求不要波及她：

> 其时恰巧发生了一则传闻，是关于他们婚约问题的，不知是谁的文章里约略地涉及这事，于是凌女士来信请求，

不要把她拉在里面。我很是同情她，也真诚的愿望她得到美满的婚姻，但是我很抱歉，只好复信说，我写文章一向很注意，绝不涉及这些，但是别人的文章我就不好负责，因为我不是全权的编辑，许多《语丝》同人的文字我是不便加以增减的。[122]

是月，有署名YM的作者在《松声》发表模仿凌叔华和丁西林的小说作品《酒后》："这篇小说，是我的一个朋友，要求我将北京《现代评论》中叔华君的一篇小说和戏剧家西林君改编的一篇独幕剧，改编出来。阅者如果赞许这篇的情节，请送给凌叔华、西林两君；如读者对于这篇删改得不满意，则归罪于鼓励我改编的一个朋友，因为他叫我这样写的。"[123] YM的改编中淡化了性别和情感的复杂性，将偷吻朋友演绎成了夫妻之间的小游戏。

6月1日，创作小说《茶会以后》，描写阿英和阿珠两姐妹参加茶会，内心期待恋爱，却又仍受传统性别规范的规训，恐惧真正意义上的现代社交，内心矛盾而痛苦。

7月，凌叔华致信胡适，请他为参加清华留美考试的妹妹凌淑浩写介绍信：

听说请了三位评判员作最后的选定，赴考各生皆已找人介绍个人品德学业于评判员，以便届时参考。评判员里有范源濂，记得您与他相识，不知您可否为淑浩写封介绍信与范？浩曾在北洋女子师范毕业，在燕京大学理科二年，后在协和医学预科毕业，现在已读完正科二年，在校素有好学之名，于一九二二、一九二三两年曾得首名荣誉奖金。就她的健康活泼方面说，历年皆任女生体育部长，这都是事实，想你不至笑我自己夸自己的人吧？如果您与范不识，请示知是盼。[124]

同信提到"明天同父妹等去石居小住"，希望过西山时能邀请胡适吃饭喝茶。其时石居主人为清末著名外交家张荫棠，亦是张荫桓之弟。可见凌福彭交游。[125]

7月27日，胡适创作诗歌《题凌叔华女士画的雨后西湖》，是凌叔华六年前游西湖所画，同年10月10日发表于《现代评论》：

一霎时雨都完了，
云都散了。
谁料这雨后的湖山
已作了伊的画稿，
被伊留在人间了？
九百五十年的塔也坍了，
八万四千卷的经也烂了。
然而那苍凉的塔影，
引起来的许多诗意与画意，

却永永在人间了。

十四·七·二十七

凌叔华自题云:“这是六年前游西湖，雨后上山所得的画稿。”所以画上还有雷峰塔。

是月，日本《改造》杂志刊发日文版凌叔华小说《酒后》与陈源文章《中国新文学琐谈》，同时刊登小畑薰良宴请《现代评论》杂志同人的合影，称凌叔华为“北京内外社交界的明星”。[126]

8月23日，徐志摩在日记中引用凌叔华来信中的一段话，将自己与陆小曼作比:

我觉得自己无助的可怜，但是一看小曼，我觉得自己运气比她高多了，如果我精神上来，多少可以做些事业，她却难上难，一不狠心立志，险得狠。岁月蹉跎，如何能保守健康精神与身体，志摩，你们都是她的至近朋友，怎不代她设想设想?使她磋磨下去，真是可惜，我是巾帼到底不好参与家事……[127]

是月，徐志摩第一本诗集《志摩的诗》自费出版，背面请凌叔华手书“献给爸爸”。淑浩赴美，凌叔华一同乘火车去上海，送凌淑浩登上为公费留学的清华学生安排的轮船。

9月12日，林长民携孩子拜访凌叔华，想聘请她做家庭教师。凌叔华应允，约定9月16日周三亲赴林宅，见过其余两个孩子再定规。

9月13日，凌叔华致信胡适，谈到去林家做家庭教师之事。凌叔华毕业后闲居在家，惹人闲话，故而接受徐志摩的建议，应允了林家工作。但是今日听人说“教家塾的女先生等与外国的管家妇差不多，社会上并不看重此地位的人”，这是她初次出来做事，还是希望慎重。凌叔华认为，“一个人作事差不多离不开三者：名、利或自己的兴趣。三者无一真是无聊”。但又应允在先，不好反口，想请胡适指教帮忙。[128]

10月1日，在《晨报副刊》发表小说《中秋晚》，署名淑华。写太太和丈夫敬仁新婚燕尔，共度中秋，丈夫忽然接到电话，得知干姐姐病危。太太相信中秋夜必须吃团鸭，否则便不团圆，会影响日后吉祥，坚持丈夫吃完团鸭再走。丈夫因而错过与干姐姐的最后一面，迁怒太太，更弄碎供过神的花瓶，“又是一个不吉祥”。后来太太两次小产，丈夫流连花街柳巷，家中日渐困窘，种种变故，太太都相信是团鸭和花瓶之难，天命所定。

《晨报副刊》当期刊头画使用了凌叔华临摹英国插画家比亚兹莱（Aubrey Beardsley，1872—1898）为《萨沃伊》（*The Savoy*）杂志第七期所作插图《珍重再见》。是日，是徐志摩接手《晨报副刊》后首刊，有撰文《我为什么来办我想怎么办》，表达自己的编辑态度和思路，但并未声明画的来源，只是在同期发表的《中秋晚·附记》中说：“副刊篇首广告的图案也都是凌女士的，一并道谢。”因说辞暧昧，引发后来的抄袭争议。

10月8日，署名重余的陈学昭在《京报副刊》发表《似曾相识的〈晨报副刊〉篇首图案》，指责凌叔华画作抄袭：

> 琵亚词侣是英国人，他现在已变为臭腐，已变为泥土。总之是不会亲自出马说话的了！但这样的大胆是要当的吗？万一有彼邦的人士生着如我的性格一样者，一入目对于这个“似曾相识”起了追究，若竟作大问题似的思索起来，岂不使我觉得难受！
>
> 可是仔细想想我又何必着急替人家难受？反正人家有这样的本领做这样的事，呀哟！真——算了罢！！！[129]

是日，徐志摩致信《京报副刊》孙伏园，解释此事由来。

10月9日，《京报副刊》刊出徐志摩致孙伏园信，为凌叔华辩白：

> 这回晨报副刊篇首的图案是琵亚词侣的原稿，我选定了请凌叔华女士摹下来制版的。我谢了她，而没有提画的来源。……我先得把重余先生这份骂完全承担在我一个人身上，绝对没有旁人的份。……其实琵亚词侣的黑白素绘图案，就比如我们何子负、张廉卿的字，……稍微知道西欧画事的谁不认识他？……所以我即便成心作贼，我也绝不会到团城里去偷了那尊大玉佛回来供在家堂说这是我亲手雕的。[130]

10月17日，凌叔华为《晨报副刊》绘制的刊头画被替换成闻一多的新画。

10月19日，在《晨报副刊》发表小说《茶会之后》，署名凤。

11月7日，在《现代评论》发表小说《花之寺》。太太以陌生女子的名义，给丈夫写了一封表达崇拜心意的情信，约丈夫至花之寺赴约。丈夫不明就里，欣然前往，才发现相约者竟是自己太太，戏剧之外回归日常，两人重又享受起愉快的二人时光。

11月14日，《京报副刊》刊载署名陈牧的《零零碎碎》，指责凌叔华《花之寺》抄袭契诃夫《在消夏别墅》："最近文学界抄袭手段日愈发达……现在某女士竟把柴霍甫（即契诃夫）的《在消夏别墅》抄窜来了……这样换汤不换药的小说，瞒得过世人吗?"[131]

11月21日，陈源在《现代评论》发表《闲话》，为凌叔华抄袭契诃夫辩白：

> 一个作家也尽可无意的，或竟有意的借用另一作家的布局，只要他运用的方法不同，他周围的空气不同，他人物的个性不同。……所以，虽然那两篇小说说的是同样的事，读者得的是差不多的感想，它们简直是两件极不相同的东西。同时却是两件同样美丽的东西。[132]

是日，致信胡适，说读完契诃夫的小说，受了他不少暗示，也有一些困惑。陈源偏心契诃夫，徐志摩私淑许多作家，凌叔华觉得问他们不能解惑，故而问胡适，希望能在读书方面得到胡适的指引：

平时我本来自觉血管里有普通人的热度，现在遇事无大无小都能付之于浅笑，血管里装着好像都是要冻的水，无论如何加燃料都热不了多少。有人劝我抛了契诃夫读一些有气魄的书，我总不能抛下，契的小说入脑已深，不可救拔。我日内正念罗曼·罗兰的*John Christopher*（即《约翰·克里斯多夫》），想拿他的力赶一赶契诃夫的魔法，总不行。不错，我也觉得罗曼·罗兰写得真好，但是我不信我会爱读他比爱读契诃夫更深些。[133]

信中也谈及徐志摩，说他照顾生病的陆小曼，脸都熬绿了。现在小曼病愈，看护说志摩“昨天穿了一身光闪闪的袍子，脚上亮堂堂的皮鞋”，和小曼牵手散步在交民巷中了。这场景也令凌叔华想到契诃夫：

此次眉虽病，面上可没有憔悴，志摩倒憔悴了。此次的事虽说出人意料之外，若叫契诃夫来记下来，读者又必感到同样的浅笑。我就奇怪为何真正romantic事总不让我们遇见看，也许romance就是romance罢了。[134]

12月17日，创作小说《有福气的人》，主人公是一位老太太，掌管家中财政大权，拥有子孙的孝顺与敬畏，以为这就是中国传统女性可期待的终极“福气”了，然而一次偶然的偷听，老太太才意识到子孙真正惦记的不过是她手中的财物，表面上的福气，也只是幻象罢了。

12月25日，凌福彭将史家胡同甲五十四号院19间房、外带一个花园，过户到凌叔华名下。

12月31日，创作小说《太太》，描绘了一个寄生虫太太，既放弃做传统贤妻良母、不管家事，又不愿做现代职业女性、自力更生，只是依附丈夫生活，虚荣又无谓地在牌桌上浪掷人生。是月，发表于《晨报七周年纪念增刊》。

年末，凌叔华为徐志摩绘制新年贺卡《海滩上种花》。

· 1926年　26岁

3月18日，发生段祺瑞执政府屠杀群众的“三·一八”惨案。同年5月，国民革命军开始北伐。

1月1日，在《现代评论》“第一周年纪念增刊”发表小说《有福气的人》。

1月26日，《语丝》刊载署名“爱管闲事者”（即章川岛）的文章《刘博士订正中国现代文学史冤狱图表》，重提凌叔华临摹比亚兹莱之事。[135]徐志摩致信《语丝》主编周作人：“凌女士那张图案，我不早就在京副上声明那完全是我疏忽之咎，与她毫不相干，事实如此，人家又是神经不比蠢男子冥顽，屡次来向我问罪，这真叫我狼狈万分。启明兄，你有法子替我解围否？如有，万分的感谢。”[136]

1月30日，陈源致信徐志摩，指责鲁迅的《中国小说史略》是根据日本人盐谷温《支那文学概论讲话》中和小说相关的部分写成：

> 他常常挖苦别人家抄袭。有一个学生抄了沫若的几句诗，他老先生骂得刻骨镂心的痛快，可是他自己的《中国小说史略》却就是根据日本人盐谷温的《支那文学概论讲话》里的“小说”一部分。其实拿人家的著述做你自己的蓝本，

本可以原谅，只要你书中有那样的声明。可是鲁迅先生就没有那样的声明。在我们看来，你自己做了不正当的事也就罢了，何苦再去挖苦一个可怜的学生，可是他还尽量的把人家刻薄。“窃钩者诛，窃国者侯”，本是自古已有的道理。[137]

2月6日，徐志摩致信陆小曼，让她告诉凌叔华“准备灯节热闹。别等到临时”。[138]

2月8日，鲁迅在语丝发表文章《不是信》，反击陈源：

我才悟到陈源教授大概是以为揭发凌叔华女士的剽窃小说图画的文章，也是我做的，所以早就将“大盗”两字挂在“冷箭”上，射向“思想界的权威者”。殊不知这也不是我做的，我并不看这些小说。[139]

3月18日，中华民国北京政府武力镇压请愿群众的“三·一八”惨案爆发，牺牲者包括北京女子师范大学学生刘和珍、杨德群等。

3月21日，徐志摩致信胡适，告知陈源与凌叔华婚事进展：“通伯叔华已经老太爷批准，不久可成眷属，会捉老虫［的］猫不叫，殆斯之谓欤！”[140]

3月29日，凌叔华赴北大参加“三·一八”惨案“国民追悼大会”。

3月30日，凌叔华致信胡适，谈到昨日参加追悼大会：

那些血衣也陈列出来，我看了只觉从唇际冷冷的麻木到心部，再到踵部。唉，这样会怎样呢！[141]

在同一封信中，感谢胡适帮忙说服凌父应允陈源和自己的婚事：

在这麻木污恶的环境中，有一事还是告慰，想通伯已经向你说了吧？这是我们两年来第一桩心事，现在已经结论，当然算得最值得告诉朋友的事。适之，我们该好好的谢你才是。那天舍表兄来说（已不止一次），我在隔房听了，在他话里有许多老人爱听的话，一半儿当然是表兄尽心，那一半儿的话，我认出来是你同志摩给他的好印象。末了，老父允说商量，这事就有边儿了。这原只是在生活上着了另一样色彩，或者有了安慰，有了同情与勉力，在艺术道上扶了根拐杖，虽然要跌跤也躲不了，不过心境少些恐惧而已。自然这只是就我个人说的话呀。[142]

4月10日，在《现代评论》发表小说《等》，是凌叔华为数不多和政治相关的小说，讲述“三·一八”惨案发生当天，阿秋和她母亲精心准备晚餐，期待阿秋男友的来访，而男友迟迟未到，后来经过打听，才知道阿秋男友已死在卫队枪下。

4月18日，《晨报星期画报》第1卷第31期刊载凌叔华画作

《北戴河东山落潮》，编者配有说明文字：

女士名棠，博学多能，所著小说，久已脍炙人口，绘事，知者不多。特假得此图，以飨阅者。

同版有画家兰达·波士（Nandalal Bose，1882—1966）所绘《鲍司画的佛生日》，画旁有文字解释：

印度鲍司（即波士）先生，前年同诗哲泰戈尔来过北京，这图是为凌叔华女士画的。[143]

4月20日，在《现代评论》发表翻译英国小说家曼斯菲尔德的小说《小姑娘》（*The Young Girl*），讲述一个因与父亲不常相处而恐惧父亲的小姑娘，逐渐对父亲变得熟悉而亲近的故事。

4月23日，《改造》杂志社总编辑上村清敏来京访问，与中国知识阶层会晤，设宴于遂安伯胡同黄宅，宴后合影。从图片上看，前排是曾以英文翻译《李白诗集》的日本诗人小畑薰良、林风眠、凌叔华、陆小曼、上村清敏、王世杰，立者有冯友兰、丁西林、马寅初、杨振声、陈源、徐志摩、陈渊泉、陶孟和、高一涵、任鸿隽、唐有壬、周鲠生。[144]

4月25日，《晨报星期画报》第1卷第32期刊载凌叔华所画观音像，配有文字解释：

这幅是凌女士用乾隆刻画笺写的，下面并书波若波罗密多心经一篇，见者无不叹为双绝。[145]

5月3日，在《晨报副刊》发表小说《说有这么一回事》，署名素心，根据杨振声发表在《晨报副刊》上的小说《她为什么发疯了》改写。讲述女学生影曼和云罗因排演莎士比亚名剧《罗密欧与朱丽叶》入戏太深，陷入爱情。后云罗因畏惧现实压力，回家结婚，影曼难以承受失恋，抑郁心伤。

5月5日，凌叔华得知徐志摩将她的《说有这么一回事》刊载于《晨报副刊》后，写了长文《关于〈说有这么一回事〉的信并一点小事》，将仓促刊印以至于内文颠倒、遗失的情形一一交代。这篇小说阳历正月便已完成，只是凌叔华懒于修改整理，导致残稿没有页数，写此文是为表明一切皆作者凌叔华之过，而非编辑志摩之错。此外，该文也再次澄清“抄袭”比亚兹莱（时译“比亚斯侣”）画作的原委：

去年秋间你初办副刊的前几天，你满处找人画副刊目录上的图案，……结果你选上我那个扬手女郎图。你逼我描下来晚上好交去付印，……所以就描了，以为不写上我自己名字，描一下又何妨呢？而且当夜聚餐（大约是晨报社请的）就有许多人问这画，我就也告诉人家从那本子出来的。哼，那晓得因此却惹动了好几位大文豪小文人顺笔的写上凌〇〇女士抄袭比亚斯侣大家，种种笑话，说我个人事小，占去有用的刊物篇幅事大呀。因此我总觉得那是憾事，后来就请副刊撤去此画，这真是不值得一议的事情。[146]

徐志摩在文后附识，关于《说有这么一回事》，为自己“着急而且怠惰的罪”道歉，并且认为错责除他之外，读过原文的陈源和杨振声都有份，志摩自己只认三分之一。但他认为，责任谁负都不重要，关键是既然凌叔华把线索看清了，就该把志摩认为“极美的一篇文章”好好作一番修改。至于比亚兹莱抄袭案，志摩也再次澄清，完全是他做编辑的疏忽。[147]

5月6日，张歆海介绍吴宓认识凌叔华，午饭后乘汽车同往，下午2点至干面胡同21号凌宅，陈源、杨振声随后也到，一同谈叙。吴宓赞赏凌宅“其室中布置，精巧绝伦，茗点字画，无一不工”。凌叔华拿出新绘的故宫春社图，请吴宓题诗，吴宓谦谢。凌叔华又取出册页请吴宓题字，吴宓将前日与李思纯同游崇效寺时李所作的诗题于其上。下午4时半，凌叔华与吴宓、杨振声、张鑫海、陈源等共乘汽车至崇效寺游览，“牡丹已渐凋落，游人稀少”。又在寺中茗叙，至晚6时才散。[148]

5月7日，吴宓作《再游崇效寺，赋赠同游诸君》，“仍七绝六首。均用昨日实事（另录），分赠各人”。[149]其中赠凌叔华为第三首：

春社故宫粉色鲜，画家今见女龙眠。
文明雅化随波尽，却赖香闺一线传。[150]

5月9日，早晨，吴宓将赠予凌叔华的诗“改易一字，寄凌叔华，并函谢之”。[151]

5月17日，陈敏宽在《新无锡》发表诗作《八叠题凌叔华女士为陈通伯写高房山小帧》：

瑶台十里昔曾游，泼墨图成佳气稠。
梦里山河非破碎，只应一醉散千愁。
云容幪憧接湖光，蓬藿幽栖草又芳。
便作米家山水看，春回犹带睡时妆。
凌叔华为通伯君之未婚妻[152]

5月21日，徐志摩致信年轻作家李祁：“凌叔华女士相慕颇殷，愿相结友，何时有暇当为介绍如何？”[153]

5月24日，胡适发表致鲁迅、周作人、陈源的公开信，呼吁停止论战：

我深深地感觉你们的笔战里双方都含有一点不容忍的态度，所以不知不觉地影响了不少的少年朋友，暗示着他们朝向冷酷、不容忍的方向走，这是最可惋惜的。[154]

5月末，凌叔华编剧、Miss A. James和张彭春导演，[1]燕京大学女生排演的英文实验剧在六国饭店演出。

---

1 1943年10月19日，陈源在美国哈佛大学访问，一日在月台等车，遇到一位老妇，问一行中国人是否有曾在燕大就读过的学生，陈源说：“我太太是燕大的学生。”这位老妇便是当日的Miss A. James。（见陈烈：《双佳楼往事》，第47页。）

6月6日，陈源在《现代评论》发表《闲话》，评价凌叔华的英文短剧《月宫女神》和《天河配》："一个中国的故事，由中国的演员，用中国的排演方法、布景服装，表演出来。它与纯粹的中国戏不同之点，不过言语是英文，也没有乐器和歌唱。这个试验似乎很受观众的欢迎。"

6月12日，在《现代评论》发表小说《春天》，年轻太太婚前曾有一位求爱者，虽然她从未答应过他，婚后二人也没有见面，但听闻他生病的消息，知道他想要她的安慰信，陷入想回信却又不知如何措辞的春日烦乱心情。陈源曾提到凌叔华在《春天》中显示出风格转变的倾向。[155]

6月13日，在《晨报星期画报》第1卷第39期发表画作《匡庐烟雨》。

6月26日，陈源与凌叔华订婚，徐志摩在24日致丁文江的信中说："通伯、叔华已定本星期六订婚，七月十四结婚，老哥送礼须从速，如不及寄即加入我等公份何如？"

7月8日，吴宓至北京饭店购买《查尔斯·兰姆作品集》英文版，"送陈源及凌叔华为婚礼，交该店寄送"。[156] 至于婚礼，吴宓则没有参加，"以胡适等在座，多所不便"。[157]

7月14日，陈源与凌叔华举行婚礼。[1]

7月18日，《晨报星期画报》刊载陈源与凌叔华的结婚照及

1　小滢认为父母结婚是有感情的，他们对文学有共同的兴趣，并且"那个时代的女作家并不多，父亲对母亲有一种爱才的心理；从另一方面讲，父亲是留英博士，26岁就当北大教授，母亲自然也会被这些'光环'所吸引"。（陈小滢《回忆我的母亲凌叔华》）

婚礼介绍：

> 陈西滢君、凌叔华女士于本月14日在协和礼堂举行婚礼，胡适之博士证婚。陈君为“闲话”老手，凌女士为创作名家，可谓珠联璧合。当日胡博士演说谓：中国夫妇只知相敬而不言相爱，外国夫妇只言相爱而不知相敬，陈君与凌女士如能相敬又能相爱，则婚姻目的始得完成。闻者皆谓为结婚哲学。是日行婚礼后，在欧美同学会宴客，席未终，而新夫妇双双潜去，不知所之，似为避友人闹洞房也。[158]

婚礼后，陈源和凌叔华回陈氏老家无锡。[1]返京后暂住胡适家。

9月21日，中秋节，梁启超为新婚的陈源和凌叔华庆祝，在凌叔华绘制的《折枝牡丹图》手卷上题写辛弃疾《鹧鸪天》六首；小万柳堂主人廉泉（号南湖）赋诗：“造化为师妙入神，画楼一角净无尘；朱英玉蕊繁如锦，翠叶琼脂别作春。岂为风狂

1　小滢认为陈源和凌叔华的婚姻从这时起就暴露出诸多隐患：“婚后不久，他们一起回到父亲的无锡老家。当地经常有人来看他们，按照老家习惯，儿子、媳妇应该站在老人后面，替他们端茶、倒水之类的，母亲很不愿意，觉得很丢脸，就装病躺着。母亲显然不甘心扮演那种传统的相夫教子的女性角色。”凌叔华对小滢的婚姻忠告也能证明这一点：“你绝对不能给男人洗袜子、洗内裤，这丢女人的脸”；“女人绝对不能向一个男人认错，绝对不能”。（陈小滢《回忆我的母亲凌叔华》）友人吴其昌在家庭谈话中表露过对二人关系的看法：“通伯这个人啊，有点英国脾气。脾气是有点的，但你若强过他头上，他也嘎弗转（硖石土话，没办法之意）了。凌叔华是完全掌握他了。”（吴令华：《冷月照诗魂：记凌叔华题徐志摩墓诗碑》，《文汇报》2004年2月23日）

心欲醉，也因香甚蝶难亲；千花争似宜男斗，没骨传灯要有人。”寒崖白庙赋诗：“小说说完话闲话，几生修到此夫妻。”

是日，张慧君在《三角之光》中秋特刊发表小说《酒后》，亦为凌叔华小说《酒后》仿作，但在保留三人酒后偷吻模式的基础上，重新调整了人物身份和关系，改为旧式女子曼云暗恋已婚男子智文，趁中秋席宴智文醉倒，在母亲的见证下，偷吻智文。

9月，凌叔华开始在燕京大学代课。

10月2日，在《现代评论》发表小说《小英》。小英的三姑姑将要结婚，喜事当前，原本对做新娘子无限憧憬的小英却因为看到三姑姑流泪，偷听到大人谈话，得知三姑姑所受封建婚姻制度和夫家压迫的委屈，发出稚嫩之问：“三姑姑不做新娘子行吗?”[159]

10月26日，凌叔华致信胡适，告知正借住胡适北京家中：

> 我们从南方回来，我抱病了一个来月，后来好了，找房子搬，都不合适，起先想租你们隔壁，后来听说租出去了，不得已只好把通伯住着的房子粉刷一下搬进去。因为房间太少，我的书画零碎东西摆不下，就来同您的夫人商议借几间空房子。承她美意竟将小楼借给我了。[160]

凌叔华在信中提到，前几天听说隔壁房子又空了下来，她准备替她母亲租下。那边房间很多，又只她母亲一人住，纵使胡适回京，也可以随意使用，凌叔华也就不必为腾屋子给胡适再搬。

是年，小说《酒后》日文版选入日本《改造》杂志“现代支那专号”。

· 1927年　27岁

4月18日，南京国民政府成立。

8月1日，南昌起义爆发，标志中国共产党独立领导武装斗争的开始。

1月1日，在《现代评论》“第二周年纪念增刊”发表小说《弟弟》。弟弟的二姐交了男朋友林先生，对弟弟十分周到，以至于弟弟以为他和林先生是“一个人待另一个人好”的友情，等到发现二姐才是林先生心之所系，感觉友情遭受背叛，哭了起来。

3月15日，林徽因致信胡适，托他向凌叔华、陈源问好，并请暂住林家景山雪池老宅的凌叔华代拍几张旧居照片，以慰乡愁：

> 我和那房子的感情实是深长。旅居的梦魂常常萦绕着琼塔雪池。她母亲的院子里就有我无数的记忆，现在虽然已不堪回首，但是房主人都是旧友，我极愿意有几张影片留作纪念。[161]

4月12日，在《现代评论》发表小说《病》。妻子如玉为了让生病的丈夫能去西山养病，虽内心不齿，仍接下假造名家画册的工作，且因担心丈夫多心，没有告知。丈夫见妻子忙碌神秘，想当然觉得自己遭受了情感背叛，直到最后得知真相，才恍然大悟。

7月14日，创作小说《他俩的一日》，妻子筱和为照顾母亲，与丈夫棣生分居两地，小说所写的“一日”，即是他们分别一年后重逢的一天，充满愉悦，同时也有又将分别的惆怅和对未来的迷茫。

7月30日，在《现代评论》发表小说《绮霞》。绮霞婚后为照顾丈夫，成为全职主妇，拥有家庭，却失去事业。出于未尽的梦想，绮霞暂离丈夫追求音乐，成为学生钦佩的音乐老师，但在重获事业的同时，却得知丈夫已有了新的家庭。

8月6日，在《现代评论》发表小说《绮霞》（续）。

9月17日，在《现代评论》发表小说《他俩的一日》。

9月24日，在《现代评论》发表小说《他俩的一日》（续）。

10月1日，陈源为《花之寺》写序。

10月15日，鲁迅在《语丝》发表杂文《革“首领”》，再次谈到与陈源及现代评论派的纷争，提到凌叔华：

> 现代派的文艺，我一向没有留心，《华盖集》里从何提起。只有某女士窃取“琵亚词侣”的画的时候，《语丝》上（也许是《京报副刊》上）有人说过几句话，后来看“现代派”的口风，仿佛以为这话是我写的。我现在郑重声明：那不是我。我自从被杨荫榆女士杀败之后，即对于一切

女士都不敢开罪，因为我已经知道得罪女士，很容易引起“男士”的义侠之心，弄得要被“通缉”都说不定的，便不再开口。所以我和现代派的文艺，丝毫无关。[162]

是月，陈源与凌叔华抵达日本，住在京都。凌叔华后来回忆这时的日本正值“全盛时代，处处有条不紊，确是一个山川秀丽国泰民丰的强国”。[163]得田汉、欧阳予倩及胡适介绍，两人在日本的文化交游十分丰富，与作家谷崎润一郎、盐谷温等均有会面。

12月31日，与朋友去八坂神社看庙会：四条逛街，见人山人海，感日本人维新之成功。

· 1928年　28岁

12月29日，张学良宣布东北易帜，服从南京国民政府统治，标志着国民革命军北伐成功。南京国民政府实现了名义上的中国南北统一，北洋政府宣告结束。

1月1日，去对门若林家拜年，吃了糖果及年糕，后到罗君处吃日本杂煮。下午到吉田神社散步，看人拜神。[164]

1月2日，在家中静坐，日暮时与陈源散步到吉田山，参观稻荷神社，感其古朴无华，不染红尘。[165]

1月7日，去日本澡堂洗澡，遇到熟人，赤裸相见令凌叔华手足无措，事后又觉可笑。[166]

1月12日，1924年创作的小说《小昭》发表在《燕大月刊》第1卷第4期。

1月28日，陈源致信胡适，提到尚未去东京，所以很多介绍信还没有用过，但遇到了谷崎润一郎。陈源力荐胡适迁居日本，说日本清净、便宜，尤其提到日本猪肉好，物美价廉。[167]

春天，王济远与张大千旅日，与凌叔华和陈源相会，题画一幅：

夜行几千里，孤客入关西。疑是梨花落，原来白雪飞。

戊辰春由京都入洛欣逢

通伯先生　凌叔华女史

济远

是月，凌叔华第一本短篇小说集《花之寺》由上海新月书店出版。陈源在《编者小言》中说：

凌叔华出这一年半的作品，虽然题材不一，作者的态度风格却可以清清楚楚地得到认识。在《酒后》之前，作者也写过好几篇小说。我觉得它们的文字技术还没有怎样精练，作者也是这样的意思，所以没有收进来。在《春天》之后，作者也曾发表过好几篇文字，可是我又觉得她的风格渐渐有转变的倾向——那好像在《春天》里就可以觉察出来的吧——只好留着将来另行收集了。[168]

3月10日，《新月》杂志创刊，日后成为凌叔华发表作品的主要阵地。徐志摩在创刊号发表原为凌叔华《花之寺》所写的序：

《花之寺》是一部成品有格的小说，不是虚伪情感的泛滥。也不是草率尝试的作品，它有权利要求我们悉心的体会。……

作品是有幽默的，最恬静最耐寻味的幽默，一种七弦琴的余味，一种素兰在黄昏人静时微透的清芬。[169]

4月9日，《大公报》文学副刊发表佚名书评，评论《花之寺》：

《花之寺》之作者似无为“大文豪”等等之野心，故其书中无大悲剧以震骇人之耳目。亦不愿为严正之道德家及狂诞之讽刺作家，故其小说不论人生哲学，亦永不嘲笑女主角。独以闲雅之笔写平淡之生活中最富有趣味之数段，以自成其风格。凡不得于海内鲁莽夸诞之男作家者，于女士书中得之。不见于西洋之小说家而一二见书于日本现代作家者，亦于女士文中见之。[170]

4月10日，在《新月》发表小说《疯了的诗人》，女主人公双成原本也是恪守妇德、压抑自好的传统女性，因为一场病，得以借“疯”回归自然，和丈夫觉生一起在浪漫主义情境中复苏本我。

6月18日，徐志摩赴神户，看当年凌叔华兄姊溺亡的那处瀑布。与王济远笑侃日本洗澡习俗，王说：“现在不仅通伯敢于和别的女人一起洗，就是叔华都不怕和别的男性共浴。”徐志摩感慨：“这是可咋舌的一种文明！”[171]

6月19日早，徐志摩抵达东京。提前电报告知陈源和凌叔华，说要来东京一见。当晚陈源和凌叔华都梦见志摩来，醒来后便去车站接早车，以为会等一整天，不料一到车站，志摩便在迎面来的车里探出头来招手。凌叔华说“这事说来像是带神秘性，或是巧得不可信”。[172]

6月29日，松冈洋右赠予凌叔华位于大连、名为“黑礁屯”的土地，完成土地转让手续。

是月，在《现代评论》三周年增刊发表剧作《她们的他》，王文津与情人余咏珍幽会时碰见朋友，为隐瞒幽会事实，谎称自己是独自一人，答应了朋友邀约。在他离开期间，他的妻子张素兰带着儿子正好来到此地，还与余咏珍相谈甚欢，彼此夸赞。待王文津回来，儿子叫了一声爸爸，三人关系大白于天。

7月30日，陈源致信胡适，告知教育部筹办国立武汉大学，已邀陈源参加。

8月5日，翻译契诃夫短篇小说《一件事》，关于两个孩子如何喜欢猫，却眼见家中的狗将猫吃掉的残酷故事。

8月18日、25日，在《现代评论》发表散文《登富士山》，为凌叔华与陈源和一众朋友游览富士山的游记散文。

8月21日，徐志摩致信胡适，提到《新月》杂志，极为挂心，称路过日本时，曾叮嘱陈源和凌叔华夫妇加倍帮忙。

仲夏，日本诗人与谢野宽、谢野晶子夫妇拜访陈源、凌叔华夫妇，并分别在凌叔华手卷上题诗：

酒觉春宵心欲泣，窗前雨霁树犹湿；

唤童消烛更钩帘，独见落花同月入。

十岁红颜粉未加，短裳齐发素巾斜；
含羞常倚阿娘侧，半面偷看客与花。[173]

同夏，创作小说《小蛤蟆》。小蛤蟆自幼从长辈处得知，两脚怪（人）是神通广大的超级生物，然而直到它真正见到两脚怪，才发现所谓的超级生物不过外强中干，见到蛤蟆也会恐惧大叫。但即便如此，母亲还是认为，是小蛤蟆无知，不懂得此中的道理。

9月1日，在《现代评论》发表译作《一件事》。

9月8日，在《现代评论》发表译作《一件事》（续）。

是月，凌叔华与陈源回国。陈源赴任武汉大学文学院，住武昌昙华林。

10月16日，师鸠在《真善美》杂志发表《花之寺》评论：

凌女士的作品，虽运用着西洋艺术造成，却一丝儿没有改过中国衣裙的装束，仍旧是一个最纯粹的东方佳丽。我们看她字句的流利，听她书中人物口齿的逼真，宛如脸对着我们自己个姑嫂姊妹，这才是真正的中国写实小说。[174]

10月18日，周开庆在汉口为将于1929年8月3日出版的《积翠湖滨》创作“叙”，特别表示：“在写这些东西时，曾得了凌叔华、徐祖正两先生不少的鼓励，谨在此表示谢意。”

12月9日，《文学周报》刊载弋灵评论《花之寺》的文章，批评凌叔华“描写有时流于平庸，显出了气力的薄弱”，并且视野较为受限：

> 我猜想作者是处于较安适的环境，人生的悲哀，人间的冷酷，都不曾亲尝，由此，作风是平和的：没有讽刺的气味，也没有偏激的狂热，只是把感觉到的现象，忠实地写在纸上，所表现的人生不是丑恶的，冷的，死的，而是热情的，享乐的，积极的，虽则后面几篇也写出了悲惨、感伤和虚伪，可是作者对于人生并不曾失望。[175]

12月29日，《现代评论》出至第9卷第209期停刊。

· 1929年　29岁

美国华尔街股市崩盘，由此引发20世纪持续时间最长、影响最大的经济大衰退，逐渐自美国席卷全世界。

1月6日，钱杏邨发表《〈花之寺〉——关于凌叔华创作的考察》，评价凌叔华的特色在于“描写资产阶级的太太们的生活和各种有趣味的心理”“不过‘文字记述还没有怎样的精炼’”。[176]

2月10日，在《新月》发表小说《小刘》。林女士与曾经的同学小刘重逢，发现念书时现代、独立的小刘，结婚后却成为传统、保守的家庭主妇，受困于日常的庸俗和琐碎中，深感惋惜。

3月10日，在《新月》发表小说《小蛤蟆》。

4月10日，在《小说月报》发表小说《女人》。太太发现丈夫王彬文在追求女学生余玛丽，偷偷去到二人幽会地点，让人引开丈夫，假装与余玛丽偶遇闲聊，离开时才告知自己是王彬文太太，余玛丽遂与王彬文分手，王懊恼回家。凌叔华在文末特别注明，《女人》写在《他们的她》之前。后有中学生炼之在《圣诞节》中写：

> 我本想动笔来的，不过，无意中发现我所想的，就是本年《小说月报》第四号凌叔华作的《女人》那一篇。只

得辍笔。“写东西真不容易啊！”[177]

同日，在《新月》发表《小哥儿俩》，讲述大乖小乖两兄弟因心爱的鸟儿被野猫吃掉，一心寻猫报仇，最后却又爱上小猫的故事。

4月14日，凌叔华致信胡适，寄上新作小说《小哥儿俩》，告知素材来自当时凌叔华住胡适家时所见的胡家两个儿子的真事："想来你也不晓得（那时你出国），你家里倒是有一只为孩子所宠爱的鸟儿被猫吃了，孩子们气呼呼要报仇，只是到底没有报。"[178]

4月19日，在《新月》发表小说《送车》，通过周太太和白太太的交谈，塑造了一类虚荣、自私，满足于依附丈夫的旧式太太形象。

4月底，朱东润到武汉大学任教，抵达武汉便先找陈源，在家中见到凌叔华。“当天在他家里作客，第二天回到学校，搬进教师宿舍”。[179]

5月11日，凌叔华致信胡适，说近来有两篇新作，寄上其中之一《杨妈》，讲述在高家做工的女仆杨妈痴心寻找不成器的儿子，最后听闻儿子在甘肃，又偷偷离开、千里寻子的故事。故事素材来自四年前胡适家的一次饭局，高一涵讲了家中老妈子的故事，在座文友都觉得可以改编作品，丁西林写戏剧，徐志摩和胡适写诗，凌叔华写小说，胡适还将自家墙上所挂的达·芬奇的《蒙娜丽莎》定为奖品，奖给写得最好的人。然而散席后，无一人交稿，唯凌叔华四年后完成了《杨妈》。在信中，凌叔华交代了她的创作原型："这里面的女仆，是拿我用过的一个做模子，太太是我想象的好太太（听说高太太素有贤名），高先生我知道不多，不妥地方大约也不会有多少吧。"照例，凌叔华请胡适提修改意见，如果《新月》要用，请他们誊抄一份，因为凌叔华准备6月拿去印书。后来，《杨妈》发表在《新月》第2卷第4号。

另外，凌叔华告知胡适陈源近日胃气痛，有两次疼得无法入睡，吃药也不见效，计划武汉大学6月中考完，去上海找陆仲安看病。[180]

5月22日凌晨，鲁迅致信许广平，谈到《红玫瑰》第5卷第8期刊载黄梅生所摄照片《文学家陈源及其夫人凌叔华女士》，略致讽刺：

> 今天寄到一本《红玫瑰》，陈西滢和凌叔华的照片都登上了，胡适之的诗载于《礼拜六》，他们的像见于《红玫瑰》，时光老人的力量，真能逐渐的显出"物以类聚"的真实。[181]

6月10日，在《新月》发表小说《杨妈》。

是月，陈源与凌叔华赴上海，与徐志摩见面。谈及志摩昔日的学生李祁发表在《新月》的小说《照X光室》，和苏雪林、袁昌英一样，陈源与凌叔华"皆交口赞赏"，徐志摩"颇觉抒气”，感慨：“我眼睛是不瞎的。”该小说此前受到梁实秋和胡适的批评，坚持退回，徐志摩为让其发表，颇费心力。[182]

9月5日，南湖发表文章《凌叔华仿南田山水小册属题》，评论凌叔华的画：

南田初写山水，见石谷画，乃让之独步，自学没骨写生，以徐崇嗣为归，然其山水，别具秀致，以视清晖主人，未遑多让，叔华醉心南田，能得其幽澹之趣，吴布衣对于古松亭子一帧，爱不释手，有出蓝之誉，以此知鉴赏之自有真也。

一生低首东园客，落落疏疏风味语。莫让清晖成独步，须知青本出于蓝。[183]

9月10日，在《新月》发表小说《搬家》。枝儿家因为要搬家，无法把心爱的大花鸡带上轮船，只能送给信任的四婆。没想到四婆为给枝儿一家践行，将大花鸡杀了备制餐席。枝儿得知真相后，幻灭伤心。

9月25日，张广舆、张奚若拜访吴宓，谈婚姻问题，并述凌叔华等人事，吴宓感叹：“足见光明磊落之人物，与美满和谐之婚姻，在今世为极少也。”[184]

是月，袁昌英赴教武汉大学文学院，住昙华林，与陈源、凌叔华成为邻居。

10月16日，凌叔华致信胡适，谈到武汉居住条件逼狭，生活烦闷：

> 我们在这里真是孤陋得很，朋友们也不会想到给这一个畸角的人们写封信的。我依然度我看家生活，武昌是个具有中国城市各种劣点的地方，所以除了蹲在家里，那里都别想去。房子又小院子又狭，阳光也不能多看到一片！这种无聊生活怎好呢？写东西，总说那几个人，叫人都厌烦了，不说还不如不写好。……可怜活活的一个人，整天关在三四丈大的几间小房里，除了吃睡之外，看书看得眼也发黑了！

在这样的境况下，凌叔华计划译一些东西："只要浅近明白的英文，大约还不至于不忠实，至少一天两飧吃得稍微对得住自己一些吧。"她本来计划翻译约翰·梅西（John Macy）的《世界文学故事》（*The Story of The World Literature*），但又觉得中国普通人、中学生未必看得进去，而且有的地方太简略，诗歌原文也多，有些难度。所以也在信中向胡适求助，希望他能推荐几本"明白浅近的文学书"，译些大众或幼年人可以读的东西，早日开始工作。[185]

12月26日，陈源致信胡适，也谈到他和凌叔华在武汉如死水般苦闷的生活。陈源觉得自己还可以坚持，"因为还有一点儿工作，还得到学校去，还见得到些人"，而凌叔华在家，境况实在糟糕：

叔华在这里，却实在是活埋。她时时闷得要哭，我也没法子劝慰，也许有一天她连哭都不想哭了，那我们在别人看来是完了，在自己也许倒好了。

顺问胡适：“你说我们应当怎么办呢？”[186]

是年，凌叔华开始在北京古物陈列所任专门委员。

· 1930年　30岁

3月2日，中国左翼作家联盟在上海成立。

1月3日，沈从文致信王际真，说凌叔华是会画的人，而且人也顶好：

> 据他们说笑话，要太太，只有叔华是完全太太的，不消说，那丈夫是太享福了。我也想，若是兴趣好点，就做一个冒险的事，同一个女人来结一次婚看看。[187]

1月20日，陈源在《〈父与子〉译者的话》中感谢妻子凌叔华对他工作的帮助：

> 在这个译文付印之前，曾经有一个读者从头至尾细细的看过两遍，至少她一个人说她能够看懂这本书的。对于这一个读者，叔华，译者不仅感谢她校看两遍的耐心，更得谢谢她修改了好些字句，使这本译文比较的流畅些，明白清楚些。[188]

3月1日，鲁迅在《萌芽月刊》第1卷第3期发表《"硬译"与"文学的阶级性"》，驳斥新月派作家梁实秋此前的《论鲁迅先生的“硬译”》，梁实秋指鲁迅的翻译拗口难懂，而鲁迅以凌叔华的《搬家》为例，认为梁实秋新月派同人的文字易读却毫无艺术感：

> “小鸡有耳朵没有？”
>
> “我没看见过小鸡长耳朵的。”
>
> “它怎样听见我叫它呢？”她想到前天四婆告诉她的耳朵是管听东西，眼是管看东西的。
>
> “这个蛋是白鸡黑鸡？”枝儿见四婆没答她，站起来摸着蛋子又问。
>
> “现在看不出来，等孵出小鸡才知道。”
>
> “婉儿姊说小鸡会变大鸡，这些小鸡也会变大鸡么？”
>
> “好好地喂它就会长大了，像这个鸡买来时还没有这样大吧？”
>
> 也够了，“文字”是懂得的，也无须伸出手指来寻线索，但我不“等着”了，以为就这一段看，是既不“爽快”，而且和不创作是很少区别的。[189]

3月10日，在《新月》发表小说《凤凰》。枝儿在家中无趣，独自一人逃出门玩，遇见人贩，枝儿当其是应允陪她去看凤凰的好朋友，人贩却对枝儿施了蒙汗药，所幸后来被家人发现，逃过一劫。

4月21日，凌叔华女儿小滢出生。[1]

是月，小说集《女人》由商务印书馆出版，为“现代文艺丛书”之一种。

同月，徐志摩唯一小说集《轮盘》出版，在自序中表示：“这册小书我敬献给我的好朋友通伯和叔华。”

6月，闻一多辞去武汉大学文学院院长一职，[190]陈源接任。

7月16日，读余在《申报》发表评论《〈女人〉：凌叔华著短篇小说集》，评价凌叔华作品有“像小雀儿那样活跃的思念、出入洞的蛇那样灵活的笔法”。[191]

是月，毅真在《几位当代中国女小说家》中将凌叔华称作“新闺秀派作家”，认为“由她的作品中看来，当是一个极有天才的聪明的女子”，“以前的作家多是将自己置身于爱情之中来体会爱情，独凌叔华则能站在高处俯首视察，看看爱情究竟是怎么一回事儿”，“因为她是自己站在爱圈之外来讲爱情，所以她的作品能够深刻一层，我们时常可以在她的作品之中找到一些讽刺（sarcastic）的风味，这是以前的作家所无的”。[192]

9月16日，沈从文任武汉大学文学院助教。

---

1 在小滢的记忆中，父母在家是不说话的，“父亲虽然跟我在一起的时间不多，但他很喜欢我，他抗战时给我写了100多封信。虽然不爱说话，但信里却非常亲热，总叫我滢宝贝，鼓励我。而母亲对我好像并不在意。我几乎没有母亲抱我的记忆，只有一次，我记得她说‘洗小猫猫手’。这是她头一次这么亲热地喊我，所以我特别高兴，一直记到现在”。小滢认为可能是因为凌叔华不喜欢孩子，“在她看来，生孩子太痛苦，做女人太倒霉”；也有可能“她想生个男孩子，所以对我很失望”。（陈小滢《回忆我的母亲凌叔华》）

9月23日，陈源兼任文学院外国文学系主任。[193]

11月5日，沈从文致信王际真，谈到经济拮据，向陈源借钱："一个月一百三十块钱还不够，到时伙食也不送，并且拿了陈通伯七十。"[194]

11月21日，沈从文致信胡适，谈到武汉期间与陈源、凌叔华往来密切："在此承通伯先生待得极好，在校无事作，常到叔华家看画。"[195]

· 1931年　31岁

9月18日，日本关东军突袭奉天，“九一八”事变爆发，反抗日本帝国主义侵略的斗争开始。

1月15日，狄克在《当代文艺》发表《一九三〇年中国文艺杂志之回顾》，评价凌叔华的创作：“虽然不能与丁玲的作品比拟，但是并不十分使人不堪卒读，有几篇也是有相当的意义。”[196]

3月30日，在《文艺月刊》发表小说《倪云林》，凌叔华以自己欣赏的元末明初文人画家倪云林为原型，塑造了一个心境淡泊、寄情物外的风雅艺术家形象。

3月下旬，胡也频去世，沈从文护送丁玲母子从上海回湖南常德，返程时，在武昌与陈源、凌叔华及小滢相聚：

> 因为下行船不很方便，留在武昌住了两天，在汉口江海关前面，看了一回采真临刑的地点，又过江到叔华夫妇住处去，同他们在后湖坐了三点钟的小船，买了些活鲫鱼，照了几张相片，还在他们家中吃了一次饭。[197]

4月15日，沈从文在《文艺月刊》发表《论中国创作小说》，论及凌叔华。

5月22日，在《大公报》“万期纪念号”发表小说《写信》，全文均是张太太的独白，她想给丈夫写信，但不识字，只能向知识女性伍小姐求助，在对伍小姐讲述的过程中展开对自己人生和情感的回顾。有人将凌叔华比作曼斯菲尔德，将《写信》看作《小姐的女佣》的改编，但凌叔华均否认：“《写信》的取材完全是亲身经验，因为家中当差、仆人多，经常要我替他们写信。”志摩也曾以曼斯菲尔德赞凌叔华，凌叔华回应道：“你白说我了，我根本不认识她。”

6月11日，徐志摩看望凌叔华和小滢，说“叔华长胖了好些，说是个有孩子的母亲，可以相信了。孩子更胖，也好玩，不怕我，我抱她半天”。[198]

6月12日，凌叔华与徐志摩、罗隆基、沈从文等同去香山看望疗养中的林徽因。沈从文致王际真信中提到：“六月的北京真是热闹。诗哲在此，陈通伯夫妇在此，梁思成夫妇在此，大雨也要来了，陈雪屏不久又要在此接老婆了。”[199]

6月13日，中午，凌叔华请徐志摩等吃鲥鱼蜜酒。[200]

6月14日，中午与冰心、杨振声、徐志摩、沈性仁在陈衡哲家。谈到陆小曼的画，凌叔华说她摹的原卷太差，该看好一些的作品。[201]

6月16日，与沈从文、杨振声、邓以蛰、徐志摩、沈性仁在北海聚会，徐志摩在给陆小曼的信中说，当晚“风光的美不可言喻”，有星光下的树，还有夜莺。[202]

6月25日，徐志摩与陆小曼谈及北京一行，与凌叔华、陈源、沈从文、梁思成、杨振声等聚会甚多，花了不少时间。也表达对陈凌、梁林两对爱侣的羡慕：“人家都是团圆了。叔华已得了通伯，徽音亦有了思成，别的人更不必说常年常日不分离的。就是你我，一南一北。”[203]

6月30日，沈从文在《文艺月刊》发表《论中国创作小说》第二部分，对凌叔华给予全面且客观的评价：

> 在第二时期上，女作家中，有一个使人不容易忘却的名字，有两本使人无从忘却的书，是叔华女士的《花之寺》同《女人》。把创作在一个艺术的作品上去努力写作，忽略了世俗对女子作品所要求的标准，忽略了社会的趣味，以明慧的笔，去在自己所见及一个世界里，发现一切，温柔的也是诚恳的写到那各样人物姿态。凌叔华的作品，在女作家中别走出了一条新路。“悲剧”这个名词，在中国十年来新创作各作品上，是那么成立了非常可笑的定义，庐隐的作品，淦女士的作品，陈学昭的作品，全是在所谓“悲剧”的描绘下而使人倾心拜倒的。表现自己的生活，或写一片人生，饿了饭暂时的失业，穿肮脏旧衣为人不理会，家庭不容许恋爱把她关锁在一个房子里，死了一个儿子，杀了几个头，写出这些事物的外表，用一些诱人的热情夸张句子，这便是悲剧。使习见的事，习见的人，无时无地不发生的纠纷，凝静的观察，平淡的写去，显示人物“心灵的悲剧”，或“心灵的战争”，在中国女作家中，叔华

却写了另外一种创作。作品中没有眼泪，也没有血，也没有失业或饥饿，这些表面的人生，作者因生活不同，与之离远了。作者在自己所生活的一个平静世界里，看到的悲剧，是人生的琐碎的纠葛，是平凡现象中的动静，这悲剧不喊叫，不呻吟，却只是“沉默”。在《花之寺》一集里，除《酒后》一篇带着轻快的温柔调子外，人物多是在反省里沉默的。作者的描画，疏忽到通俗的所谓“美”，却从稍稍近于朴素的文字里，保持到静谧，毫不夸张地使角色出场，使故事从容地走到所要走到的高点去。每一个故事，在组织方面，皆有缜密的注意，每一篇作品，皆在合理的情形中发展与结束。在所写及的人事上，作者的笔却不为故事中卑微人事失去明快，总能保持一个作家的平静，淡淡的讽刺里，却常常有一个悲悯的微笑影子存在。时代这东西，影响一切中国作者，在他们作品中，从不缺少“病的焦躁”，十年来年轻作者作品的成就，也似乎全在说明到这“心上的不安”，然而写出的却缺少一种暇裕，即在作家中如叶绍钧《城中》一集，作者的焦躁便十分显明的。叔华女士的作品，不为狭义的“时代”产生，为自己的艺术却给中国写了两本好书。称之为“闺秀”派，所以还恰当。

沈从文也指出了凌叔华创作的问题，以及她较庐隐和冯沅君，较少年轻读者喜欢的原因，主要是“凝固在自己所熟习的世界里，无从‘向更广泛的人生多所体念’，无从使作品在‘生活范围以外冒险’的情形”，她“所写到的一面，只是世界极窄的一面，所用的手法又多是‘描写’而不是‘分析’，文字因谨慎而略显呆滞，缺少飘逸”。[204]

是月，在《文季月刊》发表小说《旅途》，以“我”北上探望生病的家人途中，在火车上的所见所闻为书写对象，主要描写赴石家庄看望生病丈夫的女性旅客贫困疲惫、不断生育，独自承担自己与子女重负的磨难人生。

8月15日，赵奇在《清华中国文学会月刊》发表《现代中国的几个女作者》，评论冰心、庐隐、绿漪、凌叔华、冯沅君、丁玲六位。赵奇评价凌叔华擅长于致密的描写，并且不避用俗字眼：“作者知书知画，经历着较比贵族安适的人生，所以作风很和平。一种温然的情绪，把感觉到的现象很朴素、秀逸、轻盈、流利地表现出来”。其中，赵奇最喜欢《疯了的诗人》，认为格调比较特别。[205]

10月20日，在《北斗》发表小说《晶子》，后改名为《生日》。讲述女孩晶子和父母去公园过生日，收到友善姐姐送的点心和花，父母却出于对陌生人的戒心，不断拒绝，还在晶子吃花后，急切将她送去医院。

11月9日，战争形势日益严峻，徐志摩准备搬去凌叔华家住几天，“因她家无男子，仅她与老母幼子；她又胆小”。[206]

约是日，徐志摩告知凌叔华：“明早要御风南去。”意为回上海看陆小曼。第二天又电话说：“风太大，吹回来了。”[207]

11月19日，徐志摩乘飞机由南京飞回北京，在济南附近遭遇空难，离开人世。

11月21日，方令孺、沈性仁、张奚若夫人等聚于凌叔华家中，哀悼徐志摩，后方令孺写作《志摩是人人的朋友》记录此事：

> 叔华说，几年前他们有一个快雪会，是在雪天里同很多朋友游西山，后来志摩做一篇文章纪游，叔华把他这篇文章抄到一个本子上，头一页上写一副对联，（我不会背原文）意思是俯临高看溪壑里的云雾的景致，上面戏题志摩先生千古。这次志摩将离北京的时候，叔华无意中给他看了，他还说，“那就千古了呢？”谁知道竟成谶语！他们都叹赞志摩有温存的性质，肯为朋友间的事尽心，并且他又是那样有兴致有毅力，能同世界的文艺活动衔接。
>
> 张奚若夫人垂泪说：“我们这一群人里怎么能缺少他呢！”
>
> 沈性仁黯然，说，“这都是造化的安排！”
>
> 那时候，房里已经浸透了青蓝的光，半轮冷月挂在带几片残叶的树枝上，一阵乌鸦飞过，一室的人都沉默了。[208]

11月26日，林徽因在致胡适的信中提到，凌叔华在这日讨论追悼徐志摩的会上，约叶公超看志摩日记，预备共同为徐志摩作传。

11月28日，胡适等人拟编徐志摩遗著，从凌叔华处取回代管的“八宝箱”。是日，林徽因从胡适处拿到中英文日记数本，发现没有关于自己的记载。

11月29日，凌叔华致信胡适，分享重读徐志摩书信的心情："此刻重读志摩的信真是说不出的情绪，泪是可以把纸洗了。可是同时感到一种没有白来一世的自慰，因为在过去几年，竟真找到一个人间友谊比喻不上的一个人。"信中亦转述陈源悼词：

通伯来信哀志摩的话有几句道着我们大家的悲痛，他说："尤其朋友里缺不了他，他是我们的连索，他是黏着性的、发酵性的……以后谁能像他那样多才？"

凌叔华并为陈源感慨："通伯可怜得很，因为家在摇曳风雨中的北方，国事欲哭无泪，偏偏在此时把个相爱的朋友折了，无怪他每上床时双眼闭不上……"[209]

12月3日，创作散文《志摩真的不回来了吗?》悼念志摩。

12月6日，《志摩真的不回来了吗?》在《晨报·学园》"哀悼徐志摩专号"发表。

是日，北平文化界举行徐志摩追悼会，胡适、周作人等250余人参加，凌叔华亦在场。

12月7日，林徽因在致胡适的信中提到，凌叔华至她家，希望能讨到徐志摩的书信，但当林徽因索要志摩日记时，凌叔华含糊其辞：

叔华来到我家，向我要点志摩给我的信，由她编辑成一种《志摩信札》之类的东西，我告诉她旧信全在天津，百分之九十为英文，怕一时拿不出来，拿出来也不能印，我告诉她我拿到有好几本日记，并请她看一遍大概是些什么……

最后我向她要看公超所看到的志摩日记……我说，听说志摩的康桥日记在你处，可否让我看看等等。她停了一停说可以。

我问她："您处有几本？两本吗？"

她说"两——本"，声音拖慢，说后极不高兴。

我还问："两本是一对吗？"未待答，"是否与这两本（指我处康桥日记两本）相同的封皮？"

她含糊应了些话……现在我是绝对记不清这个答案（这句话待考）。因为当时问此话时，她的神色极不高兴，我大窘。[210]

是日，林徽因与凌叔华约定12月9日（星期三）遣人去她处取康桥日记。

12月9日，上午十一点半，林徽因自己去凌叔华家取日记，凌叔华不在，留了一封信给徽因：

昨归遍找志摩日记不得，后捡自己当年日记乃知志摩交我乃三本，两小一大，小者即在君处箱内，阅完放入的。大的一本（满写的）未阅完，想夹在字画箱内（因友人物多，加意保全）因三四年中四方奔走，家中书物皆叠成山，甚少机缘重为整理，日间得闲当细检一下，必可找出来阅，此两日内人事烦扰，大约须此星期底才有空翻寻也。[211]

对此说辞，林徽因并不买账：

这一篇信内有几处瞎说不必再论，即是“阅完放入”“未阅完”两句亦有语病，既说志摩交她三本日记，何来“阅完放入”君处箱内，可见非志摩交出乃从箱内取出阅而“阅完放入”，而有一本（？）未阅完而未放入。

此箱偏偏又是当日志摩曾寄存她处的一个箱子，曾被她私开过的（此句话志摩曾亲语我，他自叔华老太太处取回箱时亦大喊：“我锁的如何开了，这是我最要紧的文件箱，如何无锁，怪事！”又“太奇怪，许多东西不见了……，missing”）。[212]

徽因留条，请凌叔华务必找出借她一读，猜测凌叔华推到“星期底”是担心日后徽因不还，要抄一份留底。

12月10日，凌叔华致信胡适，谈论徐志摩存放在她处的“八宝箱”归属问题：

志摩于一九二五年去欧时，曾把他的八宝箱（文字因缘箱）交我看管，欧洲归，与小曼结婚，还不要拿回，因为箱内有东西不宜小曼看的，我只好留下来，直到去上海住，仍未拿去。我去日本时，他也不要，后来我去武昌交与之琳，才算物归原主。……今年夏天，从文答应给他写小说，所以把他天堂地狱的案件带来与他看，我也听他提过（从前他去欧时已给我看过，解说甚详，也叫我万一他不回来时为他写小说），不意人未见也就永远不能见了。……前天听说此箱已落徽音处，很是着急，因为内有小曼初恋时日记二本，牵涉是非不少……[213]

12月12日，沈从文致信胡适，提议不将志摩日记全部交给林徽因：

若事情还赶得及，我想告诉你一件事，就是徐志摩留存的案件，把一部分抽出莫全给徽音较好。因为好像有几种案件，不大适宜于送徽音看。……其中我似乎听到说过有小曼日记，更不宜给徽音看。使一个活人，从某一些死者文件上，发现一些不应当发现的东西，对于活人只多惆怅。所以我盼望我说这话时间还不过迟。若一切已全给了她，那羊已走去，补牢也不必了。[214]

12月14日，凌叔华将志摩日记送至徽因处，存留128页，从1920年11月17日开始，到一句“It was badly planned”中断。叶公超说这正是他当时所看到的那本，不过没有留意是否只是半册，而林徽因坚持认为只是半册，并且恰好断在志摩将要遇到她的前一两日。

12月24日，陈源致信胡适，告知凌叔华在翻译简·奥斯汀的《傲慢与偏见》，希望同样准备翻译该作的叶公超割爱，另换一本。[215]

是日，胡适复信凌叔华，认为凌叔华还是应该将徐志摩的书信、日记交出：

> 昨始知你送在徽音处的志摩日记只有半册，我想你一定把那一册半留下作传记或小说材料用了。
>
> 但我细想，这个办法不很好。……你藏有此两册日记，一般朋友都知道……所以我上星期编的遗著略目，就注明你处存两册日记。……今天写这信给你，请你把那两册日记交给我。我把这几册英文日记全付打字人打成三个副本，将来我可以把一份全的留给你做传记材料。如此则一切遗留材料都有副本，不怕散失，不怕藏秘，做传记的人就容易了。[216]

是年，小说《酒后》选入文心社编、江南文艺出版社出版《现代中国小说乙选》。

同年，黄英（钱杏邨）在北新书局出版《现代中国女作家》，论及冰心、庐隐、陈衡哲、袁昌英、冯沅君、凌叔华、绿漪、白薇、丁玲九位作家。对凌叔华的评价沿用其1929年旧文

《〈花之寺〉——关于凌叔华创作的考察》的观点：

> 她显然的是取着进步的资产阶级的智识分子的立场，以大部分力量在描写资产阶级，以及破产的资产阶级的太太小姐们的生活和心理，而表示不满，是代表进步的中国资产阶级的智识份子思想的女性的意识，不过，“文字技术还没有怎样的精炼”，而“人物总不大有生命，尤其是男的”。可是，她的笔致“细腻而干净”……[217]

同年，苏雪林受聘武汉大学讲师。

· 1932年　32岁

1月28日，日本海军陆战队突袭上海闸北，“一·二八”事变爆发。3月1日，伪满洲国成立。蒋介石宣布“攘外必先安内”为基本政策。

1月22日，胡适收到凌叔华寄来的半册日记，及随日记所附之信：

> 适之：
>
> 外本璧还，包纸及绳仍旧样，望查收。此事以后希望能如一朵乌云飞过清溪，彼此不留影子才好。否则怎样对得住那个爱和谐的长眠人！
>
> 你说我记忆不好，我也承认，不过不是这一次，这一次明明是一个像平常毫不用准备的人，说出话，行出事，也如平常一样（即偶然说一二句前后不相呼应的话，也为见好于人而已），却不知旁人是有心立意地观察指摘。这有备与无备分别大得很呢。算了，只当我今年流年不利罢了。我永远未想到北京的风是这样刺脸，土是这样迷眼。你不留神，就许害一场病。这样也好，省得总依恋北京。问你们大家好。[218]

但日记仍然并不完整，胡适颇有不满，在当日日记中写：

“我查此半册的后幅仍有裁去的四页。我真有点生气了。勉强忍了下去，写信去讨这些脱页，不知有效否……这位小姐到今天还不认错。”[219]

2月6日，林徽因再次致信胡适，厘清她的立场下与凌叔华的八宝箱之争：

> 下午写了一信，今附上寄呈，想历史家必不以我这种信为怪，我为人直爽性急，最恨人家小气曲折，说瞎话。此次因为叔华瞎说，简直气糊涂了。
>
> 我要不是因为知道公超看到志摩日记，就不知道叔华处会有的。谁料过了多日向她要借看时，她倒说“遍找不得”，“在书画箱内多年未检”的话真叫人不寒而栗！我从前不认得她，对她无感情，无理由的，没有看得起她过。后来因她嫁通伯，又有《送车》等作品，觉得也许我狗眼看低了人，始大大谦让真诚地招呼她，万料不到她是这样一个人！真令人寒心。
>
> 志摩常说：“叔华这人小气极了。”我总说：“是吗？小心点吧，别得罪了她。”女人小气虽常有事，像她这种有相当学问知名的人，也该学点大方才好。
>
> 现在无论日记谁裁去的，当中一段缺了是事实，她没有坦白说明以前，对那几句瞎话没有相当解释以前，她永有嫌疑的（志摩自己不会撕的，小曼尚在可问）。
>
> 关于我想看那段日记，想也是女人小气处或好奇处、

多事处……我也不会以诗人的美谀为荣，也不会以被人恋爱为辱。我永是"我"，被诗人恭维了也不会增美增能，有过一段不幸的曲折的旧历史，也没有什么可羞惭。我只是要读读那日记，给我是种满足，好奇心满足回味这古怪的世事，纪念老朋友而已。

我觉得这桩事，人事方面看来真不幸，精神方面看来，这桩事或为造成志摩为诗人的原因，而也给我不少人格上、知识上、磨炼修养的帮助，志摩in a way[1] 不悔他有这一段苦痛历史，我觉得我的一生至少没有太堕入凡俗的满足，也不算一桩坏事，志摩警醒了我，他变成一种stimulant[2] 在我生命中或恨、或怒、或happy、或sorry[3]、或难过、或苦痛，我也不悔的，我也不proud我自己的倔强[4]，我也不惭愧。

我的教育是旧的，我变不出什么新的人来，我只要对得起人——爹娘、丈夫（一个爱我的人，待我极好的人）、儿子、家庭等等，后来更要对得起另一个爱我的人，我自己有时的心，我的性情，便弄得十分为难，前几年不管对得起他不，倒容易——现在结果也许我谁都没有对得起，您看多冤！

我自己也到了相当年纪，也没有什么成就，眼看得机

1 某种程度上。

2 兴奋剂。

3 或开心、或遗憾。

4 我也不以我自己的倔强为傲。

会愈少……现在身体也不好，家常的负担也繁重，真是怕从此平庸处世，做妻生仔地过一世！我禁不住伤心起来，想到志摩今夏的inspiring friendship and love，[1] 对于我，我难过极了。

这几天思念他得很，但是他如果活着，恐怕我待他仍不能改的。事实上太不可能。也许那就是我不够爱他的缘故，也就是我爱我现在的家在一切之上的确证，志摩也承认过这话。[220]

3月24日，陈源致信胡适，希望他每月能送一百五十元给凌叔华，可使她催促自己不断译书，留在武汉。翻译方面，凌叔华一直在译简·奥斯汀的《傲慢与偏见》，听说叶公超也要译，曾致信公超请求“割爱”。说译了一半，但未见完稿。

5月，小说《搬家》选入上海中学生书局出版的《中学生文学读本》第四册《创作小说集》。

7月8日，中国教育电影协会成立，凌叔华为会员，武昌地区会员还有武汉大学王世杰、杨端六、袁昌英、周鲠生、陈源、陈登恪、苏梅、张其濬。[221]

8月，小说《晶子》选入王抗夫编、上海南强书局出版的《短篇小说年选》。

秋天，与袁昌英、杨端六、杨静远一家赴长沙，庆祝袁氏父亲六十大寿，并与袁家十余人同游衡山、湘潭等地。在山顶徘徊

1 富于启迪性的友谊和爱。

时，“十年不作诗”的凌叔华吟诗一首，记住两句：“七十二峰齐俯首，依稀仙乐动天风。”[222]另作有散文《衡湘四日游记》。

9月，草野在北平人文书店出版《现代中国女作家》，论及冰心、庐隐、绿漪、冯沅君、丁玲、白薇六位作家，没有论及凌叔华。

11月30日，胡适至武汉大学，凌叔华亦在欢迎之列，与王世杰、刘秉麟、陈源、袁昌英、苏雪林等，同胡适在武大招待所（听松庐）前合影。

12月2日，胡适至凌叔华家吃饭，看了凌叔华所作衡岳画稿，遗憾此次不能游衡山了。[223]

是月，小说《有福气的人》《春天》选入雪菲女士编辑、中华书局出版的《现代中国女作家创作选》。

是年，凌福彭于广东去世。碑由祀子凌启恂、凌启淞及孙凌念本、凌念赐、凌念曾、凌念珠所立，刻“清授光禄大夫考润台府君墓”。

同年，贺玉波在现代书局出版《中国现代女作家》，是“有系统的研究著作”，论及冰心、庐隐、凌叔华、丁玲、绿漪、冯沅君、沉樱、陈学昭、白薇、陈衡哲十位作家。对凌叔华的批评主要从阶级立场展开：一是“装满一脑子的享乐主义的思想”；二是“没有精确的社会观察”；三是“不懂技巧”；四是“作者的创作态度不严肃郑重”等。[224]

朱自清1929年春至1933年在清华大学开课，编有《中国新文学研究纲要》，在“短篇小说”部分列“女作家”专节，介绍冰心、庐隐、冯沅君、凌叔华、苏雪林、丁玲六位作家。

· 1933年　33岁

1月30日，希特勒被任命为德国总理，建立了德国法西斯专制政权。

1月，黄人影（钱杏邨）编《当代中国女作家论》，于光华书局出版。该书论及丁玲、白薇、谢冰莹、冯沅君、绿漪、冰心、庐隐、陈衡哲、凌叔华九位作家。评价凌叔华的文章主要有毅真《几位当代中国小说家》和钱杏邨《关于凌叔华创作的考察》。

2月，费鉴照的《现代英国诗人》在新月书店出版，封面为凌叔华所画。[225]

4月1日，费鉴照文章《凌叔华女士的小说》刊于《旁观》杂志第15期。

同月，小说《花之寺》选入乐华编辑部编、乐华图书公司出版的《当代小说读本》。

夏，吴其昌夫妇从武汉回硖石度假，徐志摩父亲徐申如托请吴其昌，请凌叔华为志摩墓碑题字，并希望尽快。凌叔华寄来题词："冷月照诗魂。"[1]

9月，王哲甫《中国新文学运动史》由北平杰成印书局出版，有专节评论凌叔华："她在描写资产阶级的太太小姐们的生活和心理上面，是有了相当的成就，文笔也很细腻干净，虽然还不能说精炼。"[226]

是月，《大公报》设立《文艺副刊》，由杨振声和沈从文主编，凌叔华多有稿支持。

11月29日、12月2日、12月6日在天津《大公报·文艺副刊》连载散文《衡湘四日游记》，记录与袁昌英一家同游衡山、湘潭的旅程。

是月，随笔《解闷随记》选入阮无名（钱杏邨）编、上海南强书局出版的《现代名家随笔丛选》第三卷。在序记中，编者解释选入《解闷随记》的缘由：

> 凌叔华的《解闷随记》，这一位作者发表的小说颇不少，随笔散文尽不多见。我所看到的，只有发表在《晨报副刊》上的将近10年的这篇东西。在这一种意义上，本文可说是相当珍贵的。在这里面，她对文理以及其他方面，

1 凌叔华为此句构思颇久，本是选"往高处走"，取徐志摩给陆小曼之勉励，但几位朋友都表批评，认为不算徐志摩的好句，而且有点符合"往高处爬""往高枝儿飞"的语气，本来就有人觉得志摩是富贵闲人，这样的句子可能更使人讥笑志摩是"翩然一只云中鹤，飞去飞来宰相衙"的假隐士、真小人。方玮德曾提议"我悄悄的来，正如我悄悄的去"，但也不是最佳。凌叔华也曾致信胡适征求意见，最终决定改黛玉"冷月葬诗魂"之句。

是写出了一些意见。这样的随笔是很实际的。[227]

约12月，旧识诗人朱湘致信凌叔华，说要上门拜访。几日后相见，凌叔华说他“形容憔悴”，“嗫嚅其词地表示已走投无路”。12月5日，朱湘在开往南京的轮船上跳江自杀。[1]

是年，搬入武汉大学十八栋教职工住宅区，居住至1938年离汉。

1　凌叔华1989年末接受北京《文艺报》记者应红采访，谈到朱湘，说他有很好的理性，绝不是精神有毛病。之所以自杀，是因为他对世间和人生都太悲观了。（应红:《往昔的旋律——访“五四”女作家凌叔华》，《文艺报》，1990年1月6日）。

· 1934年　34岁

10月，中国工农红军开始长征。

1月3日，罗杰·弗莱的妹妹玛格丽·弗莱（Margery Fry，1874—1958）用庚子赔款经费来中国演讲考察，在1933年和陈源及凌叔华会过面，离开前赠给他们一幅罗杰·弗莱的石版画。是日，凌叔华致信玛格丽表示感谢："我们准备把这幅画挂在起居室，相信会得到朋友们的高度赞誉……请向罗杰·弗莱先生转达我们诚挚的敬意，自从不幸的徐（志摩）把他在我卷轴上作的画带回来后，我们似乎就成为老朋友了。"[228]

1月8日，冰心发表关于中国女作家的演说，介绍凌叔华：

> 凌叔华，原名叫凌瑞棠，是我的同学，她是广东人，她的作品是善于写太太，而她的每一个太太差不多都是顶可爱的，现在她也在武汉大学教书。

该演讲经委刚记录，发表在1月19日的《盛京时报》。[229]

2月8日，下午与陈源至袁昌英家参加茶会，用完茶点，有猜物游戏。晚上又与刘秉麟、周鲠生夫妇留袁家吃面，庆祝杨静远生日。吃完面后，又玩猜物游戏，十点才归。[230]

3月，在《女青年月刊》发表演讲《我的创作经验》，简述自己的创作经历，并以为八姐写悼文为例，提出自己的文学观："最好的创作，大约准是伴着真挚情感来的。"[231]

4月28日，《新光》刊载《凌叔华与陈西滢》，谈及凌叔华和陈源相识的来龙去脉，说是凌叔华读过陈源文章，钦慕不已，写信邀陈源到家一谈。陈源登门拜谒，但始终不曾抬头，"直到告别辞去，而尚不知凌小姐的脸是方的，或是圆的。而凌小姐恰正反是，她是鉴赏得真切，她所景仰的人"。[232]

是月，在《文学季刊》发表小说《千代子》，日本女人千代子本来计划去澡堂羞辱裹小脚的中国女人，却见到小脚女人抱了可爱的白胖娃娃，忘了计划，愉快地笑了。

同月，散文《登富士山》选入姜亮夫编、上海北新书局出版的《现代游记选》下册，文后作者介绍写："凌叔华，善绘画，能作小品散文，为陈源氏之夫人。"[233]

5月13日，与王星拱校长夫妇、杨端六夫妇、皮宗石夫妇、苏雪林等，乘江轮同游黄州赤壁。[234]

6月22日，费鉴照在中国英文杂志《中国评论周报》第7卷第26期发表《女小说家：凌叔华》，介绍凌叔华及她的创作。费鉴照认为在中国当代文学中，凌叔华对女性内在世界的描摹是与众不同并极为出色的，他眼中凌叔华最好的作品是《小刘》和《杨妈》，甚至认为无一字可增减。[235]

6月23日，在天津《大公报·文艺副刊》发表小说《无聊》，以意识流的写法，描写了无心工作，又无他事可做的新式太太如璧的一天，她想尽各种办法消磨时间，最终仍是困在烦闷无聊之中。

是月，小说《酒后》编入韩振业编辑、上海天马书店出版的《当代名作选（中国文学）·烦闷》。

8月21日，凌叔华几日前在《大公报》发现两个广告，一是津浦路局登的游泰山计划，一是曲阜导游，凌叔华便怂恿陈源去，陈源笑而不答，于当日去旅行社带回往返票，二人决定次日便去。

8月22日，陈源与凌叔华启程，搭下午三点十分的车离开北京，车上偶遇琵琶国手朱先生，[1]关门为他们弹奏《淮阴侯平楚》，“弹到妙处，火车轮轧轧声都听不见，热也忘了”。[236]

8月23日，早五点四十到泰安，宾馆用完早饭，开始登山。

8月24日，由泰安搭五点四十的火车，八点到兖州，雇人力车至曲阜，途中停下吃西瓜，十点三刻到曲阜城，十一点半到孔庙。午饭后约两点，坐人力车去孔陵。四点回兖州，到宾馆七点，已天黑。

是日，郁达夫说沈从文约明天晚饭，问他是否有人可以约来谈谈，郁达夫说可约凌叔华和邓以蛰。[237]

8月28日，凌叔华在北平写完《泰山曲阜纪游》，记录与陈源的旅途。

8月30日，郁达夫在日记中写：“午前……为凌叔华女士题册页一面。”[238]

1　朱先生应是指琵琶艺术家朱英。

10月15日，《泰山曲阜纪游》发表于《国闻周报》，并附有拍摄照片若干。

10月21日，在天津《大公报·艺术周刊》发表文章《我们怎样看中国画》，从中国画的气韵与形似、布局、用笔用墨、画题及落款、士大夫画家与文人画这六个要点入手，讲解中国画的绘画理论。[239]

11月21日，与苏雪林、袁昌英聚会，饭后玩科学灵机游戏，之后又玩桌仙游戏，十点一刻才结束。

12月14日，下午五点，袁昌英与苏雪林同访凌叔华，在她家吃饭，讨论成立"薬水读书社"，开会期半月一次会，会暂定十二三人。

12月15日，《安徽大学月刊》刊载陈家庆所作《凌叔华女士过访赋此赠之即为书扇》：

> 儿时曾共砚，今日更交亲。绝俗赓同调，相逢结比邻。
> 幽人在空谷，明月悟前身。谈到忘言处，飘然自入神。
>
> 滋兰兼树蕙，怀抱本芬芳。梦得生花笔，织成云汉章。
> 才思追鲍左，绘事近倪黄。各有千秋业，名山许共藏。[240]

12月19日，请彭医生治疗鼻子，顺道拜访苏雪林家，想邀请苏雪林和袁昌英共同为《武汉日报》办文艺副刊。

12月28日，下午五点，袁昌英邀苏雪林、凌叔华至她家，商议办《武汉日报》文艺副刊之事。袁、苏二人各有功课，都不主张接办，凌叔华失望，也无可奈何。

是月，北平古物陈列所出版二十周年纪念专刊，凌叔华在职员之列，为委员。[241]

是月，创作小说《奶妈》，母亲为了谋生给别人家孩子做奶妈，自己的孩子却饿死在家中。听闻死讯，痛哭失声，看热闹的人却觉得“这只是很平常死了小孩子的嚎魂”。[242]

是年，巴金旅日学日语，居住在日本友人武田武雄家中，武田在北京进修时，喜欢凌叔华的小说，给凌叔华写过信，并收到回信。冬天的一日，他求神念经后告诉巴金，“神告诉他中国女人现在还想念他”。但巴金从未告诉过凌叔华此事，只是1936年与她见面时，“不能不想到她的小说的魅力”。[243]

· 1935年　35岁

“一二·九”运动爆发。

赵家璧主编十卷本《中国新文学大系》出版。

1月2日，与袁昌英、苏雪林商议《武汉日报》文艺副刊之事。凌叔华提出愿意担任总编辑，与外界接洽一切，袁昌英和苏雪林只需每月供稿一篇，二人均同意。

2月15日，《武汉日报·现代文艺》创刊，每周五出刊，持续了两年时间，总九十五期。在创刊号中，凌叔华以编者的名义发表《发刊词》，申明办刊宗旨：一、“文艺的任务在于表现那永久的普遍的人性”，“不能做任何主义的工具”；二、“竭力戒除党同伐异的恶习”；三、“提倡健全文学”，“反对病态文学”；四、“对于艺术须力求其完整”；五、“希望对华中文艺空气的造成可以有点帮助”。[244]

2月22日，《发刊词》刊出之后，《武汉日报》另一副刊《鹦鹉洲》刊出向培良《谨致“现代文艺”诸先生》，对《发刊词》发表意见，认为《现代文艺》编辑主张偏于消极，缺乏一种“积极的可以遵循的态度和意见”；同时提出他的文学观：“一切不为民众所了解的艺术都是不完全的或伪的艺术。”

3月1日，凌叔华在《现代文艺》发表文章《谨答向培良先生》，回应向培良，表示感谢，并借此公开征稿。至于向培良提出的问题，凌叔华回避了文学本质的讨论，只就文学标准做出回答："我们觉得文学的主张应从作品本身表现出来，而且文学的范围也如人生一般广大，若拿一种主义或几个条件代表它，不唯有顾此失彼之嫌，而且也怕蹈买椟还珠之弊。这是我们不能不慎重考虑的。"[245]

3月8日，在《武汉日报·现代文艺》发表小说《异国》，一位中国女性在日本医院住院，感觉医护人员因中日关系恶化，对她的态度由温柔热情，到冷淡漠然。

3月15日，在天津《大公报·文艺副刊》发表散文《悼花狗》，悼念惨死的花狗。追忆流浪狗花狗如何来到凌叔华家，被小滢紧紧搂着不放手，从此便住下，得到凌叔华一家的呵护；又如何被保安队打死，剥皮分肉；最后被凌叔华一家安葬在清幽山隅，"短歌终，明月缺"。[246]

是月，小说《春天》选入王梅痕编、上海中华书局出版的《中华现代文学选》（第一册）。

4月，散文《登富士山》选入王定九编、上海中央书店出版的《当代女作家随笔》。

5月10日，《武汉日报·现代文艺》刊载沈从文的《废邮存底》，文末有"编者附志"："沈先生答应了给本刊送文章过来，但为了点事，文章久久未寄出，最后寄来这一篇。"

5月24日，凌叔华在《武汉日报·现代文艺》刊载《志摩遗札》，是徐志摩写给凌叔华信的选摘。

5月31日，《武汉日报·现代文艺》刊载《志摩遗札》。

6月5日，汉口市美术展览会开展，至6月18日闭幕，《武汉日报》发表社论，称其“规模之大，实独汉市前未曾有，即在全国亦属罕见”。凌叔华参与其中，担任审查委员，并有国画作品两幅手卷、一幅条幅、一幅镜框扇页参展。[247]

6月14日，在《武汉日报·现代文艺》发表童话《红了的冬青》。秋天，冬青树厌烦于自己的“灰色日子”，决定与缤纷的枫树交换色素。没想到，人们却觉得“好好的冬青都变成这种奇怪颜色，怕不是什么好征兆”，要把冬青树砍掉。张秀亚曾提到凌叔华创作这篇童话的原因:“我们中国文坛，一直就没有出现过安徒生及格林兄弟，写童话也实在是当务之急。为了救救没有书读的孩子们也应该这样做。尤其是一些女作家们，更应该注意这方面的写作。”[248]

6月21日，在《武汉日报·现代文艺》发表散文《西京日记几页》，是1928年与陈源旅居京都期间的日记。

7月16日，英国诗人朱利安·贝尔收到一年前申请的武汉大学文学院教职的录用通知，聘期两年，试用期一年，教授课程为文学批评和现代英国文学选读。[249]曾赴中国访问的玛格丽·弗莱提供过一定帮助。

7月19日，在《武汉日报·现代文艺》发表小说《开瑟琳》。小姐开瑟琳与佣人王妈的女儿银儿本是密友，但开瑟琳的母亲并不喜欢女儿和“下人”的孩子在一起。有一次，开瑟琳将母亲手表打烂，害怕被罚，偷偷和银儿将其埋在花园。母亲以为王妈和银儿是小偷，将她们赶出家门。

8月9日，《武汉日报·现代文艺》刊载《志摩遗札》。

8月30日，在《武汉日报·现代文艺》发表书评《十七岁》，介绍美国作家布斯·塔金顿（Booth Tarkingtor，1869—1946）描写十七岁少年的青春期生活的小说《十七岁》(*Seventeen*)。

9月起，《大公报·文艺副刊》改由沈从文、萧乾主编，刊名改为《文艺》。文洁若在《悼凌叔华》中提到："一九三五年萧乾接手编《大公报·文艺》时，凌叔华正在汉口编《武汉日报·现代文艺》副刊，他们二人曾相互在自己编的刊物上发表对方的作品，更多的是彼此转稿，并戏称'联号'。"[250]

9月1日，张石帚在《北调》发表《关于凌叔华与秦宣夫的国画见解》，延续凌叔华和秦宣夫此前在《大公报·文艺》发表的关于国画的讨论，谈论问题涉及批评基准、文人画与院体画、文人画之内容与形式、院体画之内容与形式、文人画院与现代精神之矛盾、不应泥于古画规度领导现代绘画、不应拿一个流派的偏见去批评艺术史上派别的优劣、文人画与院体画之没落及新的绘画之萌芽等。[251]

9月13日，在《武汉日报·现代文艺》发表小说《转变》，描写读书时期敢作敢为的独立女性徐宛珍，因为社会对职业女性的不公待遇，转而投向婚姻，嫁给了一个没有爱情，却能保障她生活的老富豪。

9月16日，郁达夫致信赵家璧，谈到徐志摩的信："大约志摩的信，以给适之、陈通伯、凌叔华、冰心、林徽音的为多，小曼更可以不必说。"[252]

9月20日，在《武汉日报·现代文艺》发表小说《转变（续）》。

是月，创作《〈小哥儿俩〉自序》，交代这部短篇小说集的由来，原本是打算专门收集写小孩子的作品，从1926年至1935年，收集了九篇，但编辑认为篇幅太少，所以添加了几篇与小孩子无关的作品，她自己认为“那是另一类的东西，骤然加入，好像一个小孩子穿了双大人拖鞋，非常不衬，但为书局打算，这也说不得了”。凌叔华喜欢写小人儿，甚至书中两三个都是她“追忆儿时的写意画”，因她“怀恋着童年的美梦，对于一切儿童的喜乐与悲哀，都感到兴味与同情”。她自己愉快于其中，也希望“这本小书能引几个读者重温一下旧梦，作者也就得到很大的酬报了”。[253]《自序》发表在11月8日《武汉日报·现代文艺》。

同月，国立戏剧学校开始招生，在南京、上海、北平、武昌四地举行。南京方面由筹备委员会主持，其他三地则聘请招生委员负责进行。其中武昌的招考委员为陈源、袁昌英、时昭沄、凌叔华、苏雪林等。[254]

10月4日，《武汉日报·现代文艺》刊载《志摩遗札》。

10月5日，朱利安抵达武汉，下午与陈源、凌叔华和小滢见面，在给母亲瓦内萨·贝尔的信中称他们是天使。[1]陈源希望他

1　朱利安说小滢第一次见他就很喜欢他，但朱利安的传记作者多年后见到小滢，发现小滢记得的只是朱利安为了教她学游泳将她扔进湖里时的恐惧。

能在两天后（10月7日周一）开始教授英语写作、莎士比亚和英国现代文学三门课。

是日，朱利安在给瓦内萨的信中第一次提到陈源和凌叔华，说系主任夫妇和他们六岁的女儿都很可爱，戏称武大是“内陆的剑桥”。[255]他对凌叔华的认识是短篇小说家，以及汉口一家大型文艺副刊的编辑。

10月16日，朱利安致信瓦内萨，谈论他交到中国情人的可能性：“他们很多都很迷人，但是我怀疑是否能做什么。我见陈氏一家越多，就越觉得他们好，他们友善、敏感、聪明，是我们应该倾心相待的那种人。目前为止，我们还不能拥有英式亲密关系，因为我们背景不同，而且我们认识时间太短，几乎不能聊性和政治。”[256]

10月18日，在《武汉日报·现代文艺》发表小说《心事》，讲述了中年男性马先生的相亲故事，马先生认为自己见识、品行、经济均属中上层，故而掌握挑选的权利。然而后来与朋友谈及，才知道在朋友眼中，自己只是一个土气的老鳏夫。

10月23日，朱利安致信瓦内萨，提到凌叔华对他的支持和帮助：“凌叔华是一个聪慧敏感的天使，好在她只是相貌平平，所以我还没有爱上她。我没法让你知道，有这样一个邻居是多么好的事。但你可以想象一下，一个毫不做作、极其敏感、极其善良美好、富有幽默感、对生活拥有坚定态度的人：她是块宝，她会来听我的莎士比亚和现代文学课。”朱利安还请瓦内萨寄一幅画给他，他要送给凌叔华作礼物。[257]

10月24日，《内政公报》发布职务裁撤事项："北平古物陈列所规则业经修正公布所有前派该所接收及点验保管委员职务应即暂行裁撤。"裁撤名单包括北平古物陈列所刘麟绶、凌叔华、钱桐。[258]

10月31日，朱利安致信瓦内萨，谈起凌叔华："她非常迷人……我们几乎天天见面，通常只有我们两个。我们现在可以谈论任何事情，包括两性关系。有一次，我们在买完东西开车回来的路上，进行过一次很感性的谈话，让我很不安……她是我在这里遇见的最好的人，也是我见过的人中最好的之一。"[259]

是月，小说集《小哥儿俩》由良友图书公司出版。

11月1日，朱利安致信好朋友埃迪（爱德华·泼莱菲尔爵士，Edward Wilder Playfair，1909—1999），告知他陷入了与他所遇见过的最好女人之间最为复杂而微妙的关系："她就像弗吉尼亚那样敏感、聪明，和我认识的所有人一样好，甚至更好。虽然不漂亮，但是很吸引我。一个中国的布鲁姆斯伯里人。"[260]

是日，《文艺（武昌）》第二卷第二期刊载凌叔华两张自摄照：《泰山云步桥》和《石径峪流泉》，均为游览泰山、曲阜时所摄。

11月8日，在《武汉日报·现代文艺》发表《〈小哥儿俩〉自序》。

11月9日，鲁迅在日记中写："得赵家璧信并赠《小哥儿俩》一本，即复。"

11月15日，朱利安致信弗吉尼亚·伍尔夫，提到凌叔华是中国最重要的女性作家，坦言他陷入了一场柏拉图式恋爱。[261]

是日，忧河在《南开校友》发表《我们是这样看中国画：答解铃问，并以请教凌叔华女士》，继续讨论凌叔华关于中国画的文章。[262]

11月22日，朱利安致信瓦内萨，分享自己对凌叔华的情感：[1]

我才意识到自己已经难以自拔。哦，亲爱的内萨，什么时候你得见见她。她是我所见过的最迷人的人，在我认识的女人中，她也是唯一可能成为你儿媳的女人（现在不可能了，她已经结婚了，有一个可爱的孩子，又比我大十岁），但她真的是和我们一样的人，而且是最有才华、最美好、最敏感、最聪明的一个。[263]

12月6日，朱利安致信瓦内萨，说起他在信中谈论凌叔华被她发现的事：

昨天我刚开始给你写信，苏就进来了。看到这封信里

1 小滢认为，朱利安会喜欢上凌叔华，可能是因为“那时武大会说英文的不太多，会说英文的母亲以院长夫人的身份对初来乍到的朱利安有诸多照顾，加之‘中国才女作家’的身份，使得朱利安很容易对她产生亲近感”。而后来凌叔华对朱利安产生情感，大概是陈源严格遵守“西方的职场规则，不聘用自己的妻子到学校任职”，让“一心想做新时代女性”的凌叔华很不高兴，“出生于西方自由知识分子家庭的朱利安从来不掩饰对异性的兴趣和喜欢，他的赏识和恭维，对身处那个环境的母亲也许是个莫大安慰”。（陈小滢《回忆我的母亲凌叔华》）

谈到她的一段话，非常愤怒，她现在威胁说要和我一刀两断……不过，我想，我最终会让她明白的——我现在陷得那么深，如果不能说动她，我会非常失望。在我爱上的所有人里，她无疑最严肃、最重要、最成熟，也是最美好和最迷人的。[264]

12月17日，弗吉尼亚·伍尔夫致信朱利安，提及凌叔华："亲爱的，顺便把我的爱带给你的情人，如果她是我所爱的人的话。这句中国魔盒般的句子是送给你的！"[265]

是日，朱利安致信瓦内萨，提到他和凌叔华的关系可能败露：

准备好收到一封电报，说"一切都已败露"吧，然后要回家的路费；或者说我和她结婚并在这个国家找到了别的工作。或者她自杀了，就像她常常威胁我的那样。但是不用担心——最坏的情况也不过是自寻烦恼（我自然不相信她会自杀）。这一切都有点儿不真实。我不觉得我会一直这样……但是我还没有和她发生关系，这很影响我的判断。但毕竟，我还没深陷到无可自拔的地步。而且，她真的很迷人，我不觉得你会喜欢我的哪个情人超过她。[266]

12月18日，朱利安致信瓦内萨，描述陈源离开、北京南部失陷时凌叔华内心的焦灼和对朱利安的依赖：

然后，她走过来，坐在我旁边的沙发上——对我倾诉——我们经常这样——我抓住她的手——我感到她在回应我，几秒钟后，她就被我搂在怀里……她说，她过去从没有爱过……整个氛围就像一本俄国小说……她是个极其认真的人，有很多苦恼：她说她什么也不敢相信了，现在却在努力寻找爱情、寻找某些可以相信的东西。她娇弱、敏感、情绪非常复杂——她常常自我反省，但感情又非常脆弱敏感，这折磨着她。……昨天晚上，她无论如何也不肯和我做爱。她看起来很可爱——最重要的是，我让她把眼镜摘了下来——而她马上就镇定自若，对自己的世界充满信心，调皮得像个小妖女。[267]

圣诞节，朱利安将凌叔华关于中国画的散文寄给母亲瓦内萨。

12月27日，朱利安致信埃迪，说这是他“迄今为止最古怪的罗曼史”，说凌叔华是一个“既爱吃醋又不想丢面子的人”，可是又“聪明、迷人、敏感、充满激情”，是社交家，帮他挡去无数麻烦。[268]

是年，《中国新文学大系》出版，鲁迅将凌叔华小说《绣枕》选入小说二集，并在序言中评价凌叔华：

凌叔华的小说，……恰和冯沅君的大胆、敢言不同，大抵是很谨慎的，适可而止地描写了旧家庭中的婉顺的女

> 性。即使间有出轨之作，那是偶受着文酒之风的吹拂，终于也复回了她的故道了。这是好的——使我们看见和冯沅君、黎锦明、川岛、汪静之所描写的绝不相同的人物，也就是世态的一角，高门巨族的精魂。[269]

同年，散文《登富士山》选入姚乃麟编、上海中央书店出版的《现代创作游记选》。

· 1936年　36岁

12月12日，西安事变爆发。12月24日，国共双方决定停止内战、一致抗日。

1月1日，朱利安致信瓦内萨，说凌叔华嫉妒心很强，可他并没有准备在一棵树上吊死。[270]

是日，埃迪致信朱利安，提醒他不该毫无顾忌地对每个人说起凌叔华，朱利安随时可以回英国，但凌叔华却需要背负沉重的个人和社会压力。[271]

是日，茅盾在《文学》杂志第6卷第1期发表《再谈儿童文学》，评论凌叔华的《小哥儿俩》，认为其中最好的是《小哥儿俩》《搬家》《凤凰》《小英》《开瑟琳》五篇，称赞这几篇“没有正面的说教的姿态，然而竭力描写着儿童的天真等等，这在小读者方面自会发生好的道德的作用”。他也提到凌叔华的写作风格：“这一‘写意画’的形式在我们这文坛上尚不多见，我以为这形式未始不可以再加以改进和发展，使得我们的儿童文学更加活泼丰富。”[272]

同日，陈家庆在《安大季刊》发表《水调歌头·凌叔华索题所临夏珪溪山无尽图》：

画里溪山好，烟水豁吟眸。此种千里云树，景物最宜秋。几处鹤汀凫渚，正好浮家泛宅，来往任扁舟。留得仙源在，可许我同游。

闺中秀，林下风，世无俦。乾坤多少清气，笔底已全收。唤起夏珪来认，应叹神传阿堵，旷代渺难求。别有烟霞趣，灵府总悠悠。[273]

1月3日，克恩慈女士去世。

是日，上午十点，袁昌英与苏雪林拜访陈源、凌叔华，但无人在家。下午又至，见到凌叔华，得知克恩慈女士颈瘿解剖，情况严重，又无亲人在北平，凌叔华准备当晚出发，赴北平探视，约三四星期返，其间《现代文艺》由陈源代管。

1月4日，凌叔华在北上途中致信朱利安，表达她彼刻的心境，这也是为数不多留存的她对朱利安的倾诉：

我昨晚读了劳伦斯的短篇小说……一个人在孤孤单单的旅行途中，心不在焉的时候一定喜欢读这样的东西……冬天的风景很美，我很高兴再次看见辽阔的平原，还有平原上雪白的积雪和枯黄的干草。远山上的棚屋很美，我喜欢它的形状，显得那么清晰，轮廓分明。山脚下总有些树林，树枝光秃秃的，与嶙峋的山峰也很相配。河流结了冰。我真高兴又看见了冰面泛出的柔光。啊，我多么喜欢华北！多么美的世界！[274]

1月8日，抵达北平的凌叔华写下《悼克恩慈女士》，提到克恩慈女士是“对中国旧有文化特别偏爱的一个外国人”，“想到中国人的没出息，想到将来不可免的浩劫，克女士这个特别偏爱中国文化与青年的人，再活下去也是磨难。理想与现实的幻灭原是一个理智与感情异常丰富的人最不堪的酷刑呵”。甚至要对死去的知己说：“你死得有福了！”[275]

1月10日，朱利安乘火车去北京，在车上致信埃迪，说他正处在中国北方平原的沙尘暴中，要去和情人度过20天的假期。[276]

1月13日，《悼克恩慈女士》在天津《大公报·文艺》发表。

1月15日，沈从文以《大公报·文艺》名义举办茶话会，凌叔华、朱自清、梁宗岱、闻一多、朱光潜等均有参加。北京期间，凌叔华与朱利安一同参加了很多中国和英国文人、艺术家的聚会，还与英国作家哈罗德·阿克顿（Harold Acton，1904—1994）一道拜访齐白石。

1月18日，朱利安致信瓦内萨，分享他的北京之旅：

> 你能想象比和情人去巴黎更完美的事吗？而且这个情人还这么了解这座城市，这么钟情、迷人，对食物有无可挑剔的品味，简直是一个饱经世事的男人的浪漫梦想，是克莱夫[1]会做的那种事。除此之外，我还见了中国的知识分子，见了英国人，还去了剧院，滑了冰（在糟糕的冰上滑

1 克莱夫（Clive Bell，1881—1964），朱利安的父亲。

得很糟），还做了爱……我忽然觉得自己非常成熟，逍遥自在多了。[277]

1月20日，朱利安致信摄影家朋友蕾蒂斯·拉姆齐（Lettice Ramsey，1898—1985），分享他与凌叔华的私密生活和细节感受。信中提到凌叔华的绝望，说陈源虽然人好，但是善妒，不追求幸福，更不用说快乐，也不与任何人真正亲近。朱利安希望能暂时瞒住陈源，或让他保持沉默，除了情感关系之外，还有钱的考虑："如果我能撑到学期末，起码我能拿回我的车费。"[278]

1月25日，瓦内萨给朱利安写信，提及收到他寄来的凌叔华的文章。邓肯·格兰特（Duncan Grant，1885—1978）和瓦内萨都读过，认为有猎奇的中国魅力，虽然她并不认可凌叔华关于绘画思想高于形式的态度，不过她依然会向戴维·加奈特（David Garnett，1892—1981）征求意见，也会将文章寄给时任英国国家美术馆总监的肯尼斯·克拉克（Kenneth Clark，1903—1983）。[279]

是日，埃迪致信朱利安，说根据他的描述，凌叔华似乎和他们以为的中国人完全不同，他们认为中国人宁静、经验丰富、可靠可信，但是凌叔华身上"完全不见几千年宁静文明的影子"，放在剑桥的爱情生活中也可以毫不脱节。[280]

2月1日，朱利安致信瓦内萨，向她确认自己和凌叔华的关系："情况完全在掌控之中，我现在非常清楚，结婚会是一场灾难。我想，就算会有丑闻，也只意味着我不是明年回来，而是今年秋天回来。”[281]

2月3日，朱利安致信埃迪，说凌叔华对他已经一往情深。因为凌叔华迷人、敏感又聪明，所以朱利安觉得很感动，但也很痛苦，“我从未在一个人身上看到过如此强烈的情感”，被爱比爱好，这话并不真实，“被动的体验对有哲学头脑的人来说是忧惶的。”[282]

2月初，刘云份撰、施蛰存点校的《翠楼集：名媛诗选》出版，封面由凌叔华题签。[283]

2月2日，朱利安致信埃迪，回复埃迪问他陈源是怎样的人的问题：“人很好，智力有限，公认的粗鲁、保守。冷幽默，对文学极具品味，不过是枯燥、狭隘那种，学识很渊博。很爱女儿。曾经（或依然）爱着他的妻子。并非性无能，只是很冷淡，能力不强……很刻板……”[284]

2月4日，朱利安与凌叔华一起度过他的28岁生日。

2月12日，朱利安致信埃迪，附有凌叔华翻译、经朱利安修改的南宋诗人陆游的《剑门道中遇微雨》英译：[1]

On the dress dust of travel
winestains:
Wandering anywhere, one
might lose one's

---

1 原文为：“衣上征尘杂酒痕，远游无处不销魂。此身合是诗人未？细雨骑驴入剑门。”

heart.

In my last life I must

have been a

minor poet

Riding a donkey in the

rain through

Che Men[285]

2月19日，苏雪林写毕约一千字的《理想的居处》，命其侄儿经国（苏雪林二哥长子，其时在武大就读）送至凌叔华家。

2月23日，朱利安在给加奈特的信中提到，将寄几篇凌叔华的短篇小说译文给他。

3月1日，朱利安致信埃迪，谈到他希望凌叔华能在英国文学史留名，而他“对她第三阶段的作品形成了重要影响，我也会因此获得我在文学史上应有的地位”。[286]

3月11日，朱利安致信埃迪，认为与一位也是优秀作家的中国女人有过一段情事，是获益匪浅的经历。[287]

3月16日，萧乾来武大采访，苏雪林设家宴招待，凌叔华、陈源、武大汤佩松教授作陪。

3月20日，在《武汉日报·现代文艺》发表散文《春的剪影（一）》，描写风雨过后的初春。

3月24日，此前萧乾介绍巴金与凌叔华相识，二人在上海见过唯一一面。是日，凌叔华致信巴金，谈论“不甘心光做主妇”，又无法专心工作的自己内心的苦闷：

> 一个像我们这样的人，时间都是别人的，仆役一声“太太”，小孩一声“妈妈”，丈夫的同事、朋友、亲戚一声“某夫人”，你都得竖着耳朵听……因为自己名义上没有按月按日的正当收入，故一切人都把你当作人豢养的……普通女性里的人也吧[罢]了，她们抓到一种认命哲学安慰自己，若是一个不肯“认命”而又对于生活与未来有幻想的人就苦透了。[288]

是月，凌叔华小说《酒后》《花之寺》《有福气的人》选入俊生编、上海仿古书店出版的《现代女作家小说选》。

4月1日，与袁昌英、顾如、陆维亚等拜访苏雪林，先在武汉大学消费合作社吃饭，由袁做东，后一起到苏雪林家。

4月10日，在《武汉日报·现代文艺》发表散文《春的剪影（二）》，描写画家眼中的春天之美。[1]

4月13日，朱利安致信瓦内萨，强调自己对母亲的感情：“我对你的忠诚远超我对任何情人的忠诚。实际上，结婚对我来说很难，我没有哪个朋友和情人能和你相提并论。”[289]

是月，在《文学时代》发表小说《小床与水塔》，关于孩子

---

1 两篇《春的剪影》篇幅都很短，不足五百字；上述《西京日记几页》虽近千字，却是三天的日记，可拆简组装，或为副刊差字的填补。

对小床和水塔的天真想象。

同月，在《文艺月刊》发表小说《奶妈》。

5月，苏雪林在《新北辰》发表《凌叔华的〈花之寺〉与〈女人〉》，评价凌叔华“文字淡雅幽丽，秀韵天成”，调子是平静的，但是充满力量；[1]“描写天然风景对于颜色特具敏感，而且处处渗以画意”；“文中有画”。只是因为创作主题“多中产阶级生活及家庭琐事，读者或以其不合时代潮流而加以漠视”，所以声望不比革命作家。[290]

是月，施瑛等编、上海启明书店出版的《中国新文学丛刊·小说（四）》编者小引评价凌叔华：“她写的小说谈情说爱，可是爱情在她的作品中，已是另一种讲法。她是站在爱情之外讲爱情的。”[291]

6月7日，苏雪林6日写就《谈喻其炜先生的国画》一文，誊清后欲交凌叔华刊于《现代文艺》，发现凌叔华在汤佩松家。后凌叔华允诺会在本周《现代文艺》刊出。

6月13日，瓦内萨致信朱利安，告知戴维·加奈特建议将凌叔华的文章寄给《伦敦水星》（*London Mercury*）的编辑司各特·詹姆斯（R.A. Scott-James，1878—1959），并说加奈特对这几篇作品赞赏有加。[292]

是月，凌叔华在武昌创作完成《一件喜事》，讲述凤儿的爸

1　多年后苏雪林给小滢写信，否认了对凌叔华文采的夸赞：“你妈虽能笔墨，只写那点东西，实不足称为‘才女’；画得一点也不好，徒能以大言唬人。”

爸要娶新姨太太，凤儿喜欢喜庆的气氛仿佛过年，却看到大人各怀心事，五姨太叹气落泪。

同月，朱利安赴重庆、西藏、四川等地旅行。

7月27日，凌叔华致信巴金，详述《武汉日报·现代文艺》的办刊初衷："华中这地方实在需要这一种刊物，有许多年青人需要这刊物而已。"至于筹办始末与办刊几月来的心得：

> 我们起先办这刊物有三个人要办，过三几个月后，其他二人都觉得不大值得如此牺牲他们的宝贵光阴，一切事都推到我一双手里。我觉得这种刊物如办两三个月收场，还不如不办开头，目前又没有经济问题，所以大胆接收下一切责任与义务。幸亏有从文、萧乾他们合作帮忙，现在差不多有点样子。[293]

是月，发表小说《死》，收录在上海开明书店纪念作品集《十年》中。讲述了枝儿的四叔婆死后，枝儿所感到的死亡恐惧。

同月，凌叔华回北京与美国归来的妹妹凌淑浩团聚，在北京住到8月末。

8月9日，在天津《大公报·文艺》发表小说《一件喜事》。

是月，在英文月刊《天下》（*T'ien Hsia Monthly*）发表英文小说"What' s Point of it ?"，是凌叔华与朱利安根据《无聊》合作翻译而成。

8月18日，斯科特·詹姆斯将凌叔华的三篇短篇小说《写信》（*Writing A Letter*）、《疯了的诗人》（*A Poet Goes Mad*）和《无聊》（*What's the Point of It*）退还给瓦内萨，表示暂不适合录用。

8月31日，凌叔华致信巴金，谈到生病事，以及收到巴金约稿文章的喜悦：

> 今天是盂兰节，晚饭后家里人人都出去逛灯，只剩我一个人儿在房间里呆着，因为后天要去医院割治一种旧毛病，所以前两天要好好休养着……正栖栖惶惶地想到许多事，尤其是办的一个刊物，您的文章到了，[1]我该怎样高兴，不瞒您说，差点儿没流出泪来。（我是与普通女人不一样，哭是不到人前，不给人看的。）[294]

并谈到对《武汉日报·现代文艺》的期待：

> 我同从文说起如果我们有雄心，将来南至粤，西至川，都有文艺联号才好。这话目前也许只是一个梦，可是梦不一定不会变真的。[295]

是月，凌叔华小说《无聊》入选林徽因选编《大公报文艺

1　信中提到的巴金文章是《隐身珠》。

丛刊小说选》。

是月末，朱利安去北京与凌叔华会合，当时陈源也在北京，凌叔华住院，完成小手术。

9月，回武汉。朱利安认为，当时已经有很多人知道了他和凌叔华的关系，但是人们不想承认，一是怕麻烦，二是种族自豪感让他们不愿相信像凌叔华这样优秀的女子会爱上一个外国鬼子。

9月4日，朱利安致信埃迪，说凌叔华会随身携带一小瓶日本老鼠药。

9月11日，《武汉日报·现代文艺》刊载少瀛的文章《培尔·朱理安》，介绍朱利安。

9月25日，朱利安致信埃迪，说他发现自己似乎把凌叔华说成了“可怕的女人”，但他解释说，她只是个恋爱中的女人。[296]

10月1日，铁轨在《女子月刊》发表对凌叔华《小哥儿俩》的书评，评价《小哥儿俩》是值得一读的书，小孩写得十分自然，“从一句对话，一个动作的描写记叙中，就显现出孩子们所特具有的气味与轮廓来”，“在想消遣闲暇的时候”，这本书“可以伴守你小时候的寂寞”，并对凌叔华“忠实不滥的写作态度”表示钦佩，希望她可以扩大写作素材，让更多读者喜欢。[297]

10月8日，袁昌英告知苏雪林，凌叔华已回，与苏雪林一同探望。[298]

10月10日，瓦内萨致信朱利安，希望他认真考虑去西班牙的想法，“几乎所有的战争都是疯狂的……疯狂地摧毁世界上最好的人和事……我认为你和其他年轻人，作为世界未来四十到五十年的唯一希望，除了送死之外，可以有更多帮助。”[299]

10月12日，余士铭在天津《国闻周报》发表文章《评〈十年〉》，批评凌叔华的《死》：“这题材虽然含有一种哲理的成分，可是我觉得没有多大意义。在技巧上作者的表现力还嫌不够。不过作者对儿童心理刻画的细腻，确是不可多得的功绩。”[300]

10月17日，苏雪林在宁波里又一村宴请袁昌英、周鲠生夫人、陈源、凌叔华等人。[301]

10月18日，早10点半，凌叔华至苏雪林家，邀黄雪明作陪，饭后闲谈到三点，凌叔华和袁昌英先行离开。

10月20日，朱利安致信瓦内萨，谈到凌叔华与陈源的争吵，陈源几乎一周不发一语，他与凌叔华沟通的唯一方式是把所思所想写在日记里。[302]

10月21日，朱利安致信埃迪，说凌叔华以半自杀的方式尝试安眠药，结果头疼欲裂。称这是“典型的她、典型的女性、典型的中国”。[303]

10月31日/11月1日，朱利安致信瓦内萨，告知事情暴露，提到被发现的场景非常“荒谬”，“所有人都面上无光”。陈源提出几个选项：一、协议离婚；二、不离婚但分居；三、回到他身边，与朱利安彻底断绝关系。凌叔华选择回到陈源身边，朱利安辞职。提到那晚的争执，朱利安说凌叔华“像往常一样在危急时刻挺身而出，表现出色”，“愤怒的女人”让朱利安非常欣赏。但朱利安认为她的选择只是为大家保留面子的临时方案，事后他向凌叔华求婚。[304]

11月1日，朱利安致信埃迪，表示他没有真的那么心碎，母亲瓦内萨是他情感上的稳固支点，这次经历后，他变得更坚强、更成熟、更清晰了，凌叔华让他明白“爱情最好从属于友谊”。[305]

11月8日，朱利安致信瓦内萨，提到要断绝和每天见面、整年如此的凌叔华的联系，非常困难。他依然在考虑与凌叔华结婚的事，虽然可能性不大，“但如果她承受太多苦难，我无法不试着做点什么”。[306]

11月10日，凌叔华致电苏雪林，告知胡适从美国回中国的日期将延迟一月，并相约明日会面。

11月11日，凌叔华与苏雪林至山前一坐，畅谈两小时。雪林谈及左派利用鲁迅为偶像，播散反动种子，实大隐忧，连蔡元培也遭到利用，凌叔华建议写信规劝。返家后，雪林写就长信，带至杨端六家，凌叔华夫妇亦在。陈源认为此信效果不大，而且他是鲁迅对头，别人会怀疑他是为了报复，所以不愿签字，并认为周鲠生也不会签字。袁昌英提议与苏雪林、凌叔华三人先签，然后邀请高君珊、陈衡哲加入，以女作家的名义进行。[307]

11月24日，朱利安致信凌叔华，建议她除了得体和出版的考虑之外，在写作中可以对所有体验直言不讳，包括性事。[308]

11月25日，凌叔华一周前送来稿件二十余份，请苏雪林协助处理，可用即留存，不可用即退回作者，雪林当日完成此事，提到帮忙的原因是凌叔华自今年北京开刀后，“身体总感不适。

例如失眠、便血、月经每月来两次，等等”。[309]

11月27日，朱利安致信埃迪，说凌叔华想为他们的恋情写一本书，“如果她真的写了，一定非常精彩，甚至可能是一部重要的作品”，他自嘲，这样一来，他也能在文学史上有一席之地了。[310]

是月，凌叔华与朱利安恢复通信与见面。

12月5日，朱利安致信瓦内萨，告知武汉大学已接受他的辞职，辞职理由是家庭原因，之后将志愿赴西班牙参加反法西斯战斗。

是日，朱利安致信弗吉尼亚·伍尔夫，谈到对凌叔华的爱到了如醉如痴的地步，“比起复辟时期戏剧中的情形有过之无不及”，为此不得不辞职。[311]

同日，凌叔华与杨振声、顾颉刚、朱光潜、沈从文、张秀亚等在淮阳春吃午饭。[312]

12月12日，朱利安致信凌叔华，回复凌叔华此前对朱利安的质疑：“就算我更了解我们在这种局面下的心理，你又何必介意呢？你何必认为这就意味着我没有把你当现代女性呢？你认为我在经济和策略方面的知识比你多，就是不尊重你吗？难道你在艺术方面更有造诣，你是大作家而我不是，就说明你比我优越吗？当然，关于友谊最重要的一点是，你愿意承认你的朋友在某些方面懂得比你自己多，并且愿意让他们指点迷津。”但是朱利安说，这封伤人的信不会让他停止爱凌叔华。[313]

12月16日，朱利安致信凌叔华，说他与凌叔华的生活和世界观一开始就如此不同，可某些方面又如此相似。“我最最想要的是保持我们的友谊，有你能让我完全自由地倾诉一切……我从未有过一个朋友或情人能让我有这样的感觉，能这么对我倾尽全部。”[314]

12月17日，朱利安致信凌叔华，再次强调他并没有希望凌叔华自杀。希望凌叔华不要太敏感，对生活采取更现实的态度。[315]

12月18日，朱利安致信凌叔华，说他已向母亲瓦内萨清楚表明，他去西班牙的决定与凌叔华没有任何关系，她无须承担责任。[316]

12月24日，朱利安致信凌叔华，他认为他们关心的一切，不管是中国还是欧洲，都取决于击败法西斯主义。

12月29日，《武汉日报·现代文艺》宣告停刊，凌叔华发表《停刊词》，指出停刊是“遇难而不是病故”。回顾创刊时提出的五项意见，凌叔华认为几乎都已做到，或朝向这个方向努力，唯独第五条“希望对华中文艺空气的造成可以有点帮助”是失败了，因为刊物虽然是在华中，但是“好像与华中文艺空气不生任何关系”。也因为如此，对于停刊，“虽然不能没有留恋，却并不认为是一件憾事”。[317]

是年，良友图书公司出版《二十人所选短篇佳作集》，以文艺编辑为主，加上几位著名作家，组织二十人的评选队伍，每人推选一至三篇发表于1935年11月30日至1936年11月30日的小说。此外，赵家璧特别要求武汉任《现代文艺》副刊编辑的凌叔华、广州任《东西南北》副刊编辑的洪深、在福州工作的郁达夫这三位不同地区的评审，要从所在地的地方刊物中挑选。凌叔华挑选的是三篇发表在《现代文艺》的小说，分别是1936年5月1日第六十二期李威深的《渡头》、1936年10月23日第八十七期陈荻的《传令嘉奖》、1936年11月20日第九十期维特的《家》。三篇均关注底层，并在现代文明入侵、世道人心变质的当下，以对农村、传统、自然的回归，重新审视中国乡土的人性美和人情美，具有浓郁的京派特质。

· 1937年　37岁

7月7日，卢沟桥事变爆发，标志着中华民族全面抗战的开始。

1月，帅约之为译作《母心》写序，感谢“时昭瀛先生、陈西滢先生、凌叔华女士、李儒勉先生、舒新城先生热心指正和赞助，使此书得以印行”。该书于同年7月由中华书局出版。[318]

1月16日，施蛰存在《宇宙风》发表文章《一人一书》，评论凌叔华是文坛声望排名第二的女作家，第一是冰心，第三是丁玲。他认为凌叔华是“一个稀有的短篇小说家”，“是一个懂得短篇小说作法的人，她的小说，给予人的第一个好感就是篇幅剪裁的适度。使读者，或是毋宁说使我，不感觉到她写得太拖沓了，或太急促了。在最恰当的时候展开故事，更在最恰当的时候安放了小说中的顶点”。施蛰存认为《花之寺》是凌叔华已出版小说集中之最佳。[319]

是月，朱利安离开武汉，经北京、香港返回欧洲。

离开武汉前，凌叔华与朱利安见面，被陈源发现，陈源致信朱利安，表达自己的愤怒：

> 我很痛苦，但更多是对你的所作所为的震惊……我以为你不论在某些事上道德原则如何，作为一个英国人仍应

为自己的荣誉考虑，要遵守信用。我没想到你在抛弃一些道德原则，例如对朋友的忠诚时，你会把一切都抛弃。没有信念，没有荣誉，不守承诺，没什么能阻止你寻求自私的满足……无赖就是无赖，我只能怪自己相信，他可能还有些优点。[320]

1月26日，凌叔华与王世杰、马衡、罗家伦、顾树森等在上海观赏吴兴大收藏家庞莱臣所藏唐、宋、元、明、清名画，王世杰在日记中写："极多精品；惜为时匆匆，只克欣赏其收藏之数十帧耳。"[321]

2月4日，朱利安在香港和凌叔华共度他的生日。

2月7日，朱利安在船上致信凌叔华，说凌叔华送他走时，"看着你在远处，越来越远，这种感觉太可怕了"。他认为他和凌叔华的关系，能够经得起时间和分离的考验。[322]而与此同时，他与英尼斯·杰克逊（Innes Jackson）从中国就已开始的恋情也在继续，此次回欧洲，英尼斯与他在同一艘船上。

2月26日，朱利安致信凌叔华，说瓦内萨坚持让他先回英国。他将凌叔华的照片挂在床头，看起来非常有魅力。[323]

3月1日，在《中学生》上发表小说《一个故事》，从不同人的视角，共同讲述了一个女学生和校长的恋爱故事，以证凌叔华所言："每一事件都可以由多方面看去，像绘画的人，绘一个花瓶，因各方光影的变化不同，绘出来便不得一样。"[324]

3月3日，凌叔华致信朱利安："现在是冬天，我的心也和冬天一般。”

3月9日，朱利安致信凌叔华，谈到现在的欧洲非常糟糕，人们都非常害怕战争，却看不到阻止的办法，一切都相当无望。凌叔华似乎再次向他提及自杀，他回复说：“我不认为你会自杀，尽管整个航程我都恐惧又担忧……亲爱的，我尽我所能地爱着你……我不能靠感情活着，但我相信你能。”[325]

3月17日，朱利安致信凌叔华，说他想去西班牙参战，但每个人都试图阻止他离开，如果不能去，他会想自杀。信中表达了对凌叔华与日俱增的思念，希望能和她一起创造些什么。

3月23日，朱利安致信凌叔华，希望她能和陈源友好了断。

3月30日，朱利安致信凌叔华，强调凌叔华天生就不是一个妻子或主妇，鼓励她摆脱累赘，获得充实。

是月，朱利安加入国际纵队，参加西班牙内战。

4月，在《天下》发表凌叔华和朱利安合作翻译的英文小说《疯了的诗人》（A Poet Goes Mad）。

5月2日，凌叔华和小滢去山路散步，算出下星期日是陈源生日，凌叔华想看看六七岁的孩子怎样记事，便提醒小滢记下，以免忘记。小滢在纸上写：

> 我们下星期日过江吃饭看电影买东西，为什么呢？因为是爹爹的生日。

凌叔华于是总结为写作练习的方法：

这张记事条很是清楚明白，可见文章是只要自然便可以，文体不是要紧的。一个人最好从幼小时起，很自然地练习他的写作，我想。[326]

6月，在《青年界》第十二卷第一号“日记特辑”发表5月2日的日记，更名为《小莹》[1]。

7月至8月，国民政府在庐山召开各党派、各界名流参加的“庐山谈话会”，陈源与凌叔华同赴庐山。

7月18日，马德里保卫战中，朱利安驾驶的救护车遭炸弹袭击，朱利安牺牲。

7月23日，午饭后，胡适与朱经农拜访陈源和凌叔华。

7月24日，陈源与凌叔华拜访胡适，与之长谈。

7月25日，胡适、朱经农、周炳琳至陈源、凌叔华住所吃饭，饭后胡适为凌叔华写了两张字。

是日，廖鸿英致信瓦内萨，告知朱利安的名字在死亡名单中。[327]

7月28日，北平沦陷。

是月，武汉大学为朱利安举办追悼会。

8月1日，在《文学杂志》发表小说《八月节》，讲述凤儿

1 据陈小滢，陈西滢原本为她起名为小滢，但她小时候不愿意和父亲同名，自作主张去掉三点水旁，改成“莹”；长大后又因为崇拜父亲，把三点水旁加上。（张昌华：《我为他们照过相》，商务印书馆，2017年，第285—286页。）后文引用书信、日记等有称小滢为“小莹”者，皆出于此因。

在八月节这天与兄姐玩耍，却因身为女儿，受兄长欺负的故事。朱光潜在《编辑后记》中说：“凌叔华女士写儿童心理的作品已自成一典型，用不着我们介绍。在《八月节》里她借凤儿一个主角写出旧家庭的暗中猜忌与表面敷衍，处处都很体贴入微。”[328]

8月18日，陈源父亲因日军飞机轰炸南京，受到惊吓而离世。陈源随即赴老家奔丧，并将母亲和姐姐接到武汉同住。

9月4日，沈从文逃难抵达武昌，初时借住在陈源、凌叔华家中。之后，为编写教科书，与杨振声搬到五福堂，萧乾逃难到武汉时，也加入教科书编写工作，与之同住。期间与陈源、凌叔华往来频繁。[329]

9月12日，胡适至武汉大学，会见周鲠生、王星拱、陈源等人，午饭后胡适去陈源家中，见到凌叔华，并小坐。

秋天，与袁昌英、苏雪林在武汉和叶圣陶见面。

10月2日，朱自清避难途经武汉，拜访陈源，称“他居处面对东湖之山上，安静优美”，时年7岁的小滢也“颇可爱”。

10月3日，武大战时服务团妇女工作组分三批出发武汉三镇，慰问伤兵。凌叔华想去平日慰劳者少的地方，选了汉阳。凌叔华一行人给伤兵派发慰劳品，送去新近做好的五百条棉被，还设法捐钱再为他们做一两千草褥。她们也与伤兵谈话，了解医院的详细情形。凌叔华对于一位刘姓伤官的观点颇为认同：“全线抗战尤要有人指导民众，像华北老百姓的心是好的，且颇为国尽力，只是好几次用着他们时，都帮了‘倒忙’。”“受过大学教育的人此时应出来尽指导民众的义务。”凌叔华认为，让妇女看看伤兵的情势，能纠正从前认为“好男不当兵”的刻板错误。[330]

10月10日，在天津《大公报》发表文章《汉阳医院伤兵访问记》，为此前访问汉阳医院伤兵的所见所思。

11月14日，在《国闻周报》发表文章《慰劳汉阳伤兵》。

12月9日，瓦内萨致信凌叔华，她与朱利安死时陪在他身边的一位医生进行了长谈，医生告诉瓦内萨，朱利安临终前没有痛苦，甚至不知道危险即将来临，他看起来很好，甚至比过去在英国的时候还要好。瓦内萨依然无法面对很多人，除了特别亲近的几位，她感谢凌叔华寄来的花种：

> 想到这些可爱的小东西竟然是从遥远的中国寄来的，还会开出红色花朵，真是让人兴奋……我这么兴奋是不是显得太傻了？不过，真的要谢谢你寄给我这些种子……你所说的一切对我而言都是一种帮助。[331]

是月，在《天下》发表由《写信》翻译而成的英文小说“Writing a Letter”。

· 1938年　38岁

6月12日，武汉会战爆发。10月25日，武汉失陷。武汉大学西迁。

1月，散文《慰劳汉阳伤兵》选入战时出版社出版的《战时散文选》。

3月3日，凌叔华给朱利安的姨妈、英国著名小说家弗吉尼亚·伍尔夫写了第一封信，告知自己的处境，请教她的建议。由瓦内萨代转。

3月10日，汉口战时儿童保育会成立，凌叔华担任名誉理事。

3月22日，参加王世杰为招待汉口英领事摩斯及夫人，在邹安众宅邸举办的茶会。茶会时王世杰展示了他收集的若干古画。[332]

3月24日，凌叔华致信弗吉尼亚·伍尔夫。

3月27日，全国文艺界抗敌协会成立，凌叔华、陈源等近百人发表《“全国文艺界抗敌协会”发起旨趣》。

4月1日，与苏雪林、胡风、陈源、曾燾、曾朴、盛成、叶君健等97名文艺界人士联名在《文艺月刊》第九期发表《中华全国文艺界抗敌协会发起旨趣》。

4月5日，弗吉尼亚·伍尔夫致信凌叔华，对她失去朱利安、又身处战乱的痛苦深表理解：

> 我唯一的劝告——这也是对我自己的劝告——就是：工作……你是否有可能用英文写下你的生活实录……你的英文相当不错，能给人留下你希望造成的印象，凡是令人费解的地方，可以由我来作些修改……我觉得自传比小说要好得多。

至于凌叔华曾请弗吉尼亚·伍尔夫推荐书，伍尔夫认为“18世纪的英语是最适合外国人读的英语”：“有考珀的，华尔浦尔的，都很清晰易懂；司各特的小说（《罗布·罗伊》）；简·奥斯汀的小说；再有就是，盖斯凯尔夫人的《夏洛蒂·勃朗特传》。现在作家中，乔治·穆尔的小说就写得很平易。”信末，伍尔夫再次表示愿意为凌叔华提供力所能及的帮助：“如果你来信谈到有关你自己的任何事，或者是有关政治的事，我总是高兴的，能读到你的作品，并加以评论，对我来说将是一大快事。因此，请考虑写你的自传吧，如果你一次只写来几页，我就可以读一读，我们就可以讨论一番，但愿我能做得更多。”[333]

4月9日，弗吉尼亚·伍尔夫致信凌叔华，一为告知她收到凌叔华3月的信后就立刻回复了，但是忘了用航空邮件寄出，特写此信告知。二为鼓励凌叔华写自传，表示她很乐意阅读并修改凌叔华的手稿。三为确认凌叔华是否希望她寄一些英文书，以便英文学习。[334]

4月17日，弗吉尼亚·伍尔夫致信凌叔华，认为凌叔华的自传如果用标准英文来写，反倒会影响全书的整体感觉。另外，她认为最好把尽可能多的章节集中到一起读，会获得更加真实的印象。目前来看，她很感兴趣，她也很羡慕凌叔华能生活在拥有如此古老文明的旷野。[335]

4月22日，克里斯托弗·伊舍伍德（Christopher Isherwood，1904—1986）和诗人W. H. 奥登（Wystan Hugh Auden，1907—1973）访问武汉大学，教授们为他们举办茶话会。二人后来回忆道:“教授们为了顾忌礼貌而强作欢颜，实际上似乎都忧心忡忡，情绪暗淡。”[336]凌叔华送他们自己绘制的东湖风景的纸扇，题有旧诗:“雾罩江山云未开，且将一饮寄愁怀。”又添上自己另作的两句:“正当举国同奋起，惊叹走笔忘吾哀。”此外，凌叔华托他们转交弗吉尼亚·伍尔夫一枚象牙头像。

5月18日，为庆祝国际儿童亲善节，中国国际联盟同志会下午四点在海军青年会举行庆祝大会，邀集武汉地区五岁至十四岁中外儿童约180人，凌叔华担任大会主席，主持大会并致欢迎词。

5月25日，凌叔华致信弗吉尼亚·伍尔夫，称如果有一天能写出一些有重要价值的东西，那一定要归功于她的善意鼓励。凌叔华计划把她给朱利安讲过的故事写下来，既可以回忆与他的快乐时光，也能让西方人有机会看到一些中国生活和艺术的真理。她准备以孩童眼光书写。至于伍尔夫推荐的英文书，凌叔华表示她只看过简·奥斯汀的全部作品，如果不麻烦的话，希望伍尔夫能把其他书分两个包裹寄给她。[337]

6月21日，在《大地图文旬刊》发表通讯《汉口的战时儿童保育院》，介绍儿童保育院的成绩。一个月前在日本同仁会医院所见的“满面愁苦，全身病痛”的小孩子，现在已经是“有说有笑，充足表现生命力的了”。他们改变之迅速，自有普遍衣足食足的原因，但同时“还是因为保育院各人努力工作的效果”。[338]

是月，凌叔华带小滢随武汉大学西迁四川乐山。初租住教会两月，后借住皮宗石家，之后定居城北嘉乐门外半边街57号。

7月24日，凌叔华致信弗吉尼亚·伍尔夫，乐山生活的庸碌繁杂使她深感疲惫，但她依然期待创作自传，希望通过孩子的视角，能为英国读者提供关于中国人真实生活的图景，让他们发现中国人与英国人差异之外的共通之处。

7月27日，伍尔夫致信凌叔华，感谢象牙头像，希望凌叔华能继续工作。再次重申她非常乐意阅读凌叔华的文章，也愿意帮助她修改一些语法错误。希望她能“我手写我心”。随信寄去《夏洛蒂·勃朗特传》和兰姆的散文集。[339]

8月4日，凌叔华致信弗吉尼亚·伍尔夫，寄去已完成的自传，并讨论未来的计划。[340]

9月16日，瓦内萨致信凌叔华，说她感受到凌叔华信中的悲伤，但也很高兴凌叔华能向自己表达这些感受。她希望凌叔华能始终如此，这样她也能向凌叔华真实地表达自我。瓦内萨认为朱利安的去世在凌叔华与她之间创造了一种可能性，如果朱利安还活着，她们可能无法拥有这种可能性，瓦内萨希望彼此能够珍惜。[341]

10月15日，弗吉尼亚·伍尔夫致信凌叔华，称赞她的创作有一种陌生的诗意和魅力，鼓励她继续写：

> 请继续写下去；自由地写。不用担心如何直接把中文翻译成英文。事实上，我建议你在风格和意义上尽可能贴近中文，尽可能多地提供关于房屋、生活、家居等自然细节，就像你写中文一样写。然后再加上一个英国人的润色，让它一定程度上变得容易理解……英国人读的时候，就又好懂，又新奇。[342]

11月16日，凌叔华致信弗吉尼亚·伍尔夫，谈到战争的残酷："在过去几周中，所有的坏消息一次性爆发……据我了解，上前线去作战是没有用的，因为我们找不到敌人，只能看到机器……"她梦见自己的屋子成为废墟，屋外尸横遍地，未经掩埋的尸体发出难闻的气味。她想伍尔夫也许会想了解这种极度痛苦的感受，所以写信与伍尔夫分享。

11月22日，在《新民族》发表《为接近战区及被轰炸区域的儿童说的话》，表达对大量被日军战机炸死炸伤的儿童的关心，希望能将"接近战地以及有被轰炸危险的城市或村镇的儿童"移送到较为安全的地带，最好"能教养他们"，使他们身心能够健康发展，成为国家复兴的"台柱子"。

11月28日，瓦内萨致信画家简·比希（Jane Bussy，1906—1960），提到27日刚刚收到凌叔华的信，是从凌叔华当时所在的四川西部（乐山）花两周时间寄到的。瓦内萨说，凌叔华一如既往地悲伤，似乎在自我折磨，但是也情有可原。她经常写信，瓦内萨觉得自己很了解她，但也觉得她应该很难相处。她提到朱利安让凌叔华写自传的事，她希望凌叔华能完成，虽然她理解凌叔华现在很难安下心做任何事，也担心这本书里对中国人的批评会不会对凌叔华产生影响，但她还是尽了最大努力为凌叔华提供方便。[343]

是月，接家人电报，得知母亲病危。

12月12日，凌叔华致信弗吉尼亚·伍尔夫，说几周前一个武汉大学的女孩自杀了，因为汉口被日军占领，她与家人失去联系。她说：“她的死让我惊讶万分，我知道我有更多比她悲伤的理由，但她却有勇气一死了之。”表达她内心的绝望，并伴有某种自杀的信号。

12月31日，凌叔华致信弗吉尼亚·伍尔夫，说虽然在民族危亡面前，个人的悲伤不值一提，可却是每个人每日每夜都必得面对的。提到她的书，她认为“用英语写出一本好书的机会非常小”，担心用英语会让她的写作失去一些好味道：

> 亲爱的弗吉尼亚，我希望你告诉我我应该做什么。我太紧张了，我多希望你能像从前一样友善地告诉我，去试试，别灰心。

· 1939年　39岁

8月19日，日军轰炸乐山。

9月1日，第二次世界大战爆发。

1月1日，凌叔华致信弗吉尼亚·伍尔夫，说人人都想要和平，可谁都不敢说。每天在四川看到的都是最丑陋、最痛苦的场景。

1月20日，凌叔华致信弗吉尼亚·伍尔夫，表达创作自传的困惑，她不想写小说式的自传，但是她的自传读起来依然很像小说，她觉得自己“眼高手低”。[344]

2月28日，弗吉尼亚·伍尔夫致信凌叔华，希望她能保持创作中的“中国味道”。

4月，创作散文《后方小景》，描写战时峨眉山下乐山城中人们的生活景况。

5月22日，在《大公报（汉口）》发表《参观战时儿童保育院》，倡议国民为战时儿童保育院捐款。

6月1日，《后方小景》在《大公报·文艺》发表。

6月13日，瓦内萨致信凌叔华，提到3月17日的信已经收到一段时间了，她感觉凌叔华十分悲伤，主动提出希望能为凌叔华做些什么。她担心新出版的朱利安传记中关于朱利安和凌叔华关系的部分会给凌叔华带来困扰，但凌叔华似乎并不太在意，这让瓦内萨很宽慰。作为画家，瓦内萨无法在写作上直接为凌叔华提供帮助，但她表示可以帮助誊抄及推荐，她见到弗吉尼亚·伍尔夫时，也会帮忙询问她是否收到凌叔华的手稿，以及何时给她回信。她们姐妹都愿意尽己所能为凌叔华提供帮助。她还与凌叔华分享了与朱利安的记忆，希望凌叔华能够快乐生活，努力工作，能继续与她分享自己的一切。[345]

7月16日，弗吉尼亚·伍尔夫致信凌叔华，谈论战争中人们的麻木心情，认为在这样的时期，工作是他们能做的最好的事情。又提到她将会和瓦内萨吃晚餐，要是凌叔华也在就好了，这种聚会是当下生活中最大的乐趣。[346]

约8月，凌叔华母亲去世后，凌叔华带小滢回北京奔丧，并解决债务问题。途中耗时数月，至1941年离开。抵京后，小滢收到松冈洋右送的崭新红色小自行车，车上还插了两面日本和满洲国旗，小滢不肯骑，旗子拔掉后才肯。

8月16日，凌叔华将自己名下的史家胡同甲五十四号19间房出租给满铁株式会社，用于职工家属住房，自己则筹划搬到海淀区冰窖十一号。解决好住处之后，她又将父亲留下的70多间房以比市价低两万的八万大洋卖给满铁总部，所得费用除偿还丧葬费用之外，各方姊妹平均分配。众兄妹颇为不满，派同胞大姐凌淑芝与凌叔华交涉。

是日，淑芝致信远在美国的妹妹凌淑浩，控诉凌叔华在处理家产时的狠辣与自私："先忙于办先母葬山事，又受十妹迫我搬家，终日往各处找房子，均找不得一间。可是彼终日用手段挤我，甚是难堪之极。想不到他如此深的学问，不念亲情……如此下毒手，真令人不服。姊意如他再如此相迫，只有到公堂讲理了。”[347]

8月19日，日军轰炸乐山，百姓所受伤亡惨重，造成震惊全国甚至世界的“八一九”惨案。

是日，松冈洋右致信凌叔华，送来急需的丧葬钱。

8月21日，凌叔华致信松冈洋右，感谢他送来丧葬钱。

8月22日，凌叔华再次致信松冈洋右。

8月25日，松冈洋右致信凌叔华，就刚刚发生的“八一九”惨案安慰凌叔华，为陈源和他一家的安危担忧。但是，松冈洋右没有答应凌叔华将她和小滢接去东京的要求，也不赞同凌叔华回四川或去上海：“这样会引得蒋介石阵营怀疑你丈夫和你的忠诚，甚至可能会给陈先生和他的家庭带来灭顶之灾。我不愿这样的事发生。”他希望凌叔华能慎重考虑，告诉他最后的决定，并再次向凌叔华表态：“我将为你和你的孩子尽我所能。”

另外，信中还谈及两笔给凌叔华的钱，一笔是凌叔华母亲的丧葬钱，算凌叔华向他借的，但不必着急偿还；另一笔则是不用偿还的礼物。[348]学者陈烈推断，这份“不用偿还的礼物”应是卖房所得之差价。

凌叔华在北京期间，在常风陪同下拜访哲学家邓以蛰，看到邓先生收藏的清代画家恽南田的对联，十分喜爱。琉璃厂曾出价300元，邓未舍得出售，后凌叔华以250元出价购走。[349]

10月15日，弗吉尼亚·伍尔夫致信凌叔华，认为凌叔华的自传很有魅力，希望她能继续写下去，自由地写，尽量书写细节，并接近中国味道，就像是为中国人写作一样。另外，伍尔夫表示很愿意寄书给凌叔华，买书很便宜。[350]

是月，由于武大皖湘两派斗争，陈源辞去文学院院长一职。

秋暮，协和医院林巧稚医生赴美，凌叔华托她带信给胡适，略述与陈源两年来近况。还提到想捐一批手工活计寄到胡适处，请胡适在圣诞节前售出，得款寄给内地战时儿童保育院。

12月5日，瓦内萨致信凌叔华，表达一如既往的爱与支持："我仍然爱你，如果我的爱对你有任何帮助的话，你知道你是拥有它的……尽管一切都很艰难，可还是要尽可能地快乐：我知道朱利安也会跟你说同样的话。"[351]

· 1940年　40岁

德国对伦敦实施长达八个月的大轰炸。

八路军对日百团大战获得胜利。

1月，应《文学集林》约稿，将去年的演讲稿整理修改成《在文学里的儿童》一文。凌叔华认为普通人对儿童的态度大约可以分为两种，一种是对儿童一切都觉天真烂漫，一种是对儿童漠视。中国文学不论文言还是白话，几乎没有儿童书写，即便是可以比肩任何世界文学杰作的《红楼梦》，也有大缺点，即“写的几个主角，年龄和行为有点太不相称”。由此，凌叔华将外国文学作品中描写儿童的杰作分为自传或自传式和小说式两类，略作介绍。于4月发表。

月末，凌叔华赴上海取物。

2月1日，凌叔华致信胡适，主要问询两事，一是为战时儿童保育院捐款：“我们想捐一批手工活计寄到你那里，想在去美（圣诞）前售出，得款寄与内地战时儿童保育院。因为自己所捐得有限，故想着这办法……”二是告知陈源在武汉大学的困难处境，希望胡适能在美国为陈源找一个工作：

听说你很忙，帮手也不多。不知你可否有机会让通伯去帮帮你。他是识你很深的人，新近五六年，他对世界情形研究很有心得（鲠生常说过，他做的世界政治社评可以放在外国外交杂志上，毫无愧色），也有兴趣。这两年他为王星拱（现在武大校长）排挤得十分苦恼……现在校中一切开倒车，武汉声誉远非前比。因为通伯身体不强，我想他这样牺牲下去，太不值了，故写信同你商量……通伯头脑清晰，理解迅速，观察准确，是许多人不及的，你也深知，这样人让他藏在角落里天天听张三李四话长道短，未免可惜，况在现在缺乏这种人才的时候，尤为可惜。[352]

2月2日，回北京，想等天气回暖再去南方，不过到时“入川入滇均不得知”。[353]

2月4日，在朱利安生日这天，瓦内萨致信凌叔华，在这个“很难不被对他的思念和想望淹没的日子”，希望能与凌叔华共度。[354]

2月13日，凌叔华给瓦内萨写信，说她现在住在种有果树，并有两棵古树的花园里，与身边人相处融洽，开始有了工作的状态，并附上新年画片。

3月15日，松冈洋右致信凌叔华，表达对她一家的担忧，对凌叔华处置卖房款提出建议：寄给上海的朋友、交东京他来保管、寄美国的妹妹。同时再三安抚凌叔华：

无论现在将来，我永远会一如既往的待你，我最亲爱的孩子！对此，无论何时你都不要有丝毫怀疑。[355]

3月17日，瓦内萨回复凌叔华2月13日的信，感谢凌叔华的新年画片，她非常喜欢，她觉得其他英国人应该都没见过这样特别的东西，迫不及待想给中国通亚瑟·威利（Arthur Waley，1889—1966）展示。她也想给凌叔华寄礼物，但是当下英国禁止向国外寄印刷品，凌叔华想要的小刀应该也无法寄出，一切可能都得等战争结束。在信里，瓦内萨提到弗吉尼亚·伍尔夫刚刚完成《罗杰·弗莱传》，也提到她对朱利安的思念，对凌叔华现状的安慰，再次鼓励凌叔华快乐生活，努力工作。[356]

4月19日，松冈洋右致信凌叔华讨论钱款去处，并感谢凌叔华送他女儿结婚礼物。

是月，《在文学里的儿童》在《文学集林》发表。

6月9日，凌叔华决定将钱款委托松冈洋右代管，松冈洋右致信凌叔华，告知处理进度。

是日，凌叔华准备搬迁羊圈胡同三号，12日时已住入新家。

6月12日，凌叔华因家产处理事得罪大姐凌淑芝，淑芝丈夫当时在铁道部门任局长，凌叔华感到威胁，致信松冈洋右。是日，松冈给凌叔华回信，安慰并向她做出保证，心腹宇佐美宽尔会全力相助：

> 我完全理解你为什么不愿对宇佐美或其他人吐露那件牵扯到你亲戚的事。但我离你如此遥远，帮不上什么忙。所以还是不要瞒着宇佐美了吧，向他咨询一下。就把他当作我，你完全可以信任他。告诉他，是我回信要你这么做

的，如果你愿意的话，还可以把这封信拿给他看。他会照顾你们，你丝毫不用担心你的姐夫，如果他真是——！[357]

同一封信中，松冈再次表示，希望凌叔华不要冒险回四川，但也婉拒其去日本的要求，担心陈源会被怀疑是汉奸。

7月22日，松冈洋右任日本外务大臣。

8月25日，瓦内萨致信凌叔华，谈论战事和朱利安："英国人是很奇怪的民族，我不相信他们真的会被打败……我常常在想朱利安会怎么做，有时候我甚至有点庆幸他不在这里，因为我知道他会让自己始终处在危险之中……但是他会对战后改善事态很感兴趣，也会很有帮助。"[358]

9月13日，《燕京新闻》记者至羊圈胡同三号采访凌叔华，说门牌上写着"陈凌瑞棠"，院中"满庭花草"，凌叔华"和蔼的面孔上戴着一副黑边眼镜，头发光光的梳成一个横髻。一件短袖蓝毛衣罩在蓝大褂的上面。脚上穿着白帆布高跟鞋"。凌叔华谈到搬至羊圈胡同的原因，其一是比城中舒服、自由，空气也好；其二是小滢当时在燕京附小读书，往返也比较方便。至于工作，凌叔华提到郭绍虞先生本年请她教新文艺一课，她原本答应了，后来又决定先闲住些时日。凌叔华告诉记者，她到北平后除写信外，没有写什么东西，还是在上海时曾写过几篇谈翻译的文章。[359]

9月21日，《凌叔华访问记》发表于《燕京新闻》。

10月20日，上海三通书局出版"三通小丛书"，凌叔华小说

《送车》选入《春光不是她的了》一册。

12月27日，李林为小滢留言：

小莹：

隔了多年不见，你忽然变成了一个美丽的大姑娘。我想等下一次我们见面的时候，你定要变成一位高贵的大小姐了。

希望那个时候，你不要忘记了"李姐姐"。

廿九年十二月二十七日于良丰

是年，日本出版《现代支那文学全集》，凌叔华小说选入第九卷《女作家集》。

· 1941年　41岁

1月6日，皖南事变爆发。

12月8日，日军偷袭珍珠港，太平洋战争爆发。

1月，女作家张秀亚小说《皈依》出版，在“作者自传”中说，凌叔华给了她极大启迪。[1]

3月，在《辅仁文苑》发表《〈椰子集〉序》，为秦佩珩的散文集《椰子集》所作。赞赏秦佩珩“山东人可爱的率直与坦白性气”，也惊讶于他的文章“深深涂了晦涩与暗淡的色泽”。此序既是介绍秦佩珩的凄恻文风，也是对他的安慰：

> 你知道这一本薄薄的集子，该是你生活中最重要的一段痕迹，这就也是你认识上帝无上权威的一些记录呵。……我们有时看见生命与自然会和解下去，但是真理是不会与任何什么东西和解的，因为真理是不会死的，不是吗？[360]

秦佩珩在后记中表示：“郭绍虞、凌叔华二先生的序文更给我许多分外的鼓励。”

1　张秀亚曾在念中学时得凌叔华赏识，在《武汉日报·现代文艺》发表文章多篇，还受邀去北平凌叔华家拜访。

3月28日，弗吉尼亚·伍尔夫投河自杀。

4月4日，凌叔华致信瓦内萨，询问弗吉尼亚·伍尔夫的死讯。

5月27日，瓦内萨致信凌叔华，确认弗吉尼亚·伍尔夫自杀的事实。

7月17日，袁昌英和杨静远进城，拜访陈源。

8月1日，岷江水涨严重，杨静远婆婆到凌叔华家暂避。

10月2日，陈源致信罗家伦："凌叔华仍在北平，寓燕大校门外，本年闻在该校担任功课一二小时。"

11月16日，凌叔华忽接密信，紧急携小滢逃离北京。

12月2日，凌叔华经数日活动，购到离港船票，和小滢经香港到广州湾。[361]几日后，日军偷袭珍珠港，太平洋战争爆发。

12月3日，凌叔华和小滢抵达广州湾西营，乘公共汽车到赤坎，因为要等待朋友同行，在赤坎住了近一周。这段记忆并不美好，凌叔华对赤坎的印象是"铜臭熏人、赌场林立"，"店房粗俗而索价昂贵，四望均为做买卖店铺，马路虽有两三条，但十分嘈杂污秽，连一处可以散步的地方都没有。我同小莹住得闷极了"。[362]

12月24日，到达柳州。

· 1942年　42岁

6月3日，中途岛海战，扭转反法西斯盟军在太平洋战场的局势。

5月23日，毛泽东发表《在延安文艺座谈会上的讲话》。

1月27日，《时事新报（重庆）》刊载“艺文坛”新闻，提到凌叔华回重庆的同班火车上有当时为伪华北教育督办的周作人，其卧室门前站武装卫士四人，室内亦有武校副官相陪，“虽声威赫赫，但厥状亦甚可怜。凌在车中始终未被‘周督办’发现，亦云幸矣”。[363]

在重庆期间，暂住陈源弟弟、时任国防最高委员会专任委员兼秘书的陈洪家，希望能在重庆找到一个工作。其间，母女两人常去冯玉祥、李德全家吃饭，因李德全想留凌叔华加入宋美龄做指导长的全国妇女指导委员会。

2月6日，与小滢抵达乐山。

2月8日，凌叔华与陈源、小滢至袁昌英家为杨静远庆生，这是凌叔华两年前带女儿小滢回北平奔丧后首次回来，静远说凌叔华胖了。凌叔华送静远的生日礼物是一只小铜墨盒、一套玩具茶具、一只假珍珠猴子、一个小银算盘，装在绣有珠花的黄缎子小盒中。[364]

3月27日，凌叔华在日记中写：

母已长逝，妹又远隔，朋友也没有一个真心真意者，家中无一人能联系我者，即小莹也嫌太幼，彼有时懂事有时又毫不顾惜也。战事似一二年不能了，吾等千辛万苦跑来后方有何用呢？每日碌碌于衣奔食走，生活重担已把人压瘪了！天天做琐碎事完不了！[365]

4月21日，小滢生日，凌叔华做了“怪点心”：把鸡蛋打一个洞，灌许多佐料进去，如香肠、荸荠、糯米、肉、葱等，蒸熟了。[366]

7月15日，花一整天时间完成《中国儿女》。是凌叔华唯一一部中篇小说，讲述北平沦陷时期中学生建国、宛英兄妹及其母亲的故事，是凌叔华尝试表现中日战争和民族情感的作品，小说中日本人形象颇亲切。

8月23日，杨静远至林春猷先生家找暂住林家的凌叔华，看到林家富丽堂皇，餐席亦是中西合璧，没有一丝抗战气。[367]

9月15日，在熊佛西主编的《文学创作》连载小说《中国儿女》，署名素华。

是日，吴稚晖从敦煌至乐山，看望陈源、凌叔华一家，在小滢的纪念册上绘画及题词：

我从千佛来

来见嘉定佛

千佛是小莹前生

大佛我与父亲所见

敬恒，卅一，九，十五[368]

9月28日，至袁昌英家，告知熊佛西前妻朱君允任武汉大学女生指导员。

10月15日，在《文学创作》发表《中国儿女（续）》。

是月，在《妇女新运》发表《由广州湾到柳州记》，记叙从北京回四川经广州湾至柳州一段的经历和见闻。

· 1943年　43岁

苏联红军在斯大林格勒战役中取得胜利，是“二战”最重要的转折点之一。11月22日，美国、英国和中华民国发布《开罗宣言》，讨论战后国际秩序重建的问题。

1月10日，王世杰致信凌叔华，告知陈源的外交护照已在办理，但凌叔华此前所嘱之事要等他与教育部长朱家骅会晤后再商酌。陈烈猜测凌叔华所嘱之事应与凌叔华“能否以家属或兼作家身份赴美有关”。[369]

1月15日，在《文学创作》发表《中国儿女（续）》。

2月8日，凌叔华、陈源和小滢至袁昌英家，为杨静远庆生。凌叔华定做了奶油大蛋糕，还准备了两支小洋蜡插蛋糕上，礼物是一把精致结实的银色小折刀。主菜是袁家喂了一年的大母鸡煨的鸡汤。

2月13日，陈源离开乐山，杨静远和杨弘远姐弟去看望凌叔华。

3月10日，陈源外交护照签发。

3月20日，袁昌英在家宴请陶育礼教授（Eric Robertson Dodds，1893—1979），凌叔华与林春猷作陪，席间主要聊与烹饪相关事。

3月26日，陈源从重庆启程出国。

4月6日，丰子恺、朱光潜、萧君绛在乐山陈源、凌叔华家聚会。据小滢说，是她姑姑病重，特请擅长中医的武大数学系教授萧君绛前来看病。是夜，丰子恺为小滢作“努力惜春华”小画一幅。朱光潜为小滢留言：

小滢，你今晚看萧先生开药方，丰先生画画，丰先生似乎比萧先生更健旺快乐。假如你一定要学医，也不要丢开你所擅长的文艺，文艺也是可医人医自己的。

你爸爸妈妈的朋友　光潜

卅二年清明[370]

4月25日，凌叔华致信陈源，谈起陈源去美后他们的艰难生活，也提到未来的计划和展望：

你在千里之外也许不至于苦念家中，不久你便会为新环境新物事占去你思家之怀了。不过我还希望你能时时念到我们枯寂艰难的生活。自从你走后，我一切繁难都得肩起，例如新近我还得筹备搬家，还是搬学校的房子，以后住房一天不如一天易找。因为小莹在你走后，她咳嗽伤风有三次了，她的健康不如以前，住南开想来是太苦，……如若东方后几年仗方打得完，我希望我同小莹可以出国找你去，希望你为小莹存下一点钱，我送她去你那边，我一个人回海甸过几时田园生活也不错。[371]

5月1日，凌叔华致信陈源，表达思念之情："院中马蹄莲开花，柚树亦开花，黄昏时香得恼人情思，前夕在楼上浸着这种芳香找地图，我同小莹想你该到哪里了。"[372]

是日，《中国儿女》在《文学创作》连载结束。

5月26日，丁西林给小滢留言：

你的爸爸是我认识的最老的朋友，你是我认识的最小的朋友，我们多年不见，你不认识我，我可一看见就认识了你。

西林　三十二年五月二十六日[373]

6月8日，凌叔华致信陈源，谈到物价飞涨和生活困窘，称陈源的薪水甚至不够买一斗米。[1]

6月18日，凌叔华致信陈源，谈起校屋不够住，外面房价又太高，所以搬离武大教职工宿舍，在院中自建房屋，即便陈源回来也可以舒适居住，是当下最经济的选择。然而在此过程中也遇到颇多麻烦，尤其是当地人的欺负：

（汪大房东）已来过一次，带了军官来吓我说是卖了给他，催我搬家……侯二房东也来过一次，他软硬的说，我应了走时略给他一些东西，但他无单据可以查点，留下的

1　一斗米约12.5斤。

只可算作人情也。我们大约七月初即搬。近日房东侯汪二人，每每来恫吓逼我们搬，苦极了！我终日须去监工，回家来又须对付此种人！[374]

6月24日，熊汇苓致信陈源，说去看过凌叔华，小滢很好。但此信8月14日才到陈源手中。

6月25日，陈源收到凌叔华5月1日寄的信，这封信是陈源出国后第一次收到凌叔华和小滢的信。[375]

6月26日，熊汇苓致信陈源，附有凌叔华短信，说近日“苦患疟疾”，陈源8月16日才收到此信。

6月30日，陈源买了一个相架，专为装凌叔华和小滢的照片。

7月11日，搬进筑于万景山上的新居：

这是一座附廓的小山，旁有废庙万佛寺，我们的房子筑在寺旁古坟堆上，好在左右均有古木细竹，把乱砖荒草芟除，却也多少寻得出倪云林画意。[376]

7月15日，在《时与潮》文艺半月刊第一卷第三期发表散文《回忆一个画会及几个老画家》，忆及1923年北京画家在凌叔华家中举办“九秋图”画会的场景。

7月18日，苏雪林、袁昌英及杨静远至凌叔华家，听她讲小时候大家庭的纠葛。静远和小滢到小楼上开窗望月。

7月23日，虽家已搬完，凌叔华依旧致信陈源，将过程中的艰辛一一道出，卖了不少东西，重庆存的钱也用完，还生恶性疟疾病倒。考虑到财务危机，凌叔华开始琢磨换钱的法子，希望陈源能带些鱼肝油片或别种补品，或是袜子一类，用以换钱。

7月25日，小滢致信陈源，告知凌叔华疟疾已好，不必惦记。但是因为搬家忙碌，所以还没大好，很疲倦。

8月3日，凌叔华至袁昌英家，与昌英谈起许多太太的性格，说“女人有两种：一种有野心而浮躁；一种没有野心而沉着，所以女人总做不出大事来”。[377]

8月4日，杨静远把新写的小说给了凌叔华，凌叔华没有看，回家同小滢说，静远“写这些男女事情的小说一定写不好”。[378]

8月11日，陈源找出凌叔华所写《谈合作画》一文，重新打过，略作修改。周鲠生提出了一些可以讨论的地方和文字应该修改之处，并提议不登*Reader's Digest*[1]，改投《纽约时报》。陈源认为可以先给胡适看看，用快邮寄一信给胡适。[379]

8月14日，陈源收到熊汇苓6月24日的信，知道家中平安，很欣慰。但是一直没有收到凌叔华的信，也令他很烦扰：“从五月一日到六月二十四日，这五十多天叔华不会不写信。信到哪里去了呢?”[380]

8月16日，陈源收到熊汇苓6月26日的信及凌叔华短信，知晓凌叔华患疟疾之事，疑惑为何“她自己早没有信来”。[381]

1　即《读者文摘》。

8月17日，陈源继续修改和打凌叔华所作的《谈合作画》一文。

8月18日，陈源收到凌叔华6月20日写的信，知晓凌叔华花八九千元盖小楼。继续打字、修改凌叔华《谈合作画》一文，打了四页半，终于打完。

8月19日，凌叔华致信陈源，希望他能给她们提供一些医疗物资，如“维他命B针”。

是日，陈源继续整理凌叔华所写《谈合作画》一文。

9月3日，凌叔华致信陈源，:“今天我们收到你信，真是惊喜欲狂，小莹用力推我几倒，两人抢着先看。这是我们唯一的希望。”信中，凌叔华与陈源分享自己的新居生活：

> 此间新雨后窗外龙荪已高过楼顶，今早我种了一片大萝卜，打算找人来种种白菜之类，大约差不多够吃一年了。院中种了好几堆芋头（红嘴的）中秋可望收成，可惜你不在此，你是很爱红糖煮芋头的！不知我告诉过你没有？我们把院子推出去几尺，所以我可以种东西……种了十几株芋头，长得非常好，由楼上望下去像是荷叶，一片绿田田的，中间种了几株各色万寿菊，两三株月季花，点缀点缀这一片荒园也是好的。说来可怜，山上十二家，只有我们家还有点花看看。

其时，驻乐山的警备司令韩文源与据闻是何应钦侄女的复旦女大学生订婚，吴学义请凌叔华绘制当地风景画，他与杨端六、苏雪林、方欣安出钱装裱，算是五人贺礼。凌叔华完成六尺整宣《嘉州风景图》，并题诗一首：

今日乐上乐，携手凌云游。
江水碧于玉，江风清且柔。
百鸟双双舞，青山点点浮。
将军指日平倭寇，携卿同去访莫愁。

不过贺礼虽备，新娘落跑，最终喜事未成。[382]

9月4日，陈源与许笃生会面，得知凌叔华搬家去万佛寺，因为底下人发生问题，有两天在刘家吃饭。陈源为此十分忧心："不知是否陈妈去了。如陈妈已去，搬家时一定很困难。现在过日子一定也困难。"关于物资，陈源也有牵挂："笃生又说米已涨到十五元一斤。我动身时只三元一斤。半年间涨了五倍。这真是与马克差不多了。幸而发米，不然真要饿死了。"[383]

9月5日，胡适拜访陈源，在凌叔华的手卷上又题了一首诗。[384]

10月2日，凌叔华致信陈源："这两日忽然起风，天很冷，夜来淅沥寒雨，三更醒来每每睁眼到天亮，……有两次我梦见你在家中，醒来忆两句词——不知谁的，'梦里相逢应不识，尘满面，鬓如霜。'新来我是白了不少头发！"[385]

又谈到为维持家用，准备出卖家中用品及家具，卖掉一瓶鱼肝油精，昨日又送走一批瓷器。

10月11日，凌叔华致信陈源，谈起小楼，充满欣慰："起了一座小楼，花了近万元尚不后悔，因为没有这一间房，东西无处放，每天想片刻安闲光阴也没有，一个人能活好久，一天有一点半点钟看玩山水草木，性情也要平静些。好在此时一万元只值得一件大衣之价。我觉得只能住一年也未始不算合算，像沈性仁那样苦到死也就真不值。"[386]

至于家庭用度，凌叔华也感慨道，好在她热爱花钱购物，现在生活拮据，寄卖所已成了习惯常去的地方。还是提醒陈源有机会多带鱼肝油精接济她们。

10月19日，陈源在日记中写，在哈佛大学访问的某晚，返回住处途中在月台等车的时候，遇到一位老妇人，问他们是否有在燕京大学读过书的学生，陈说太太凌叔华就是，原来老妇人是Miss James，正是凌叔华在燕京大学的英语老师，《月宫女神》正是她导演的。

11月25日，凌叔华致信陈源，告知收到北平房租，冬日获得重要补给。对凌叔华而言，北平房屋除了房租，还是精神家园："如小莹有你看管，我在哪里都一样。如外国生活不易，退回海甸菜园中过，我也知足的。"[387]

是月，凌叔华创作散文《山居》，描绘新居环境，虽然因为陈源出国，终日无人，但"一个人走出走入，不觉得冷清"：

早晨坐在灶下烧粥，偶然望到外面朝雾笼着远近山头，篱笆外的竹丛下不知何时长出不少高高低低的新枝……同小滢吃过早饭，她上了学，我便将洗碗锅的油水浇院中种的蔬菜，顺便打点窗口外几株菊花。说来好笑，我的种菜，有大半理由为的欣赏它的颜色……扫地洗衣时我很兴致地诵读陶渊明的诗……我觉得最享福的是午后沏一壶茶，坐在万绿丛中自由自在的读我心爱的书，写我所要写的画，这是神仙皇帝该嫉妒的意境，我在这时常不禁油然漫诵石涛的“年来踪迹罕人世，半在山乡半水乡……”我是个生有山水癖的人，战争原是该咒诅的，但这次神圣抗战却与我这样幸福，使我有机会与山水结缘，我该感谢谁呢？[388]

是年，凌福彭迁葬于大北岗，其碑由祀子凌启恂、凌启淞及孙凌念本、凌念赐、凌念曾、凌念珠所立，刻“清授光禄大夫考润台府君墓”。[389]

· 1944年　44岁

6月6日，美英盟军于法国诺曼底登陆成功，巴黎解放。

1月6日，凌叔华致信陈源，表达思念：

> 今夕有些微月光，风寒如剪，晚上吃糯米煎饼时我同莹都想念你。我说今晚的饭，爹爹该羡慕我们了。你的冰结凌也许已经厌了吧？吃过饭后我上了小楼给你写信，在这料峭的黄昏，不知为什么特别令人怀旧，使我想到干面胡同及珞珈山的一串值得珍惜的日子，此时回想真有仙凡之隔了！[390]

1月27日，凌叔华致信陈源，因为武大教授黄方刚的猝死，引发凌叔华对乐山物资缺乏之悲剧与恐惧，一切都是生活所迫："大家均说学校不如先囤积几份棺木，省得临时挪不出款来。据说近来连新埋的棺木都有人偷走！"[391]

2月8日，苏雪林为小滢留言：

> 前人看见杜工部儿子的诗，叫人送斧头要他斫断手臂，免得天下诗名又归杜家独得。我看见小滢的作品，并不想送斧，只希望她能打破名父母之下难乎为子的成例。
>
> 雪林　卅三年二月八日[392]

2月26日，凌叔华在日记中谈到，如要出国，有必要在国内开一次画展。据陈烈所藏凌叔华日记，她有不少取材当地的构思，例如峨眉山的《金顶图》，乐山的《嘉州之春》《岷江之晨》《岷江上的鱼鹰子》，还有男耕女织、家庭作坊等当地日常风情。

3月14日，陈源离开纽约，次日抵达多伦多，晚饭后给凌叔华和小滢各写一信。

3月21日，陈源乘轰炸机从加拿大蒙特利尔空军基地起飞，24日抵达英国，25日抵达伦敦，创建“中英文化协会”。

3月29日，陈源写信给凌叔华，注有编号37，是给凌叔华的第37封信。

4月4日，陈源和萧乾在伦敦会面，萧乾希望凌叔华来伦敦，提倡一下文学艺术，但陈源说他已经很思乡，最多一年便要回国。

4月27日，凌叔华致信陈源，再次嘱咐如果有人回国，务必要托其带药。但也发现其他可以变钱的法子，比如带钻石戒指：“现在川人有钱的也考究带钻石戒子，一支真钻可卖十几万元。如你回时千万拿你剩下的钱为我们买两三支大小不一的戒子（白金的）。在战前我晓得有三几十元美金，可以买到很不错的戒子了（这是淑浩告我的），望你寄点钱托刘笃生（刘廼诚）或桂质廷代买两三支带回，这比任何物都轻便可带，如此你可以救济我们一下……你说我因汉口存的首饰失掉心中十分悲伤，所以托他们带回安慰我一下。”[393]

是月，在《当代文艺》发表散文《山居》。

同月，在《风雨谈》“现代女作家书简专辑”发表《致编者信》。

5月14日，威尔·斯彭斯爵士（Sir Will Spens，1882—1962）告诉陈源出国最好与妻子同出，这样两人可以有相同经验，将来不至于意见相去太远，做人做事都方便。但陈源认为，女人出来更不容易有社交生活。

5月18日，曾在汉口相熟的牧师沃尔布里奇夫妇（Wallbridge）拜访陈源，[1] 表示希望凌叔华能来英国，凌叔华的英文说得好，可以出来做文化工作。

5月19日，小滢致信陈源，告知生活近况。武大今年已有三位教授去世，此时医生出诊要六百元之巨，已不敢生病，所以她们是日打了防疫针，以免再病。生活上“不用人，中午只吃一餐，晚上或白炒一下，或吃稀饭，早上乱吃一点也就够了”。[394]

5月23日，凌叔华致信陈源，告知方重将受李约瑟之邀，赴英国讲学，提醒陈源千万留心方重。同时，再次谈到可在美国置物换钱的谋生之法，例如上月谈到的戒指，以及金表、自来水笔、鱼肝油精等。

5月26日，陈源与陶育礼教授见面，取凌叔华托他带来的几幅画。陶育礼分享他在四川的经历，说凌叔华招待他十分优渥，带他去对江山中野餐，乘船回来的时候看到渔舟上有鸬鹚，深表赞叹，第二天凌叔华就画了一幅渔船送他。下午回家，陈源

1 下文简称“华家”。

看凌叔华的画，是大小不等的五张山水、五张花卉，对凌叔华才华实有欣赏之意：“Dodds称为very pretty，他不懂中国画，这不仅pretty也。”

6月2日，陈源给凌叔华写信，编号41，为第41封。

6月6日，方心安为小滢留言：

会当凌绝顶，一览众山小

小莹天资颖敏前程远大书此励之

心安

一九四四年六月六日[395]

6月15日，沈从文致信小滢，谈到几次与小滢见面的印象，一些个人趣事，以及昆明文化界朋友的生活状况，后被凌叔华以“给小滢的信”为题发表于1944年8月11日重庆出版的《文化先锋》第4卷第1期“文艺”栏。

6月27日，袁昌英在小滢的纪念册上留言，内容为雪莱的《致云雀》：

Like a poet hidden

In the light of thought

Singing hymns unbidden

Till the world is wrought,

To sympathy with hopes and fears it heeded not

a verse from Shelley's Skylark

To my god daughter, with love

Your god-mother[1]

同日，杨端六为小滢题字：

一支可爱的花得着日光雨露的调养自然会繁茂起来。

滢季干女儿赏玩

端六 三三、六、二七 四川乐山[396]

是月，王世襄在李庄营造学社做梁思成学徒工，凌叔华致信王世襄，说如能请假两三周，可在乐山相见，因乐山有故宫库房，或可一见南迁文物。王世襄乃从，到乐山拜访凌叔华，并为小滢留言。因刚见面，小滢就说燕大果园好，故王世襄为她作抒情诗一首：

瓜脆枣酡怀蓟国，橙黄橘绿数嘉州。

故园漫说西山好，何似乌尤一髻浮。

小滢每念勺园旧居，诗以解之即希粲正

甲申六月　王世襄[397]

1 像一位诗人，隐身/在思想的明辉之中，/吟诵着即兴的诗韵，/直到普天下的同情/都被未曾留意过的希望和忧虑唤醒。/摘自雪莱《致云雀》/给我亲爱的干女儿/你的干妈（诗句采用江枫译本。——编者）。

7月20日，顾如受青年团委托，至袁昌英家，想找昌英、苏雪林、凌叔华等合办刊物，由青年团每年补贴四万元。

7月24日，与袁昌英谈起编杂志的事，表示不热心，因为“这是青年团办的，名称又叫什么女青年月刊，一定没人看”；而且“这是属于团的，一般清高的作家都不愿意在里面登文章，弄到后来，拉不着稿子，来来去去都是她们三个人的名字，读者当然不爱看了”。[398]

约是月，凌叔华为武汉大学工学院院长余炽昌之子余枢纽纪念册绘一棵白菜两株稻穗，题词:“稻穗黄，充饥肠。菜叶绿，做羹汤。万人性命，二物担当。几滴湡湡墨水，一幅大大文章。”

8月11日，沈从文《给小滢的信》在《文化先锋》刊出，凌叔华另为小滢代写“附志”，沈从文对此十分不满。

8月23日，陈源写信与凌叔华，编号45，为第45封信。

是月，袁昌英著《法国文学》出版，在序中致谢苏雪林、凌叔华及杨端六:

> 苏雪林先生替我校阅全部原稿；凌叔华先生替我写美丽的封面；杨端六先生替我抄录一部分稿子。这许多帮忙，均是我所异常感激的；特此表示十二分谢忱！[399]

9月10日及11日，陈源给凌叔华和小滢写信。

9月12日，威廉姆斯（Crwys Williams，1875—1968）来陈源

处拜访，陈源展示凌叔华所著书籍。

9月14日，中秋节，凌叔华作七言绝句《中秋》三首，书于印有“双佳楼”的特制宣纸信笺上：

中秋　卅三年在乐山

冷酒低酌独倚楼，自怜寂寂又中秋。
匝天烽火月光好，应照人间万种愁。

秋日自遣

浩劫余生草木青，看山终日未忧贫。
忽惊雁阵来天外，渐觉秋声入耳频。[400]

又

三间破屋隔红尘，物外萧然寄一身。
肠断故园当此日，菊花如锦上林春。[401]

苏雪林的评价是，第一首和第三首过于消沉，第二首很有新意，“浩劫余生草木青，看山终日未忧贫”尤佳。陈源的朋友也称赞该首，评价“忽惊雁阵来天外，渐觉秋声入耳频”不错。[402]

9月15日，陈源与朋友帕克（Geoffrey Parker）会面，展示凌叔华的小幅画，认为帕克鉴赏力很不错。

9月16日，沈从文致信胡适，提及“叔华也写了个长篇，似未完工”。

9月21日及22日，陈源写信与凌叔华和小滢，编号47，第47封信。

9月27日，见袁昌英和美国回来的刘廼诚。

秋天，武大校庆，凌叔华献上《水仙》长卷，时为武大学生的孙法理日后回忆："凌老师的画力求从淡雅上把捉气韵，不设色，不滃染，满幅清丽的叶与花，脱尽尘俗，似乎是供人焚香清赏的那一类。"[403]

10月2日，凌叔华致信陈源，谈到老友皮宗石的儿子皮公亮逃难到乐山，见其惨况内心感伤："一路借旅费，方到达重庆。公亮立在火车内三日三夜，风吹雨打不敢下去买吃的或上厕所，三天只吃了一个鸭蛋！幸亏身体还好，他比以前懂事多了。此时住大学借读，湘桂逃难的人，一路吃食均成问题，有一太太一只金镯只换了一餐粗饭。过河一张票，竟要千元一人，但金子要五百元一两。"[404]

是日，陈源开会，与一位在燕京大学教书的"Miss Wood"（伍德小姐）交谈，但这位伍德小姐1926年才去燕大，所以没有见过凌叔华，也不知道她的名字。[405]

10月13日，凌叔华致信陈源，提到目下日子难过，想携小滢出国：

这几天凄风苦雨，真是象征我们的苦恼日子。我已有半个多月未曾睡过三个整钟头觉了，白天忙碌衣食，劳苦之外加上凄惶，如此熬下去大约我最多能活一两年便不中用了。死倒不怕，我怕的是病痛！为此我想来想去，为了小莹的求学，再不能在此黑暗角落蹿下去了。

学校腐化一天比一天甚……我想你可以不回国便不回也好。我现在还想法自费出洋留学，你可以同适之商量在美方大学找一研究或教授位置再住一二年吗？请你同他商量，至少为了小莹，你可以这样做。此间不回来看也好，看了叫人头痛心酸，许多黑幕讲不胜讲……我在一年半已经消瘦苍老了十年，生命经不得再折磨了。……我与小莹现在已决意积些钱（靠变卖东西）预备出国去。[406]

10月19日，陈源写信与凌叔华和小滢。

10月21日，凌叔华致信陈源，再次陈述希望陈源在美国找事，不要回国。

10月26日，陈源回信凌叔华，表明自己的看法，在日记中记道："华说她从前希望我早回，现在则希望我不回，能在外找到事做最好，战后她决定出国留学。我与她写信，说如要出国，现在比将来好，要是能想到办法，申请到出国护照及外汇的话。如申请不到，我劝她到南开去教书，如此将时间精力花费在园艺或图画上，而不在做饭洗衣裳。小莹也可换一好学校。不过莹今年的教员较好，桂太太教英文，张远达教数学。"

是日，陈源去Selfbridge百货商店买了些小日记本，寄给凌叔华和小滢。

10月28日，陈源接到袁昌英信，说希望陈源能帮她运动参政员。也提到凌叔华希望陈源在加拿大、瑞士或澳洲做公使，还托杨端六向王世杰说。陈源颇感无奈：“这真所谓‘热昏了’。我这人如何可做外交官？雪艇也如何能荐人做公使？岂不是笑话？”但陈源也能理解凌叔华此举之心：“兰子说叔华‘近来越来越瘦’，也实在可怜。可是有什么方法让她们出来呢？”[407]

11月7日，陈源收到凌叔华10月13日的信，认为凌叔华打算考留学是可行的，但小滢如何出国，依然是个问题。

11月10日，凌叔华致信陈源，坚决表示要来英国或去美国。

11月11日，陈源继续思考凌叔华来英国之事：“她来后对我的工作，大可帮助，尤其对于中国的画，与中国妇女，可以宣传。应与雪艇等写信一谈。”[408]

11月14日，陈源与萧乾约吃饭，萧乾劝陈源将凌叔华接出来，她可以卖文、卖画，可以作演讲，介绍中国画、中国园林等。

是日，凌叔华致信胡适，谈到自己去年患上胛（甲）状腺病，医生说很多人因此病死，而她本人特别缺乏抵抗力，医生劝服碘质水，又服新药，均没有效果，医生说只有“迁地为宜”。凌叔华认为沦陷区既不可去，美国是合适的去处，可以治病，也可以在战时做点事，想请胡适帮她在美国谋一职位，在大学找一教职更好，即便是教国语，她也十分愿意。凌叔华自荐道：“我自认比一般妇女（结过婚的）为努力。这十几年我未抛过我写文章的笔，也未放下我的画笔。”至于适合的岗位，“文学不论新旧我都可以担任，此外中国艺术，我也用不着惭愧，胜任无疑的。我画过二十年画，参加过十几个画展，在北平故宫博物馆（古物陈列所□□□□□）我担任专门委员四年（只有四人），我在那里深切地研究过宋元明清的画，画了四十人的手卷八个，册页轴子不计其数。王雪艇先生曾在上海介绍我时说过：这是他知道的唯一对国画学尽最大努力的人”。

凌叔华强调："通伯告我说，适之是最爱朋友的，他如能为力，一定不会袖手。所以我同你直说一切，望你快些代我设法。"

信末，叔华有简历为附：

凌叔华，字瑞唐，一九二四年燕大毕业（外文系）。

著作出版者有《花之寺》（新月书店）、《女人》（商务文艺丛书）、《小哥儿俩》（良友文艺丛书）。此外短篇小说及诗，艺术散文散见《北斗》《晨报》《大公报》《现代评论》《新月月刊》《武汉文艺周刊》。抗战后则为《文学创作》等刊物。

计一九二七年在燕大教中国艺术史及中国绘画一年，曾任《现代评论》文艺编辑一年。一九二九—一九三四年在北平古物陈列所任专门委员。一九三五—一九三六年任武汉日报文艺编辑。

在英文刊物发表的有：Chinese Journal of Art and Science，The Goddess of the Han（一九二四），在《天下》有短篇小说（一九三六）。

从一九二三年到一九三七年，曾先后参加国画展览会十二次。一九二四年曾参加日本东京东洋名画展，一九三六年南京全国美艺展览会。同年汉口亦有中画展览大会，其余在北平武汉展览会甚多，不必列举。[409]

11月16日，陈源给王世杰写信，提议让凌叔华来英国帮助工作，同时也可以演讲艺术。是日，写信与凌叔华，并将给王世杰的信也抄了一份同寄。

11月17日，凌叔华去重庆寻求去美国的机会，杨静远去家里陪小滢睡，直至凌叔华回来。

12月1日，小滢与同学郭玉瑛、杨衍枝写下血书，誓要参军抗日。袁昌英和杨端六劝她放弃。

12月3日，小滢致信陈源，说与同学郭玉瑛、杨衍枝已于1日报名投军："去，并不一定死，若是死，也是光荣的。"又说："若是我死了，你们将是多么的悲痛。""前夜，我一夜没睡着，也是这个。"

12月4日，杨端六为小滢报名参军之事，致信三民主义青年团，称其"现年只十四岁七个月，不合资格。又其父母现均不在乐山，本人受其委托，不得不代为声明"。

是日，凌叔华回乐山，说重庆很乐观，人们都很镇定，一点儿没有慌乱的现象。

12月7日，陈源与华家夫人吃饭，谈起凌叔华和小滢来英国之事，华家夫人说会设法向东方语言学校交涉，请凌叔华来教书，这样凌叔华应该可以出来。

12月18日，陈源接小滢11月23日寄的信，拆封后发现没有凌叔华的信，才知道凌叔华已于17日去了重庆。虑及小滢一人在家，陈源十分感慨：“晚上有静远去陪她睡。早晨自己烧火做点心。中午晚上都到杨家去吃饭。现在甚是大了。”[410]

12月20日及21日，陈源给凌叔华写信。

12月25日，陈源收到凌叔华11月28日自重庆发的信，说想设法到美去教中文。如果英美都不能去，便要回北京。因为在重庆找事不难，找住的地方太难。

12月27日，陈源给凌叔华写长信，并做了明年的日历，之所以要自己做，是因为可以把家信的号数标在上面。

12月30日，陈源接到小滢12月3日的信，称信很长，“充满了孩子的浪漫的爱国热忱”：

> 当然军队不会要她们。可是这信使我好久都怅然若失。[411]

12月31日，陈源到华家赴宴，再次提到小滢报名参军之事，家中孩子都非常惊奇，华家夫人说这种思想英国小孩是没有的。

· 1945年　45岁

8月15日，日本正式宣布无条件投降。10月10日，国共签订《政府与中共代表会谈纪要》(即《双十协定》)。

1月5日，陈源在大世界请杨莲心夫妇、黄大利及李鹗鼎等朋友吃饭，陈源给他们看小滢的照片，说起小滢从军之事，也展示了小滢的来信，黄大利等请求将小滢的来信摘录登在《中华周报》。

1月6日，武汉大学收到美国援华会汇来的“战时生活困难补助”赠款，每位教授发到八万元，陈源和方重因长期不在校，没有派到。袁昌英和杨静远说，凌叔华没有被派到钱，而杨端六是救济金委员会三位顾问之一，故与昌英怄气。

1月9日，凌叔华致信陈源，告知美国援华会赠款没有得到的事，生很大气，责备杨端六没有帮忙。

1月18日，英国出版的《中华周报》刊登小滢写给陈源关于她报名从军之信。

是日，陈源写信与凌叔华，编号61，第61封信。

2月1日，陈源接王世杰来信，说他与吴稚晖都劝凌叔华来英国，但凌叔华要去美国，已经在做准备。陈源不明就里。是日，写信与凌叔华，也拟信给王世杰。

2月2日，凌叔华致信陈源，告知出国安排：“盼你接此信后速去进行，为小滢在东方语言学校谋一义务教员事，与彼说明只需他们出一电报来邀请，到了英后我去教一年书尽义务均可。”[412]

是日，陈源听方重提到美国援华会赠款之事：“每一人送了八万元。只有我们两家没有。叔华与方太太即去质问王抚五。叔华说我在武大，虽无功，也无过。王说我们两人不在学校，而且两位太太都很能干，生财有道。方太太她没有做烟土生意，如何生财有道？”陈源托回国的桂永清带生命素送凌叔华和其他朋友。[413]

2月5日，陈源收到凌叔华1月9日的信。

2月8日，送杨静远生日礼物：一件乔其纱夏衫，一个夹论文的纸夹。静远称“有生以来没穿过这么好料子的衣服”。小滢送了静远一个小本子。[414]

是日，陈源写信与凌叔华，编号64，第64封信，并将小滢的信译出。

2月13日，萧乾因失眠，到陈源处睡，谈起凌叔华来英国的问题，说东方语言学校经费紧张，多请一位教员颇有困难。也许可以商量不以年薪计酬，按教书钟点计酬。

2月15日，陈源写信与凌叔华，编号65，第65封信。

2月25日，陈源借三百镑与华家，购买位于伦敦Fairfax Rind十二号的一座小楼。不过虽说是借，陈源计划日后自己可以去住，即便不住，也可以出租换钱，或等凌叔华、小滢来英国住。这笔钱日后引发凌叔华与陈源的争吵。

2月28日，凌叔华致信陈源，告知开始收拾行李，并变卖私物，将在十来天后参加黄方刚太太的拍卖会卖衣物。此外，也开始卖黄金换美储券，方便携带。凌叔华想画一些画，尤其是小孩子，休战的时候人们一定会很容易感动，可惜暂时没有余暇。

3月6日，陈源接凌叔华2月2日来信，得知凌叔华希望萧乾与东方语言学校商议让小滢教汉语，陈源十分反对："这未免太儿戏了。这是中国心理，以为什么都可敷衍，不知英国人是不能说这套的。"他与萧乾电话讨论，萧乾也认为不妥："他说不但这万万不可说，而且不要叔华进行东方语言学校事，因一答应则需有二三年束缚也。"[415]

3月9日，凌叔华致信陈源，陈源接信后说，满纸都是牢骚。

3月12日，萧乾致电陈源，说他请爱德华博士吃饭，[1]谈话中提起凌叔华，介绍她又是画家，又是小说家，能白话又能文章，说北平话，又说广东话。说她打算来做游行演讲工作，未免可惜。爱德华博士提议请她教书。

3月14日，陈源拜访萧乾，萧乾说起东方语言学院不久要开校委会，劝陈源将凌叔华的画借一两幅去看看。陈源送去两幅画、一本《小哥俩儿》、一本《中国当代小说》（*Contemporary Chinese Stories*）。

3月19日，陈源与画家拉什比（Rushby）夫妇会面，得知他们有一个14岁的女儿，自己做了一本诗选，还有中国诗多首，每页都画了画，很有幻想。陈源提出希望她与小滢通信，他们

1 应是指英国文化教育协会（British Council）的克里斯托弗·爱德华（Christopher Edwards）。

也很愿意。

3月26日，陈源接凌叔华信，说如果父亲去信请求，说母亲在国外做事，则子女可以带出，希望陈源能够去电或去信作此说明，让小滢得以出国。陈源对此深表怀疑："她不想她还没有事，我如何能去信？"[416]

3月27日，陈源接王世杰、杭立武信，说出国的条件，必须国外邀请，所以凌叔华出国的事情还在商量中。说英使馆如果加设文化参事，由陈源担任，也许推进工作会比较容易。

是月，朱自清在嘉定创作《论自然画与人物画——凌叔华作〈小哥儿俩〉序》，以作画论作文，评价凌叔华"写小说像她写画一样，轻描淡写，着墨不多，而传出来的意味很隽永"。

4月12日，陈源写信与凌叔华，编号73，第73封信。

4月16日，凌叔华致信陈源，谈及投资黄金失败，并告知四川省教育厅厅长郭有守向她索画。

4月21日，小滢生日，请了杨静远、宏远、葆熙及刘迺诚夫人来家吃饭。杨静远送小滢一个大的樱桃派，宏远送了一支自来水笔，葆熙买了一些花生。后来小滢的同学方克强等亦来家玩，"虽不知道我生日，也可说是贺生日般的热闹了"。[417]

是日，陈源接到凌叔华4月初的信。

4月26日，熊式一拜访陈源，说琼斯·杰克逊（Jones Jackson）在翻译中国小说，中间有凌叔华的一篇。

5月3日，陈源接凌叔华信，说凌宴池来信告知，汉口被焚，凌叔华的保险箱被抢出，但不知去向。所有收藏都没有了。

5月9日，凌叔华得知陈源借三百镑与华家买房，写信怒斥陈源，称袁昌英也替凌叔华气恼：

她目见我在此拍卖东西，许多人帮忙，自己疲乏得不成样子，结果只有三十万，恐怕连家中所有都出卖光了，也到不了三百镑钱，现在也卖了所有能卖的东西了，还不到百镑之数。我们先日又拍卖了两天，加入别人家的拍卖，把余下所有布类卖光了，只合到六万元，可是我同小莹站了两整天，前后几天不得好睡，还得东谢人家，西谢人家。六万元只合到二十五镑钱，你看惨不惨！……我们新近因肉已涨到三百元一斤，鸡肉已五六百一斤，肉不能多吃，已有好久不吃鸡肉了。现在每天半斤肉，再加蔬菜，便需四百元菜钱。牛奶早已五十元一杯，两杯亦要百元了。一天五百须拿出来的，一月便须一万五千元了，还不算糖、酱油、油类、柴火、点心、米面，加上这些项，一个月至少亦得花三四万元，学校收入，仍是八千几，连米贴共一万三四千元而已。参政会新近一个月加到七千五百元也不济于事。现在女工一个月工资，亦要二千元了。所以我天天得打算出卖东西。心里想想，如若你可以省一点钱下来，将来日子还不至太难过，战后日子还是苦的。不意你并未打算省点钱，我们在这里节衣缩食地苦熬，你似乎也不觉得。我真不明白你为什么那么大方，能轻易借三百镑与人？她不还你，你难道好起诉吗？我同小莹要去英，难道你不要留些钱给小莹做旅费，做学费等等吗？华家人口多，又无正当职业及收入，他们几时可以还呢？……我们与华家没有什么了不得（的）关系，也只是泛泛之交，你就能如此大方借与人钱，却毫不为我们打算！（你自己生活一切当然比我们好得多了）你似乎还很爱自己的女儿，为什么不为她打算一点呢？现在汉口的东西已烧光，我的此间东西也卖光，北平的屋子现在也收不到租，将来回去还一定得花钱修理。上税上捐又都得需钱。你看我们苦苦的全数出售此间的财产也不到二百镑钱，将来去渝去英又得全部花光（只有千元美储券而已！！）。你若不能拿出钱来，我们怎样过？过去我手边还有钱贴出来用，这三年来天天当卖，已经早就光了……看《儒林外史》的杜少卿下场！[418]

5月14日，陈源接到凌叔华4月16日的信，谈到他的十六箱书没有下落，凌叔华又常常有“blackout[1] 的毛病”，会短暂失去意识，陈源十分发愁。

5月18日，陈源致信小滢，说起从去年冬天起，写信就很规律，大使馆每周六早上有外交邮袋寄往重庆，所以星期四和星期五便要赶着写信。

5月19日，凌叔华致信陈源，告知与人卖东西，丢了贵重布料。

1　暂时性昏厥。

5月27日，凌叔华致信陈源，再次谈到经济问题，也可见她对生活质量的要求：

> 你做梦都想不到，我们大家此时都常常用一二千元过一天，柴米油盐不算。昨日我上街买了一斤鱼四百八，一斤肉三百，七个小面饼二百一十，此外小菜买了三百，水果买了二斤五百。这也许可以吃到明天，但明天小菜还得买二百元方能过下去。这是非常阔的一天了，但还未算早上牛奶及白糖呢，如加上牛奶、蛋，又是二三百元了。天是闷热，一边写一边流汗，蚊子四面叮人，蚊烟香十支百元，一天至少要点四五支。要上街寄信，还要买香去。这几天雇了一女佣十六七岁，每月工资二千二百元，还得答应下月加钱方肯做。她吃三餐饭就得不少米及菜，不过夏天没有人是不行的。[419]

5月28日，陈源接凌叔华5月9日信，知晓凌叔华对借钱给华家很不高兴，但他并未辩白或解释。

6月5日，萧乾告知陈源，他接到爱德华博士的信，说他们现在教的学生多为军人，教员由军部供给。学校不必请人，暂时无法推进凌叔华来教书一事。陈源也十分沮丧："这又没有希望了。"[420]

是日，陈源请陈纪彝、黄翠峰吃饭，她们也说应该设法接凌叔华出国。

6月23日，凌叔华致信陈源，再次提到出国之迫切，质问陈源不上心，不明白陈源为何总误解自己：

最亲爱的，五月廿一的信昨日到了。不知为什么你总是没有看清楚我的信，这是第三四次了。（一）我上次请你写证明你在海外工作的信，是李惟果教我的，那也没有叫你撒谎，只是说你在海外工作，现在妻子又在海外工作，希望政府允许带小孩出去。李说得你在国外来信证明，你屡次可是扯到什么“捏造”“作假”的嫌疑，那是何必自贬。若是我如没有国外工作，也用不到你这一封信，你现在已否明白？你犯得着把自己的人想到这样下流，要你去“捏造”什么！？

你每次对于我提出一个问题或计划，总爱往坏处着想。这是什么原故？你想：我不是道地傻子，也不能算坏人，我不是不懂人情世故，为什么我会如此糊涂呢？我几时教过你做过假吗？几时教你沾过人家便宜吗？你也该记得，我这十几年来为了你的院长原故，自己吃了多少亏？……你常说的一个人坏不是一刻坏起的，难道我现在会变成这样卑鄙无聊？你太小看人了。说老实话，别人看不起我，我可以原谅，你竟会如此小看我，我不能原谅你。就说我现在想到出国也不是我的非分妄想，多少阿猫阿狗不成材的人都可以去，为什么我这个像个样的中国人却不许去呢，况且我想去的原因，完全还是为的你的女儿！

凌叔华还由此想到旧怨:“我结婚第一年就得卖稿子拿私房出来过日子，我在那样穷困时也没有叫你沾过别人一点光，也没有错待过你们家中一个人或劝你不寄钱回家。”也将自己多年来事业受到压抑的委屈全盘道出:“只要没有贫困、战争压迫我，我能埋首作我的小说，画我的画，我的名字不会不流传下去，一二百年以后，（你）同我的名字，谁大一些，都还未可知呢？得了，你也许在抿嘴笑我可怜，没有自知之明。不过，你得看清楚，我是说的一二百年以后，人家不用查问我做过教授或院长或留过欧美，人家是看作品定一个人的!”

信中提及凌叔华最近收到印度画家波斯信，忆及泰戈尔访华时在凌叔华家的画会，称凌叔华所赠山水画作，至今挂于家中。并评论袁昌英新书《行年四十》，说读之毫无兴趣，小滢都不耐烦看，“可见学问及悟性还是要紧的”。[421]

6月24日，小滢致信陈源，提到给自己起了新名字“铁云”，是和母亲凌叔华一起构思的，意为“豪爽、耿直、义气”，以及“临危不惧”“临死不屈”。

7月3日，凌叔华致信陈源，谈到文学院情形复杂，陈源不善斗争，如此牺牲太可惜，希望坚定陈源不回国之决心。

同时，再次抱怨陈源对自己不信任:“你来信一次次说我叫你做什么，这次信又如此说，如若‘不是中国人，就要被人起诉了’云云，真令人啼笑皆非。你究何所指而如此说呢？我几时教唆你扯谎吗？……你知道我又没有神经病，为什么我要和你平白扯谎？……别太把我看低了，天啊，我为谁受的苦!”[422]

7月20日，小滢致信陈源，谈到身边长辈度日的艰难：“沈从文得挑柴、煮饭等，他描写自己，‘回到家去时，担着个担子，一边搁一筐书，一边是几束松毛柴火，及一个小炉子’。田汉现在亦得自己挑水，我想我们也快了，重庆挑水五百元一担！”[423]

7月23日，陈源接小滢信，说：“小莹这孩子真是可爱。她现在真有志气。”[424]

8月9日，陈源写信与凌叔华，说已有半个月没有收到信了。

8月10日，日本政府向苏、中、美、英四国请降，小滢与朋友上街游行，感慨大哭，凌叔华在家给陈源写信：

今晚八点后忽听鞭炮声，出去一问原来日本已无条件投降了，小孩子都大声吵嚷起来，要去街上看热闹（其实没有什么热闹），我也让小莹出去了，自己坐在家中收拾厨房，收拾洗的十几件衣服，收拾完心乱也定了，坐在房中发了一会呆，忽然泪如散线珠一般掉下来。

谢谢天，罪可受完了吧？战争把多少可亲可爱的人磨折死了，你的父母，我的父母（父是“九一八”后两个月死的），都完了，这是抱恨终身的事。咳，再不完，还有许许多多的人也没有了吧。天啊，真侥幸啊！你此时想什么？一定也知道这消息了吧！使馆里也许有点举动吧？你也许正在举杯庆祝吧？你再也想不到我独个儿还在洗碗洗衣，什么举动都没有！想到这战事真如一场噩梦，现在回想还在打抖。想到古人名句：剑外忽传收蓟北，初闻涕泪满衣裳。却看妻子愁何在，漫卷诗书喜欲狂。白日放歌须纵酒，青春做伴好还乡。可惜我们把青春都过了。[425]

是日，陈源与王云槐会面，云槐提到他走时凌叔华托他带信，他担心检查麻烦，放在情报部邮袋中寄，所以至今未到。凌叔华与小滢还是想出国，但依然不知如何解决。

9月4日，陈源接凌叔华8月10日听日本投降消息后写的信，信中又希望陈源回去，陈源表示困扰："她一时要我回去，一时又要我不回，已经变了很多次了。"

同日，陈源看了凌叔华《小哥俩儿》中的小说几篇，评论说"写枝儿的两篇特别好"。[426]

9月12日，陈源与郑晓沧会面："晓沧真是苍老得很了。……他不知道凌叔华是谁，说这名字好熟。"[427]

是日，李健吾在《文汇报》发表文章《咀华记余·无题》，谈到凌叔华："在现代中国妇女里面，有四个人曾经以她们的作品令我心折……一位是温文尔雅的凌叔华，像传教士一样宝爱她的女儿，像传教士一样说故事给女儿听。"

9月13日，凌叔华致信陈源，提及多年前在武大的委屈："任你比谁都强百倍，没有资格是不易找到差事的。同时我想做艺术家也没有机会深造，也没有地方给我发展。你做了文学院长十几年，没落下什么，你自己也是费力不讨好。我呢，工夫白垫在孤寂无聊，有时还得应酬一些俗人。"

但此时，她已经不想出国，只想回到北平，重塑往日生活：

日本已投降，我们是着急去北平比去外国的心更甚，这完全不是为了我个人，你可别只赖我劝你们，到了今天，凡在北平住过两三年的都想回去那里！你问问人，你会相信我没有吹。现在再不要谈去外国的事了，将来我袋中够钱，自己要几时去便几时去。我看去镀金的人以后也不成其为金色了。我很后悔我忽然忍受不住目前苦痛，觍然出来求人找事，许多人还会以为我要到国外享受去呢。若不是乐山这一群人的压迫，若不是我怕小莹变得怪僻，我也老不下这份脸子去求人。……

北平的房可喜没有毁掉，所以还可去住。北方天气一切都比别处为优，算来老天待我们还不薄。孟实那天喝醉了酒，一定要我答应他在史家胡同之屋让他三间上房。他怕找不到房子。朱氏夫妇待人接物都厚道，所以我也愿租与他们。我觉得他们这种人较之杨氏夫妇（杨端六、袁昌英）令人易近些……杨氏夫妇也把我们除外，我是硬人，开始就不想沾谁的光。请你同萧乾、今甫等讲我不想出国了，有工夫再去信告他们。[428]

9月18日，陈源致信小滢，说起给她带了一件安哥拉兔子毛的毛线衣，并解释往家寄东西的困难，回去的人只能带几十磅，自己的东西都不够。这次托的朋友是乘专机，所以才可开口。而且一切衣服鞋袜都得用券，他也没有太多券。

10月11日，陈源致信小滢，自省对小滢的教育和对家庭的责任不够："姆妈说得很对，自从你懂事后，我不曾担负了多少你的教育的责任。我们搬到乐山后，你上了一年学即去北平。你再回乐山后，不过一年，我又出国了。这七年之中，只有两年是在一处。所以现在我决定了，你们如不出国我便回去了。"[429]

11月1日，虽然想回北平，但考虑到当前的国内形势，以及与松冈洋右的旧事，凌叔华再次改变主意，致信陈源谈到出国打算。称钱昌照答应帮她离开四川，出国的话，可能直（接）求宋美龄。凌叔华谈到身边朋友大多靠不住："你的'绅士'友人如端六、兰紫、南陔之流，有事求他们，不但不帮忙还要打官话，我碰了几次钉子，气得头涨，如刘廼诚之流，他不但不帮一点忙，即最小限度的请求也遭拒绝（例如托他由学校带七尺布回来，他自己也带的，他也不肯）。学校的职员素日既毫无来往，现在你不在此，他们更懒得理了。挑水工人以及校工来一次要千谢万谢还要赏不少钱。劈一次柴便须二三百元，还常请不到。女工是偷得不像话，我怕连盘川都偷走，所以不敢请了。"

由此又抒发起多年逃难所受之苦："白天得自己做饭、洗衣、跑街（上山下山累死了！！）天没亮就起，打二更方上床也做不完，还得卖东西出去托人，真是有生以来也未受此苦。白天疲乏很了，晚上常常睡不着，昨天就是如此。想到结婚十几年，混到今日，竟落了只好做女佣的资格。"[430]

12月31日，凌叔华致信陈源，说叶公超建议把英镑换美汇，美汇票在中国特别值钱，换不到的话美钞也可以。

· 1946年　46岁

6月26日，蒋介石调集30万大军，向鄂东、豫南中原解放区发动进攻。全面内战爆发。

远东国际军事法庭开始审判日本甲级战犯。

1月6日，凌叔华与黄方刚太太、岷江和女儿小滢从家中出来，去往陈洪家的路上，偶遇周恩来与邓颖超，小滢在日记中记下了当日相会：

> 中午和姆妈、黄方刚太太从家中出来到二叔叔房时，看到李姨跟着一群人在石阶中间，忽然李姨招呼姆妈，过去一看竟有着邓颖超在旁边，穿着男子外衣，及深蓝色中山装，剪短的头发，神气勃勃地，脸呈健康红色。她与姆妈握手后，我注意到一熟悉的面影走了过来，“周恩来”，哦，在欢迎马歇尔的影片中不是看到了他吗？一个样子，穿了一件长的亮皮大衣，一件长袍，和蔼而又有气魄的微笑着，十足的学者态度。我惶惑了，邓姨却伸出手来和我相握，“真大了！”周恩来笑着转身向我：“这是你的姑娘吗？”亦伸手和我紧握，我一时想说许多话，但却都说不出来。旁边的七个人员——大约是中共的人员吧——亦都微笑点头。他们上了两部小汽车，挤着坐，一直到开车，周

恩来还在里面微笑向人点头。[431]

1月11日，凌叔华出国之事始终不定，小滢对陈源也充满怨言，说他不帮忙想办法。是日，陈源致信小滢，指出她们行事犹疑，如果要出国，为何又在设法去北京；交通如此困难，就算凌叔华实在有去的必要，小滢似乎无必要同去，实在劳神伤钱。

1月23日，陈源致信小滢，再次希望凌叔华和小滢能够做出决定，到底是出国还是去北平："我希望你能来英国。我今天已写了信与王伯伯、朱伯伯。[1] 我想姆妈如去交涉，该不至于太困难。只是你们自己得有决心才行。如一面想出国，一方面又想去北平，那自然就难办了。"[432]

2月28日，凌叔华致信陈源，为存在汉口大陆银行的财物发愁，代存洋行的皮箱内有狐皮、貂皮各种皮大衣，值三四百万元；首饰、书画及史家胡同房契最少也值五六百万。

3月17日，凌叔华致信陈源，谈到离开重庆后生活之艰难，已花费百万元。

3月21日，凌叔华致信陈源，告知离开乐山前办了一场小型拍卖会，将多余物件处理掉，帮忙的有袁昌英、苏雪林、胡梅贞、陆维亚，余炽昌、刘南垓、刘廼诚、叶娇、方壮猷太太。此外还有小滢的同学。

1　应指王世杰和朱家骅。

3月23日，陈源致信小滢，谈到凌叔华和小滢出国的经费问题，得知她们申请不到外汇，十分失望，好在后来教育部送了旅费，川资应没有问题，又感快慰。

3月24日，中华全国文艺协会北平分会在中山公园水榭成立，马彦祥、张恨水、盛成、周扬、光未然、徐盈、刘白羽、高兰、陈北鸥、凌叔华、齐如山等十一人当选为理事，子冈、俞平伯、沉兼士、杨振声、顾颉刚等五人当选为监事。并通过致总会贺电，五点散会。[433]

3月25日，陈源在日记中写："今天是华的生日。"[434]

4月1日，陈源收到凌叔华3月17日信，了解凌叔华和小滢离开重庆后的处境，担忧又无力："北平东西大涨，米粮一月中涨了十倍，她们离渝后已花了百万元。我不懂这百万元如何来？以后生活如何维持？出国事尚无消息。津浦路不通，也没有船。美国飞机又不卖票云云。我不懂，难道南北交通便断了吗？"[435]

是日，《大公报（重庆）》刊载北平二十八日所发专电：

> 中英文化合作推动者李约瑟，二十八日晚出席美新闻处之鸡尾酒会，并告记者一时不能返华，怅甚，愿中国学者能多赴英讲学，闻凌叔华女士即将应邀赴美。[436]

4月2日，陈源写信与凌叔华，劝凌叔华坐船来，可以省钱，多带东西。劝她不必着急，邀请凌叔华去比利时演讲只是让她出国的口实，不需要急急赶上。

4月21日，小滢生日，陈源托人买生日蛋糕，但是没有买到，说要买到好的，得在三星期前预定。陈源的房东太太请人定做了一个糕，算是生日蛋糕。[437]陈源带去与华家聚会，华家也做了一个蛋糕，为小滢庆祝。大家唱了生日快乐歌，陈源拍照留念。[438]

4月23日，陈源收到凌叔华的信。另又收到陈洪的信，说费了很大劲，护照弄到了。[439]

5月4日，陈源接凌叔华4月25日所写的信，小滢还寄了两张照片来。得知英国大使馆已经签字，但没有说什么时候打算动身，凌叔华说等买天津到上海的船票都要一个星期。

5月5日，陈源与华家讨论小滢到英国之事，华家夫人劝他先不要送小滢进学校，让她休息几个月，看看英国情形再送她上学。[440]

5月10日，陈源生日，“我一人在此，什么也没有，也没有告诉人。晚上总领事谭葆慎约了与他父母去看电影，先到饭店去吃面。所以算吃了寿面”。[441]

5月23日，凌叔华致信陈源，谈到从北平去上海之难，本来计划去天津买黑市船票，但内战频繁，怕铁路中断，回不了北京，不敢去。准备买机票飞上海。此外，房产处置也出现问题，老朋友王云槐原本发两封电报，嘱凌叔华一定留房，结果中途变卦：“我不是气他来回讲价，我是气他只图自己方便，不管人家死活……叫我短期内重新找人租房，你看难不难！”[442]

6月17日，陈源接小滢5月21日来信，得知凌叔华和小滢还在北平，不知什么时候去上海。

6月25日，陈源写信给凌叔华，说尚未得到她们的进一步消息，“甚以为奇”。他猜测除交通问题外，应该还有其他，比如房子一类。

6月27日，松冈洋右作为甲级战犯，在东京军事法庭受审期间病逝于监狱。

7月3日，凌叔华在天津上船。

7月6日，凌叔华到青岛，致信陈源告知行程。

7月9日，抵达上海。行前暂住女青年会，后又借住靳以位于江湾庐山村10号复旦大学教师宿舍的家。[1]靳以为小滢留言：

> 不为一己求安乐
> 但愿众生得离苦
> 这是一条大路
> 望小滢走上去
>
> 靳以　卅五年八月八日[443]

在上海等船期间，经济极为拮据，凌叔华后来写文回忆：

1　据小滢回忆，住在靳以家期间，萧乾曾骑车带她外出，差点被美军吉普撞，靳以知道后，训了萧乾一顿，萧乾像个窘迫的孩子，面红耳赤。

我永远不能忘记，当我同女儿走进饭铺，一看墙上价钱，菜饭一碗七千元，加肉二片三千元，我看看手里提的钞票袋子，常常扭头便走。有时女儿嚷饿不肯走，只好让她一个人独自吃饭，我坐在一边等她吃。[444]

7月20日，凌叔华致信陈源，告知因为没有船去英国，决定先去美国，已经到英美使馆签字，见到杭立武和王世杰夫妇。船是8月31日的，十四天可到美国，要在美国看博物馆等，9月底到英国。陈源7月30日收到该信，觉得凌叔华天真，不可能像她想象的这么快。

8月10日，凌叔华发航空快信与陈源，告知已订好船票，8月31日或9月2日起航去美国。

8月13日，凌叔华赴汉口，处理寄存汉口的财物，并回珞珈山怀旧。

8月24日，凌叔华在赵清阁上海寓所与许广平、陆小曼等女友聚会。几位作家分别为小滢纪念册留言：

为文艺，愿你（步）令堂的后尘；

为民族的复兴，愿你步历史巾帼英雄的后尘！

祝小莹小朋友成功。

赵清阁

卅五、八、廿四

多才多艺

博学和平

像我们的先生一样

小莹妹妹

景宋

最是那一低头的温柔；

像水莲花不胜凉风的娇羞，

道一声珍重；

道一声珍重；

那一声珍重里，有蜜甜忧愁。

陆小曼写与小莹妹一笑

小曼先生要你珍重，我希望你珍重，在这万恶的社会里是不能忘了“珍重”这两个字的！

小莹未见面的小友！

许瑾

35.8.24 于

清阁先生寓所[445]

上海期间，方令孺在小滢纪念册上题词：

见你的时候，你还很小很小，听说你现在长大了，希望你将来成为伟大的人。[446]

9月2日，凌叔华由上海公和祥码头乘麦琪将军号海轮，经美国转英国，同船有冯友兰、叶浅予、冯玉祥、李赋宁等。冯友兰在船上为小滢留言：

同舟共济

小滢属书

冯友兰

9月6日，冯玉祥与李德全为小滢纪念册留言，分别写：

小莹女史，君子有三要：要科学，要民主，要和平。

冯玉祥，三五，九，六

为正义不怕一切的往前去努力，只有如此才有中华民族的光荣！小莹小朋友，我最爱的，永忘不了的！

德全姨

10月4日，凌叔华在美国期间与妹妹凌淑浩、妹夫陈克恢团聚，凌淑浩与陈克恢分别为小滢留言：

立志必要高尚，求学必求本根。

姨淑浩写于美

1946年10月4号

前途远大，立志就成。

陈克恢书[447]

10月16日，在纽约与赵元任、杨步伟夫妇见面，二人在小滢纪念册上留言。赵元任的留言选自英国作家路易斯·卡罗尔（Lewis Carroll，1832—1898）《走到镜子里》，赵元任翻译成“特别怪的中文”，用了自创的“中文里没有的字”，在旁边加了注音符号。杨步伟的留言是：

读好书

说好话

做好人

行好事

赵杨步伟[448]

11月29日，日本《每日新闻》刊载《中日女作家座谈会》记录，问及冰心推崇的中国作家，冰心答：“鲁迅、老舍、巴金，女的有雪林以及来过日本的凌叔华、新进作家沉樱等。”[449]

是月，凌叔华抵达英国。

是年，小说《等》选入赵景深、孙席珍编，上海百新书店出版的《现代中国小说选》。

· 1947年　47岁

国共内战加剧，台湾爆发“二二八”起义。

1月，瓦内萨致信凌叔华，谈到两人初次会面后的感受：

> 在多年通过书信对你有了深切了解之后，我终于与你见面了，这是很奇怪的事情。我仿佛处于一个虚幻世界中，对自己所感受到的难以言表。经过这么长时间，如今我已经接受了没有朱利安的生活，并且仍然试图从中获得某些东西——我认为你的出现让我再次感到，我是多么需要他。[450]

是月，凌叔华由英国赶往巴黎代表中国参加世界妇女公民协会，结束后返英。[451]

3月，小说《酒后》选入储菊人编，上海正气书店出版的《现代女作家小说选》。

9月14日，瓦内萨致信女儿安杰丽卡·加奈特（Angelica Garnett，1918—2012），告知凌叔华可能周一会来住一两晚，提到她一直在法国及外地。她同时提到，在为凌叔华介绍朋友圈的时候遇到了一些麻烦，亚瑟·威利明显不喜欢她，借口出国而不想再与她见面；马乔里·斯特拉奇（Marjorie Strachey，1882—1964）对她的情绪化十分反感，虽然答应做她的英文老师，但也不过是为了赚钱。还好克莱夫·贝尔和邓肯·格兰特都挺喜欢她，瓦内萨本人也很喜欢她。不过，她知道她无法为凌叔华提供一个朋友圈，所以她也不可能一直住在这里，只能静观其变。瓦内萨还是存有期待，也希望凌叔华能够像她之前那样，在这里画画杨柳。[452]

10月，散文《登富士山》选入葛琴选注，香港文化供应社出版的《游记选》。

11月，日本报纸刊载须田禎一《思想成熟的表现——前进中的中国女作家》，介绍冰心、凌叔华、丁玲等。[453]

是年，定居于伦敦亚当森街14号；与另两位女画家在伦敦举办画展，展出凌叔华自己的画作。[454]读到《观察家》杂志上维塔·萨克维尔–韦斯特描写花园的系列文章，提到中国植物，遂开始给维塔写信。维塔是弗吉尼亚·伍尔夫的密友，自此也成为凌叔华在英国发展文学和艺术的重要帮手。

· 1948年　48岁

国共内战形势扭转，平津战役为中国共产党取得解放战争胜利奠定基础。

1月3日，旅英记者徐锺佩撰文谈论伦敦米之金贵，提到凌叔华家中待客的情形：

> 米在伦敦的身价真可与珠子比拟，政府不准进口，有钱也无买处，除非从美国寄来，凡是能以饭待客的，那真是显示出主人大度。女作家凌叔华，也在英伦作客，有中国来客去访她，她牺牲了两周配给的两个鸡蛋和一条薄薄咸肉，加上白饭，炒了一盘蛋炒饭。下周客人又来，凌笑说真是没有好东西招待，客人异常亲热："全是自己人何必客气，就像上次的蛋炒饭来一碗好了。"[455]

3月23日，北京大学为凌叔华开具证明，证明其1924年毕业于燕京大学，获文学学士学位，并在1924年任中国艺术史讲师。

5月12日，苏雪林致信凌叔华，此前便收到凌叔华寄来的礼物和信，推迟半年才回复，"因为离别太久，想说的话千头万绪，大有一部十七史不知从何说起之慨"。[456]

8月26日，李四光、许淑彬在英国伯恩茅斯为女儿李林和女婿邹承鲁举办婚礼，凌叔华、陈源、小滢一家前往参加婚礼，并合影留念。许淑彬和陈源是无锡同乡，亦是小学同学，据说曾有发展可能。故李林在婚礼时对小滢玩笑说：“当年你爸若是娶了我妈，就没有今天的我了。”小滢回道：“也就没有今天的我了。”[457]

10月16日，沈从文致信凌叔华，主要谈论艺术收藏与北平战事。

12月3日，凌叔华致信沈从文，托他代为史家胡同寻找房客。

月末，沈从文回信，告知燕卜荪（William Empson，1906—1984）想租，陪同看房时，在熟悉的屋苑中，生物是人非之感：

> 在你十多年前待客的厅子中，看见由蓝变灰长窗帘，旧旧的、静静的下垂。沙发上了套子。从窗口看院中，阳光下有残雪夺目。花坛有花木处均用稻草包好。又到西屋（日本式炕那间）看看，满屋阳光。第二间常先生栽的盆景，绿葱葱的，他的孩子正在拉小提琴。又从小侧屋望望北边那间日本式小房，一些玩具还整整齐齐搁在窗边。又到院中走走，柳树虽未发青，但枝条在阳光下摇摇曳曳，像是当真不久春天会来。回到厅子里时，我告他们：“这里曾经保留过许多朋友的快乐记忆。西林、志摩、老金、乔治叶，小姐或先生，主人和客人，都在这个厅子凸出处长条椅上坐过，吃喝过，笑闹过，还有辞世十八年的诗人彷

佛尚笑语可闻！”和当前静沉沉冷清清空气对照，和当前大家处境、心情以及明日不可知命运对照，自然更令人感慨特深。因为即从三小姐来到这个地方看你们，也有十六年了。若带孩子们来，向他们说这里过去，已不甚懂得。再过十六年，倘若这房子小主人小莹回来，在这里接待朋友时，要他们想一想过去时什么情景，自然更办不到！这就是历史！生命长流，新陈代谢，哀乐永远不相通。即这个信他们也不大会理解的！[458]

· 1949年　49岁

10月1日，中华人民共和国成立。

4月8日，《大风报》发表琼公文章《凌叔华与拍花党》，作者由连日报纸刊载拍花党（偷小孩的人）新闻，想到凌叔华早年的小说《凤凰》，描写的是凌叔华幼时遭遇人贩的经历，作者写道："原文发表于民国二十年，地点是在北京。凌女士此文，描写至为生动，为不可多得之佳作，记着至今对之，印象甚深，可见拍花党徒混迹江湖，由来甚久也。"[459]

7月2日，苏雪林在日记中写，收到陈源、凌叔华英国来信，说袁昌英告知他们雪林已离开武汉去上海，但武汉、上海相继陷落，颇为担忧，后听说雪林已到香港，不胜快慰，所以写信相告。雪林说："凌叔华夫妇待我诚然甚厚，余心极为快慰。"[460]

9月21日，陈源致电身在欧洲的李四光，劝他立刻出走。因台湾当局得知李四光决定回国投奔北京政府，密令特务阻杀。李四光于次日离开英国，返回中国。

是月，叶君健回国，临行前与陈源、凌叔华告别，委婉介绍国内局势发展，建议二人回国看看。

12月13日，瓦内萨致信凌叔华，评论她在伦敦亚当斯画廊（Adam Gallery）举办的画展："最有意思的，当然是通过中国人的眼睛去看欧洲的风景。”

12月31日，昆汀·贝尔（Quentin Bell, 1910—1996）在《新政治家与国家》（*The New Statesman and Nation*）发表未署名的评论文章，评价凌叔华的画展:“这个独特的画展之所以能引发观众特殊的兴趣，在于它提供了难得的机会，让我们能够通过一位采用迥异艺术传统手法的成熟艺术家的眼睛，看到我们的西方世界。”[461]

· 1950年　50岁

6月，朝鲜战争爆发，美军参战。10月19日，中国人民志愿军赴朝参战。

美军进入台湾海峡，中国发表《关于美国武装侵略中国领土台湾的声明》，向联合国提出控诉。

5月3日，李德全致信凌叔华，介绍新中国面貌，劝说凌叔华夫妇考虑归国。

6月28日，苏雪林在巴黎访学，凌叔华嘱去巴黎开会的陈源至国际学生宿舍探望苏雪林，雪林说陈源比之前稍胖，变化不大，唯头发苍白。

9月23日，苏雪林收到凌叔华信，得知小滢已结婚，“女婿碌碌无表现，家又清贫”，小滢做了主妇，“当然不能快乐”，凌叔华十分郁挹，写信给雪林发牢骚，雪林也深感遗憾。[462]

11月8日，陈源拜访苏雪林，邀去中华饭店吃饭，雪林托陈源带美钞十元给小滢作贺礼。

11月24日，中华人民共和国特派代表伍修权及顾问乔冠华等出席联合国会议的代表团抵达纽约，参加28日“美国侵略台湾案”的讨论会议。

是日，《旁观者》(*Spectator*) 圣诞专号刊载社论文章《中国西行》(Chinese Travel West)，文章认为台湾问题和朝鲜问题是中国目前最重要的两个问题，分析和预测11月28日即将召开的会议情形及其对美苏关系和世界局势的影响，认为中国政府的态度会是一切的关键。

同日，《旁观者》杂志刊载凌叔华文章《穿红衣服的人》（The Red Coat Man），为凌叔华第一次在英国发表作品。讲述儿时家中仆从马涛带她围观砍头的故事，契合该期《旁观者》的中国主题。

是月，徐悲鸿致信陈源，希望他“识时务者为俊杰”，尽早归国。

12月2日，苏雪林致信凌叔华：“上次通伯先生来巴黎又蒙你送我羊毛衬衫和画片，我心里实在过意不去。叔华你太爱我了。送吃的又送穿的，对我的恩惠简直是无穷无尽。”[463]

12月7日，瓦内萨致信凌叔华，她已收到刊有《穿红衣服的人》的《旁观者》杂志，她觉得凌叔华能从这样可怕的经验之中，通过孩童视角，捕捉如此可爱的东西，实在很难得。她好奇是不是维塔让凌叔华寄去《旁观者》，因为维塔的丈夫哈罗德·尼克逊（Harold Nicolson，1886—1968）是《旁观者》的作者。瓦内萨说，如果是的话，可以请维塔再帮她发表其他作品，希望凌叔华继续努力。[464]

12月22日，在《旁观者》杂志发表文章《中国童年》（Childhood in China），讲述儿时在家中目睹父亲审犯人的场景。

· 1951年　51岁

12月1日，中共中央颁布《关于实行精兵简政，增产节约，反对贪污、反对浪费和反对官僚主义的决定》，重建国家经济。

1月20日，袁昌英致信陈源、凌叔华，建议他们回国前先去苏联学习："国内一切均需学习苏联经验，英美的东西简直不作兴。"[465]

2月15日，苏雪林致信凌叔华，告知她最近同方君璧学绘画，说凌叔华和方君璧的作品才是艺术，她自己的不过"哄哄孩子而已"。[466]

2月16日，在《乡村生活》（*Country Life*）发表文章《我们的老花匠》（Our Old Gardener），通过凌叔华家老花匠之口，介绍中国传统园艺文化。

6月1日，小滢访巴黎，与苏雪林同住国际寄宿生宿舍，时相来往。苏雪林曾带小滢拜访著名画家潘玉良，潘玉良愿意教小滢画画，凌叔华却不肯。这是小滢一直以来的困惑，她非常喜欢画画，但凌叔华从来不教，也不肯让他人教，理由是"画画没前途，养不活自己"，收藏的名家字画也未让小滢看过。[467]

8月18日，苏雪林从巴黎赴伦敦，小滢丈夫至维多利亚车站迎接，晚餐凌叔华请客。苏雪林言凌叔华"丰神如故，只是微胖"。两人七年未见，话至子夜，睡于凌叔华房中的行军床上。

8月19日，凌叔华陪苏雪林参观英国国家美术馆，中午在馆内吃点心当午餐，至下午四点左右才离开。

8月20日，凌叔华陪苏雪林游览离住处不远的摄政公园，园中有专演莎翁名剧的莎士比亚露天剧场，凌叔华说开演时请雪林观看。

8月21日，上午小滢陪苏雪林逛旧书摊，下午凌叔华陪雪林参观维多利亚纪念馆。

8月23日，小滢陪苏雪林参观福尔摩斯博物馆和杜莎夫人蜡像馆。

8月26日，凌叔华忙于家务，令陈源陪苏雪林参观大英博物馆。

8月29日，凌叔华、陈源夫妇陪苏雪林参观白金汉宫、唐宁街十号、议会大厦、威斯敏斯特大教堂等。

8月30日，伦敦雨天，苏雪林在凌叔华家整理游览途中所购的书籍、画片等，还用新买的小缝纫机，用凌叔华送的料子做了一件短衫。

8月31日，伦敦雨未停，凌叔华与苏雪林冒雨游康桥。两人前夜均失眠，想在车中小睡，小滢说“外间风景甚美，不看可惜，乃强睁倦眼视之”。到康桥后，在草地和桥上拍照多张，在铜壶饭店用餐，每人花费三先令六便士。玩至六点上车，七点三刻到伦敦。[468]

9月2日，凌叔华与陈源、小滢送苏雪林至火车站，依然细雨。

9月7日，苏雪林给小滢写信，劝她克制脾气，对凌叔华改变态度，不知效果如何，“但余不过尽心而已”。[469]

10月19日，在《乡村生活》发表文章《嘉定的快乐日子》(Happy Days in Kiating)，描绘嘉定是可爱的小城，但是与嘉定人交友不易。

· 1952年　52岁

1月26日，中共中央发出《关于在城市中限期展开大规模的坚决彻底的"五反"斗争的指示》。中国国民经济得到全面恢复与初步发展。

4月5日，陈源在巴黎国际寄宿生宿舍拜访苏雪林，送去凌叔华送雪林的女士藏青短外套和一双袜子，与雪林畅聊两小时。

4月25日，在《乡村生活》发表文章《拜访皇家花匠》(Visit to a Royal Gardener)，通过与慈禧的皇家花匠的交往，介绍中国皇室的园艺趣味。

5月16日，陈源致信凌叔华，谈论回大陆的顾虑，担心遭受清算。原本陈源夫妇打算春天回国，凌叔华也做出妥协，不回故乡北京，而回武汉定居。但计划似要暂缓。

5月29日，凌叔华将自传初稿寄给弗吉尼亚·伍尔夫的丈夫伦纳德·伍尔夫，并告知此书与弗吉尼亚·伍尔夫的关系："写这本书的计划开始于我最初和弗吉尼亚通信的时候。当时，她是第一个，也是唯一一个鼓励我写这本书的人。得悉她去世的消息后，我就无法继续了。如你所知，第二次世界大战的战火席卷了中国，我不得不去应对一切困难，去担负起一个中国人的责任，把写作推迟到战争结束之后。"[470]

6月29日，竺可桢致信陈源，劝他们"早日东归"。[471]

7月6日，凌叔华致信伦纳德："在西方有很多关于中国的书籍，大部分都是迎合西方读者好奇心的作品。有时候，作者只是在通过想象来编造中国人的故事。他们对读者的态度是不诚实的，于是在西方读者眼里，中国人似乎成了半人半鬼的怪物。"[472]

7月11日，凌叔华致信伦纳德，谈到《古韵》中的人物，说他们的思想受到代代相传的格言和谚语所梏，他们不懂道德，只懂什么是做人的必需。

8月20日，凌叔华致信伦纳德，谈到对陈源返台的焦虑："根据经验我知道，如果共产党政府发现他去台湾的话，我们的财产（其中大部分是我家的）将会被没收充公。以后我们回去时，将一文不名。我可能会失去所有的祖传宝物，包括从父亲那里继承的书籍、绘画等。"[473]陈小滢日后在对魏淑凌谈论凌叔华时，引用了陈源一篇文章的开头句："中国人只有利害，没有是非。"

10月，陈源返台述职。回欧洲时，带回苏雪林给凌叔华、潘玉良等老友的信件十三封。

10月8日，凌叔华致信查托与温德斯出版社（Chatto & Windus）编辑帕森斯（Ian Parsons，1906—1980），提到曾在北大任教的燕卜荪，并告知自己正在努力写作：要描述一个十一二岁的女孩，却有着复杂的生活和教育背景，真的很难。她差点把最后一章删掉，但维塔说喜欢，所以保留了下来。[474]

10月12日，凌叔华致信伦纳德，同意出版条款，并为自己的第一本英文作品将由霍加斯出版社出版而感到欣慰。她已请英文老师马乔里·斯特拉奇小姐重读书中的两章，也请维塔帮忙写简介。另外，凌叔华计划为护封设计八幅插图，画一幅画，还计划明年再办一次画展。因为写作难以获得很多报酬，她想也许可以通过卖画多赚一些钱。

10月18日，凌叔华致信伦纳德，同步新书准备的进度：维塔从亚瑟·韦利翻译的《170首中国诗》中为她找到了漂亮的书名“古韵”，出自：“古声淡无味，不称今人情。玉徽光彩灭，朱弦尘土生。”维塔答应请丈夫哈罗德在《旁观者》发表评论，而凌叔华也在努力修改手稿和画插图。凌叔华想邀请帕森斯夫妇、霍加斯出版社职员斯莫伍德夫人（Mrs Norah Smallwood, 1909—1984）和伦纳德到她家中喝茶或用餐，问伦纳德10月27日或28日下午是否有空，她可提前发豆芽。

10月20日，凌叔华致信伦纳德，希望可以让她保留她的新书在美国的版权。另外，凌叔华告知伦纳德，维塔更喜欢书名“一弦，一曲……”（*One String, One tune...*）她答应给凌叔华的书写介绍，凌叔华希望伦纳德也能写些什么。凌叔华再次对伦纳德的一切帮忙表示感谢：

> 现在中国文化正遭受各种各样的破坏，我希望有一天我可以做一些事情来保护它。我的这本小书只不过是一滴水，整个中国正在发生可怕的灾难，处于水深火热之中，这本书也许毫无用处，但总比没有好。因为这可能是第一滴，我们会从那些理解我的人那里得到第二滴或更多。[475]

11月3日，凌叔华致信伦纳德，得知新书的尺寸大小，凌叔华说正在考虑尝试将书的护封设计成中国木版画的图案。她也与伦纳德分享对冬日风景的感受：

我喜欢秋冬的风景，因为我喜欢看那些光秃秃的枝丫，表现出生命的力量。这经常帮助我摆脱抑郁的情绪。[476]

11月13日，凌叔华致信伦纳德，告知收到维塔为她的书写的序言，说是她“期待的最好的序言”，她自己也试着写了一篇序言，主要是感谢帮助过这本书的人。她告知伦纳德，还是决定使用*Ancient Melodies*（古韵）作为书名，最重要的原因是维塔在序言中用了这个名字。另外，她希望伦纳德能重写一次协议上的书名和作者名，凌叔华希望自己的名字写作“Su-Hua Ling”，而不是“Su Chen”。伦纳德在来信中表示很喜欢最后一章，凌叔华说那是弗吉尼亚·伍尔夫要求她写的，即日常生活。

11月17日，凌叔华致信伦纳德，说她在手稿中删除了“两个婚礼”中的一部分，还删掉了“鬼故事”（以前叫“天津”），作为弥补，加上了在《乡村生活》上发表的《拜访皇家花匠》，想听听伦纳德的建议。同时，维塔的丈夫哈罗德同意给《古韵》在《旁观者》上写一篇书评，凌叔华想知道什么时候让他读手稿比较合适。

11月19日，凌叔华致信伦纳德，确认书名和她自己的名字：

Ancient Melodies

Suhua[477]

11月24日，凌叔华致信伦纳德，附上签字后的协议。

12月20日，凌叔华致信伦纳德，寄去两张贺卡，其一是对伦纳德和其爱人特雷基（Trekkie Parsons，1902—1995）的新年祝福，其二是想请他看看两种类型的绘画，哪种更适合书的护封。一种为黑色，是拓片，从凌叔华大镜子的16世纪雕饰上所拓，是一群穿着古装的孩子在玩耍。一种为红色，是中国木刻版画。她在尝试将飞着的风筝画成其中一种类型，但在此之前，想知道伦纳德，尤其是作为画家的特雷基是何看法。

是年，戏剧家熊式一的妻子蔡岱梅出版英文自传体小说《海外花实》（*Flowering Exile*），比凌叔华的《古韵》早一年，此后二人关系日渐疏远。有观点认为是因为两人存在文学上的竞争，但两家人都认为《海外花实》中将陈小滢描述为对熊家男孩有威胁的“轻佻之人”才是问题的根源。此外，书中的凌叔华也被描绘为“身材臃肿”，虽然打扮得“雍容华贵”，但是却“不合时宜”。不过据熊德荑回忆，1966年他们家搬到伦敦北部的瑞士屋区后，两人关系变得亲密。[478]

· 1953年　53岁

7月27日，朝鲜停战协定在板门店正式签字，抗美援朝战争结束。中国开始实施第一个五年计划。

1月28日，凌叔华致信伦纳德，说想改护封设计，并想知道这本书什么时候印刷，因为她计划花半年时间旅行，可根据新书印刷时间决定如何安排。她准备去远东，途经新加坡、中国香港和日本，为将来的作品收集素材；她也在考虑是否有可能回到中国。她准备通过卖画和艺术收藏品来资助旅行。

2月22日，杨步伟致信凌叔华，谈论她阅读《古韵》的感受："奉读大作家描写中国大家庭生活各方面，真是应有尽有，定受欧美人士大欢迎之书，销路前途，一定不可限量，不胜为姊贺之。妹从前年起就动手写了一本中国妇女生活（从古至今），因自己不能直接写英文，等小女和元任译改，至今还未出版，赛珍珠[1]夫妇每年来信催稿，今正才交出三分之二，其余大约须夏天才能交全，不管他们如何催法，我们只得徒呼奈何耳。"[479]

2月23日，凌叔华致信伦纳德，表示八幅插画已经画完，希望护封设计不错，她喜欢鲜黄色配上黑色线条。凌叔华希望能

1　赛珍珠（Pearl S. Buck，1892—1973）。

在书的扉页上写“致弗吉尼亚·伍尔夫和维塔·萨克维尔·韦斯特”，请伦纳德为此预留一页。

4月5日，清明日，凌叔华给在美国的胡适夫妇画《幽兰图》，并附有小诗：

> 山中丰草绿，忽有清风起；
> 幽兰人未知，品味足高已。
>
> 清明日怀乡题，寄奉适之、冬秀老朋友。
>
> 凌叔华写于英国一九五三年[480]

4月13日，凌叔华致信伦纳德，说收到了在美生活的妹妹凌淑浩的信，抗议凌叔华在书中使用娘家真名，如果她的熟人看到此书，发现作者是她姐姐，她会陷入尴尬境地。她希望凌叔华能更改父母及凌叔华的名字。凌叔华觉得应该重视她的建议，想知道印刷是否有困难。她也提到会在下周拜访维塔的时候，请维塔在序中修改姓氏。

4月16日，凌叔华致信伦纳德，说她重读了手稿，发现只有一章提到了父母的名字，可以通过修改几个字母完成，比如Ling可以改成Ting，Lee可以改成Lu。同时她也提到她与瓦内萨的会面，她给瓦内萨看了最近的画，瓦内萨建议她试试莱斯特画廊（Leicester Museum & Art Gallery）或亚当斯画廊。

4月23日，在《乡村生活》发表文章《1800年的古石刻》（Rock Carvings 1800 Years Old），介绍中国汉代石刻艺术。

6月3日，凌叔华致信伦纳德，谈到她下一步的写作计划：

我打算下次写一本更好的书。这就是上次我告诉你我想去中国，或者去中国附近的某个地方，重新梳理我的记忆的原因。写一本书——一本像托尔斯泰的《战争与和平》那样的小说——这个想法在我的脑海里已经盘桓了多年……我觉得我拥有足够的经验和素材，能让这本书趣味盎然。[481]

6月4日，凌叔华致信伦纳德，谈到在美国出版《古韵》之事，想看看能否删除一些内容，既可以不影响书，也不造成其他问题。[482]

7月10日，凌叔华致信伦纳德，分享在巴黎两周的行程，主要是参观博物馆和美术馆——“我几乎每天去两个馆！”凌叔华想托伦纳德请他的朋友安东尼·布朗特（Anthony Blunt，1907—1983）教授给她的画作一些评论，也告知伦纳德，他们第一次去的餐馆请凌叔华给他们画五幅中国风格的画，她说在中国，艺术家谈论报酬问题会感到尴尬，但是她接受了。随信附上她在《乡村生活》发表的关于汉代拓片的文章。

8月30日，凌叔华致信斯莫伍德夫人，提到《古韵》中有两章曾在《旁观者》和《乡村生活》发表，她被告知有必要写几句话感谢他们允许转载，想询问斯莫伍德夫人的看法。同时告知亚瑟·韦利已经同意凌叔华在书中引用他的译诗

《古韵》。

9月4日，凌叔华致信斯莫伍德夫人，说已收到校样，修改了单词。121页的“kao-tao”（磕头）想改成“kotow”，凌叔华发现此词在西方用了很多年了，脚注没有必要。

9月8日，凌叔华致信斯莫伍德夫人，告知计划9月21日去西班牙，希望此前能看到样稿的护封。

9月20日，凌叔华致信斯莫伍德夫人，告知装样稿原图的包裹已经安全到达。

9月24日，凌叔华致信伦纳德，提到她的下一步计划：“我盘算明年春天能去美国——也许我会在纽约或旧金山举办一次画展，弄些钱，为我去远东旅行做准备……然后，我会回英国，完成夙愿，写一本书……我充分了解了远东当前的局势之后，要么就心甘情愿地待在海外写作、画画，要么回到中国，加入那场伟大的运动。”[483]

9月29日，凌叔华致信伦纳德，说她想去朝鲜为中国士兵做翻译：“我会说中国几乎所有的方言，这对他们可能会很有用，因为士兵们大多来自农村，不会说普通话。当我在电影（新闻）中看见中国战俘被遣送回国时，我十分感动。他们的样子很可怜，他们似乎对这个世界上的每个人和每样东西充满了憎恨。这一景象常常浮现在我面前。”[484]

10月15日，凌叔华致信伦纳德，告知已到达马德里，将在西班牙待大约十天，将于11月初回伦敦，在12月初再次前往巴黎，完成她接受赛努奇博物馆（Musée Cernuschi）邀请举办的画展。[1]她想找一位作家为展览写序，想找安德烈·莫洛亚（André Mourois，1885—1967），希望伦纳德能帮助联系。

11月6日，凌叔华返回伦敦。

11月8日，凌叔华致信伦纳德，告知经过巴黎时收到了书稿校样，再次请问伦纳德书何时能出版，说她有朋友希望能将此书作为圣诞礼物。几天后，《古韵》正式出版。但直至1994年，翻译家傅光明将之译为中文，《古韵》始有中文版。

11月14日，凌叔华致信斯莫伍德夫人，告知收到《古韵》成书，很喜欢斯莫伍德夫人设计的护封，表示感谢。凌叔华也与斯莫伍德夫人分享巴黎画展的进展，她已将最近的作品寄去，博物馆会负责展览一切事宜，付装裱钱。但是他们不能在博物馆出售画作。巴黎一家画廊提出可以把凌叔华的十幅画以明信片形式印出，在展览上出售。

11月29日，凌叔华致信伦纳德，说收到来信和弗吉尼亚·伍尔夫的《一位作家的日记》（*A Writer's Diary*），她在伦敦西区很多书店橱窗都看到了这本书，"相信公众仍然喜欢弗吉尼亚的作品"。但是与此形成鲜明对比的是，凌叔华没有在书店看到自己的《古韵》，她问伦纳德：

我在书店里也去查看了《古韵》。一本也没看到。我也没有在报纸上看到任何广告。我想知道这是不是因为霍

---

1 赛努奇博物馆又名巴黎亚洲艺术博物馆或巴黎东方博物馆。

加斯出版社不打算为新书做广告，但是人们怎么会知道有新书呢？[485]

12月3日，凌叔华致信伦纳德，表示对新书出版却无人问津的担忧，此前维塔应允她的丈夫哈罗德可以写序，但是她写信告知凌叔华，她之前没有意识到她写了序的话，哈罗德便不能再评论：“他必须非常小心，避免一切偏袒！”凌叔华不知应该如何是好，为新书宣传颇感担忧：

目前我不知道我的书该怎么办。没有评论，没有建议，我猜不出人们怎么会知道您出版了这样一本新书。此外，近年来出版了很多关于中国家庭生活的书，大部分都是垃圾。这些作者写书是因为他们得到了一些自认为西方人可能感兴趣的材料。他们写的书通常没有感情、没有体验，更不用说风格或艺术性了。很少有人会来读另一本同类的书。如果有一天我碰巧看到一位顾客在书店里看我的书，我一点也不惊讶。但我不会试图让我不太熟悉的人来评论我的书，因为您曾经告诉我这样做的结果可能会起反作用。但是，您知道，像我这样一个初出茅庐的作家，担负不起长时间遭受冷落。我等得越久，我拥有的读者就越少。因为总是有新书问世。

我希望您能找到一个愿意读我的书并写评论的人。我知道您总是很忙，特别是在圣诞节前，一定有很多事情等着您解决。但我真的希望您能抽出一些时间来帮助我。如果我的作品失败了，我就不能再写了。如果您现在很忙，请原谅我。我相信您会理解我真正的焦虑并支持我。

附言：我记得几年前我把书中的两章寄给了安吉丽卡（Angelica），她把它们给大卫·甘内特（David Garnett）看了。他写信给我说他非常喜欢它们，还给了我一些建议，让我多写一些关于这个家庭的内容。您认为他会写评论吗？如果您认为他会，您能问问他吗？他的《金色回声》好评如潮。[486]

· 1954年　54岁

9月15—28日，中国召开第一届全国人民代表大会，通过《中华人民共和国宪法》。

1月14日，凌叔华致信斯莫伍德夫人，她患湿疹快六个星期，她的展览推迟到1月16日，但她无法出席开幕式。她会在湿疹康复后，去霍加斯出版社读一些关于《古韵》的评论。

1月16日，《时代与潮流》（*Time and Tide*）评价《古韵》："该书的特点在于一种对生活的强烈好奇和兴趣，以及一种孩童般纯粹的想象力。"[487]

1月18日，凌叔华致信斯莫伍德夫人，告知刚刚拿到巴黎展览的目录，也收到了斯莫伍德夫人寄来的12本《古韵》。

1月22日，《泰晤士文学增刊》（*Times Literary Supplement*）刊载《古韵》的匿名评论文章《北京的童年》（Childhood in Peking），作家为曾与凌叔华和朱利安一同拜访齐白石的英国作家哈罗德·阿克顿，他认为凌叔华的叙述中有一种"超然的嘲讽"，每章都有"独特的尖锐之处"，情感的表达恰到好处，没有伤感，也没有假慈悲。[488]

1月24日，维塔致信凌叔华，附寄两篇书评剪报，称《古韵》"好评如潮"，十分欣喜。[489]

2月13日，凌叔华致信伦纳德，邀请伦纳德下周二上午共进午餐，在瑞士小屋新开的中餐馆。她读完了《一位作家的日记》，问伦纳德可否让她看几页这部日记的手稿。并告知自己2月24日会去巴黎，待一周左右。

2月19日，《旁观者》发表对《古韵》的评论，主要是针对插画："这本书里还有一些她的绘画，这是一些很优美的白描作品，表现了一个呆头呆脑的小家伙忙着与养母放风筝、陪花匠去买花、跟贲先生学诗歌的场景，非常动人！"[490]

2月24日，凌叔华抵达巴黎。

3月30日，凌叔华致信伦纳德，告知最近在为美国的展览创作几幅大画，要送去香港装裱。另外，她想尝试在美国出版《古韵》，请教伦纳德她是否可以这样做。她明年返回英国的途中应该可以去日本、中国香港和新加坡，然后按计划写下一本书。她希望朋友们都能鼓励她。

4月4日，凌叔华致信伦纳德，告知已经预订了9月8日去纽约的船票。她答应巴黎的博物馆和美术馆要留下几幅画，所以需要补画这些画，正非常努力地工作。另外，她需要尽快制订明年春天远东旅行的计划："如果我能去看看我们的人民和东方，这会给我更多的力量和素材写第二本书。（我之前告诉过您，我想写关于现代中国的第二本书，这是我去东方旅行的想法。）"凌叔华再次询问伦纳德，她是否可以获得在美国出版的版权。[491]

5月28日，凌叔华致信伦纳德，告知妹妹凌淑浩来信，建议凌叔华不要在美国出版《古韵》，会对她秋季的画展带来不好的影响。凌叔华自己并不介意在美国出版，但她不想伤害妹妹的感情，所以想询问伦纳德的建议。为了画展，以及卖画筹集东方之旅的旅费，凌叔华最近每天工作将近12个小时。

6月2日，凌叔华致信斯莫伍德夫人，感谢斯莫伍德夫人为她争取美国版权，但是考虑到妹妹凌淑浩的建议，她准备放弃。然而她也意识到，放弃这个机会，可能以后再也得不到了，所以她也向斯莫伍德夫人请求建议。

6月4日，凌叔华致信伦纳德，考虑到在美国出版《古韵》的诸多问题，她想删除书中部分内容。

6月11日，凌叔华致信伦纳德，感谢他为她解决了对美国版权的担忧，接受了删除“学生时代”一章的建议。她收到伦纳德寄来的弗吉尼亚·伍尔夫作品的日文译本，很喜欢，考虑有一天她会将其译成中文。

7月5日，凌叔华致信霍加斯出版社职员伯奇小姐（Aline Burch），告知不能把肖像印在书上，因为已经答应亲戚，不让读者知道作者的家庭。[492]

是日，致信斯莫伍德夫人，讨论美国版权已经过去了两周，想知道是否接到了他们的回复。

7月16日，苏雪林评论凌叔华画作的文章《凌叔华女士的画》发表于香港美国新闻处官方刊物《今日世界》杂志，称凌叔华“幼时曾从西太后画师缪女士学习，长大后，常入故宫遍览名作，每日临摹，孜孜不倦。其画风近郭忠恕，笔墨痕迹淡远欲无，而秀韵入骨，实为文人画之正宗”。

7月21日，凌叔华致信伯奇小姐，寄上出版需要的汉字和纸张。

8月8日，凌叔华致信斯莫伍德夫人，告知收到美国利特尔&布朗公司（Little, Brown and Company）的拒信。她想知道《古韵》是否有可能译成日文。

8月28日，凌叔华致信伯奇小姐，寄上她40年代末离开中国时在北京拍的照片。

10月8日，凌叔华致信斯莫伍德夫人，告知近日都在忙着收拾画。她也在继续了解《古韵》在美国出版的可能性，请斯莫伍德夫人将她接触的所有美国出版商名字都告诉她，她在美国可以试着联系。她送了一套去年春天在巴黎展出作品的复制品，并告知10月16日起航前往美国。

10月10日至11月7日，在印第安纳波利斯约翰·赫仑艺术馆（John Herron Art Museum Indianapolis）举办画展。

10月11日，凌叔华致信伦纳德，请订12本《古韵》。

10月16日，凌叔华起航前往美国印第安纳、波士顿、纽约等地办画展。[493]胡适曾为画展揭幕，称赞她为“中国传统古画的真正代表”。[494]

10月27日，艺术评论家评价凌叔华的画：“这些名字古怪的风景画中有一种超尘脱俗的魅力，让人仿佛置身世外桃源，例如《洛克·卡特琳》《柯布库布赖港》《迪河上的桥》《翰普斯地德荒野》《海德公园的冬天》……我完全相信，凌叔华能够以这种精致迷人的笔墨去描绘交通拥堵中的翻斗卡车。”[495]

10月31日，《印第安纳波里斯新闻》报道凌叔华的妹妹凌淑浩在当地的妇女俱乐部回廊俱乐部为凌叔华主持接风午宴，报道特别提到凌叔华身上“浅绿底色上织着竹叶图案的绸缎旗袍”，以及陈源为出席联合国教科文组织会议对乌拉圭进行的访问。[496]

是月底，在博物馆举办“怎么看中国画”（How to Look at a Chinese Picture）讲座。

12月4日至次年1月6日，在波士顿美术馆办画展。

· 1955年　55岁

11月19日，凌叔华致信伦纳德，问他下周是否会来伦敦，如若周二、周三或周五中午可来，她便在家准备中餐，希望届时能向他请教关于自己正在写的东西。[497]

11月28日，凌叔华致信伦纳德·伍尔夫，表达当下对于文学创作的迷茫：“（朱利安）说我的文字有一种俄罗斯风格，有时还有点儿法兰西的味道。他说如果我能正确地运用它，就可能写出杰出的作品。我想按照他说的去做，但不太成功。如今每天的生活让人厌烦。我可能是江郎才尽了。”[498]

· 1956年　56岁

全国大城市及50多个中等城市先后实现了全部资本主义工商业的公私合营，社会主义改造基本完成，转入全面大规模的社会主义建设时期。

2月9日，凌叔华致信伦纳德，谈到她在伦敦创作艺术的困境："这个国家大多数人都不愿意接受新观念和新艺术种类，除非这些作品与他们现有的东西有相似之处。这里卖的大多数中国画都是东西方的混合物。主题和绘画都必须符合西方人的口味。如果一个艺术家忽略了这一点，他的画就没有市场，我不愿意去想这种不可避免的失败，但我又能怎么样？"[499]

2月23日，在《乡村生活》发表文章《中国三个世纪的竹刻》（Chinese Woodcuts of Three Centuries），介绍中国的竹刻艺术。

3月5日，收到新加坡南洋大学电报，获聘为教授。苏雪林解释凌叔华的受聘，是因为：

> 南大来台湾找人，应聘者有台北师范大学潘重规等，我名亦在其列。我怕南洋气候不适合，不敢去，荐原在英伦侨居的凌叔华自代。凌到南大后即教我的功课。[500]

3月6日，凌叔华致信伦纳德，请求一份《古韵》的德文译本，她已拿了版权费，但还没有拿到译本。感谢伦纳德买了她的画作《新竹》。另外，她也分享了南洋大学聘任的消息：

> 我真的很兴奋，虽然我不知道我是否能教好。但幸运的是，我被要求教授中国诗歌和古典文学。无论如何，这对我今后的工作有帮助。我将在一个新的地方，一切对我来说都是新鲜的——此外，我将看到很多来自中国的人，他们的日常生活状态，这将带回我对中国人和中国的记忆，使我能够写我正在创作的书。您觉得呢？不管怎样，这对我来说是个改变。[501]

5月，凌叔华离开英国，赴新加坡南洋大学中国语言文学系任教，从1956年至1959年。在新加坡期间，居住在裕廊山云南园教授宿舍，宿舍位于丘陵之上，为一字排开的七栋格局相同的独立式平房建筑，均坐南朝北，凌叔华住在中间第三或第四栋，为之起名为“爱山庐”。

赴新加坡之前，凌叔华秘密返回北京，住在北新桥华侨招待所，和叶君健有会面。[502]

6月3日，凌叔华致信伦纳德，谈到新加坡的生活让她获得“一些新鲜思想”，可以用于她的第二本书。[503]

6月7日，下午四时，凌叔华在文学院礼堂参加南洋大学中国语言文学系主办的“中国文学研究会”成立大会，凌叔华亦有发表对同学的勉励之词。

11月6日，下午四点半，凌叔华在文学院第六讲堂作专题学术演讲“中西生活与思想之比较”。

· 1957年　57岁

4月27日，中共中央发出《关于整风运动的指示》，整风运动开始。

1月26日，抵达台北，拜访老友。因台北天气坏，准备赴台中，住表兄蒋东孚家，看故宫所藏书画，写信问苏雪林是否能去台中与她相见。[504]

2月3日，傍晚，苏雪林收到凌叔华从台中寄来的限时信，说已到台中。雪林晚饭后即搭七点十八分的慢车赴台中，午时抵达，雇三轮车至凌叔华处，当晚与凌叔华同榻。[505]

2月4日，与苏雪林早餐后，乘车赴台中北沟古物保存所，与该所主任庄严先生会面，参观精品古画十余幅，册页十余本。中午由古物保存所孔德成先生招待，饭后继续参观。晚餐由凌叔华表兄蒋东孚做东，庄严、孔德成均受邀，并参观蒋东孚所藏各种宝物。

2月5日，与表兄一家、苏雪林同游日月潭，在涵碧楼吃午餐，餐后雇船游光华岛，观赏原住民歌舞，晚上在台中车站与苏雪林道别。

2月7日，独自参观台北林口军营，参观营房设施、武器装备，观看士兵操练等。并拍有合照，背面写有："凌教授留念，蒋得敬赠，四六年二月七日于台北林口。"[506]

3月17日，陈源致信凌叔华："再一星期你的生日便到了。我想此时去买东西去寄给你，已来不及，也不知道有什么可买。所以寄上美金二十元的支票一张，请你去捡一个合用的东西，算我送的罢。"[507]

4月24日，连士升致信凌叔华，感谢此前去南洋大学演讲时凌叔华的殷勤招待，读完凌叔华所赠《古韵》，将其与赛珍珠作比：

> 从前我看赛珍珠的作品，我惊叹她能够运用那么浅白的文字来描述中国的风土人情。现在我读到你的大作，我觉得就文论文，你也赶得上她，而情调丰富，风趣横生，趣味盎然，这更非赛珍珠所能望其项背。[508]

连士升鼓励凌叔华在教书余暇将北伐前后、抗战期间、战后世界等阶段，继续写成四部曲，对研究过去五六十年间的中国史一定有相当贡献。连士升提到连太太钦佩凌叔华，想请她吃饭，并想求一幅彩色梅花点缀闺房。

5月11日，致信苏雪林，告知在南洋大学教授新文学、基本国文、汉语语法，将于7月暑假时返回英国。

6月16日，参加南洋大学戏剧会成立典礼，担任该会顾问，另两位顾问为贺师俊、林恩卿。

7月4日，《南洋商报》刊发预告：南洋大学英文研究会会刊《火炬》将于近日出版，刊载凌叔华英文散文《嘉定的快乐日子》。

9月17日，应马来亚文学协会邀请，在马大化学系讲堂发表演讲“中国书画之欣赏”，配有幻灯片。

10月23日，南洋大学中国书法研究会邀请凌叔华主讲有关初学中国画的基本认识问题。

11月3日，凌叔华应新加坡中国学会艺术学院之邀，在福康宁律文化中心作专题演讲“近代人对中国画的欣赏”。这是该学院成立后第一次学术演讲会，拟每月初举行一次，旨在提高当地人民的艺术素养。

11月20日，连士升在《南洋商报》发表艺术评论《看凌叔华教授的画》，评价其“寓意深远，笔力超脱，丝毫没有匠艺”。[509]

是日，《星洲日报》刊载贺师俊的《读者之声：写在凌叔华教授画展会前》，以日本鉴赏家江原小弥太的“自然生命”来形容凌叔华的画作。

11月21日至25日，凌叔华在维多利亚纪念堂举行个人画展，展出国画共计80件，其中三分之二是在新加坡及马六甲槟城实地取材，其余是在欧陆创作。多为山水、花草树木。[1]凌叔华最得意之作是《东方花园之槟城》，一经展出，立即被马来西亚美术馆订购。

---

1 凌叔华在新加坡期间画作丰饶，均是她对新马生活的体验与情感。据洪炜堂《榴莲的话》，凌叔华有一幅《榴莲图》，题句为：“日啖榴莲三两个，不辞长作马来人。”（《南洋商报》，1961年7月26日）

11月21日，凌叔华画展举行开幕礼，先由马来西亚大学艺术馆主任沙里文博士作简单介绍，赞誉凌叔华“画艺已经蜚声国际，为各国人士所欣赏而乐于接受”。然后由陆佑夫人剪彩开幕。在开幕致辞中，陆佑夫人说：“我最欣羡别人的才华，亦最爱美好的东西，今天被邀来主持凌教授的画展开幕礼，我觉得是十分荣幸的一件事。”莅临的其他嘉宾有德国领事罗礼国，及贺光中、黄曼士、刘抗、沈维、郑安仑、马俊武、施香沱、廖颂扬、连士升、王仲厚、韩槐准、黄欢奕、蓝天、潘国渠、许云樵、王咏祥等当地文化艺术界及南洋大学师生近百人。

11月22日，《星洲日报》刊载《南洋大学教授凌叔华国画展览会开幕》，文中对凌叔华及当日展览会均有详细介绍：

> （凌叔华）作品纯系中国文人画作风，灵活地运用中国传统墨笔技巧，线条苍劲，意境清高，造诣已臻炉火纯青之境，无怪过去在国内及欧陆巴黎等地举行展会，均轰动一时，获得各地艺坛极高的评价，凌教授尝在巴黎举行画展历时二月，其作品《梅竹》及《盈盈墨秀，不凋不谢》两幅，为巴黎市立博物院所购藏。

是日，《南洋商报》刊载苏雪林文章《凌叔华教授的画》，多引莫洛亚为凌叔华巴黎画展所写之序，评价其“画风近郭忠恕，笔墨痕迹淡远欲无，而秀韵入骨，实为文人画之正宗”。

11月23日，《星洲日报》刊载刘贞《观凌叔华教授画展后》，称凌叔华证明了中国画的价值并未被时代洪流冲击而降低或淘汰，画展的成功是一种“国际性的成功”。

11月24日，《南洋商报》刊载新闻《凌叔华画展参观者踊跃》，介绍画展盛况。

11月25日，《星洲日报》刊载木阜《看凌叔华教授的画》，赞赏有加，认为其艺术成就是靠先天的才能与不懈的努力换来的。

11月27日，《南洋商报》刊载潘受《略论凌叔华教授之画》，称凌叔华“卓然有所树立于画家之林”，为“豪杰”。

12月，在巴黎赛努奇博物馆展出收藏及自作画三四十幅。[510]

是年，在凌叔华的建议下，南洋大学创作社成立，陆续出版《夏天的街》《现阶段的马华文学运动》《论马华文艺的独特性》《十五年来的马华诗歌》等，“创作社丛刊”不仅面向学生，且对外公开邀稿，作者群大多为当时已有盛名之学者作家，首本刊物《夏天的街》一经面世便收获众多好评。尽管早期成员骆明强调经费主要是社员自筹，名家支持也主要因为社员诚意使然。但凌叔华的影响不可忽视。[511]

执教南洋大学期间，凌叔华与学生相处甚密，时常邀请学生去她山上的宿舍欢聚聊天，中秋一同赏月，端午共品粽子。凌叔华还会为学生弹奏古琴，为学生做药材气锅炖鸡。[512]

· 1958年　58岁

8月23日，中国人民解放军开始向占据金门、马祖岛并不断骚扰沿海地区的国民党军队进行警告性炮击。

1月9日，致信罗家伦，送上在法国画展的目录，说法国几家大报均有评论，“据说这是对东方绘画向来未有过的注意”，另一册请罗家伦代送叶公超。[513]

1月10日，苏雪林致信凌叔华，劝其回台湾定居。

1月16日，再次致信罗家伦，告知法国画展详情。[514]

2月，于伦敦创作《谈看戏及伦敦最近上演的名剧》。凌叔华认为中国人对戏剧一般有两种态度：“一是把戏剧看作士人业余游戏产品，另一种人认为戏剧具有移风易俗，灌输民智的力量。”但她认为这都不是近代戏剧最大的意义，其最重要是“让我们了解更多的人生世相”，“丰富我们的精神与生活，使我们思想升华，同时令我们认识人生”。凌叔华介绍了尤金·奥尼尔（Eugene O' Neill，1888—1953）《送冰的人来了》，罗伯特·保尔特（Robert Bolt，1924—1995）《开花的樱桃树》及田纳西·威廉斯（Tennessee Williams，1911—1983）《在烫的洋铁屋顶上的猫》等几出她在伦敦看的好戏，希望能唤起一般知识阶级对戏剧的兴趣。[515]

该文录入南洋大学戏剧会出版的《戏剧研究：南大戏剧会

为庆祝本校落成并为本校筹款演出“钗头凤”纪念特辑》。

6月，南洋大学《中国艺文》杂志“纪念屈原特辑”出版，刊有凌叔华撰写的“发刊词”，推崇屈原人格之崇高与作品之真挚。

是月，南洋大学创作社第一本合集《夏天的街》出版。

10月13日，南洋大学学生举办首届演讲比赛，凌叔华担任华语组“光前杯”评委。

10月17日至11月1日，在连士升主编的《南洋商报·商余副刊》连载《新诗的未来》，表现了对新诗的乐观态度。其一，新诗可用白话写，解放形体，可使表达内容更加丰富；其二，新诗也有“基本音节”，拥有和旧诗一样适合东方人胃口的节奏。凌叔华认为，目前新诗之所以没有进步，问题不在新诗本身，而在人们不知怎样接受新诗。

11月12日，《南洋商报》刊载力匡《我谈新诗》，是作者读完凌叔华《新诗的未来》后发表的关于新诗的看法。

是月，于云南园创作散文《爱山庐梦影》，乃凌叔华多年爱山、看山之心得。

是年，冰心访问伦敦，与凌叔华会面，送赠题句：

遮断行人西去道，轻躯愿化车前草。

凌叔华正之

冰心于伦敦

· 1959年　59岁

7月2日—8月16日，中共中央在庐山先后举行了政治局扩大会议和八届八中全会。“反右倾”斗争开始。

1月，创作国画瓶花赠送苏雪林。[516]

约是月，致信连士升：“我今天方阅完考卷，四门功课（有三门的学生都可答议论长卷），此时方松口气。不知你和太太还有兴趣带孩子出来玩玩否?”

是月，乘直达横滨的“舟山船”，赴日本游历，经东京、镰仓、京都、奈良，共二十余天。

5月10日，凌叔华创作《重游日本记》，叙写多年后重游日本的所见所想，有回老家之感。并应南洋大学同学咨询，写下一篇日本人文旅游攻略：

东京方面一周间游程——

一、皇宫、国会及议会图书馆。

二、东京帝大神田书铺区。

三、上野公园——日本博物馆、东京中央美术馆、近代美术馆。

四、明治神宫及明治博物馆和公园。

五、东京广播电台及电视台（NHK BUILDING）。

六、松竹歌舞团伎座。

七、每日新闻社、朝日新闻社、读卖新闻社。

八、风景区：镰仓大佛及附近的寺院、热海、伊豆温泉、箱根温泉、日光、富士山。

京都方面一周间游程——

一、东本愿寺及西本愿寺。

二、皇宫（京都御所）的三条大桥、二条城。

三、三十三间堂、祇园、平安神宫。

四、银阁寺、金阁寺、清水寺。

五、京都帝大人文科学研究所及帝大图书馆。

六、京都市立美术馆、京都国立博物馆。

七、京都附近名胜区——岚山：保津川及比睿山（春日可看花拜庙）。奈良：法隆寺（最古的壁画）。大阪：大阪市立博物院，高雄（秋日枫叶）。宇治川：石山寺（源氏物语著者紫式部故居）。

凌叔华特地强调，此攻略是为学文科的青年所开，她认为："日本古代的、近代的文物在他们都需要看看。古代的可以代表中华文化；近代的多少可以代表欧美文明。至于风景区也要看看是因为日本的风景区多有佛寺古迹或文物遗迹，这在东南亚不易看见。"[517]

5月13日至16日，在《南洋商报》连载《重游日本记》。

7月18日，文学评论家夏志清致信其兄夏济安，提及凌叔华:“凌叔华曾在《文学杂志》写过一篇文章（非常幼稚）。”同时，亦对凌叔华现状表示好奇:“她和陈源是否长住台北or London？陈源是否仍在UNESCO做事？你有所知，请告诉我。”[518]

7月30日，苏雪林在日记中说，得知小滢夫妇赴香港找不到工作，又想回台湾，应美军子弟学校之聘，但拿入台证困难，且房子、家具都已退卖，又需另外租置，感叹“小莹夫妇做事如此卤莽，真是可叹”。[519]

8月18日至20日，在马来西亚槟城安顺律树胶公会开画展，苏承球主持剪彩。

9月，南洋大学中国文学研究会创刊《大学青年》，第一期刊载凌叔华国画作品《墨竹》。

10月，南大创作社第二本合集《现阶段的马华文学运动》出版，收录凌叔华散文《记我所知道的槟城》。

11月15日，凌叔华在《南洋商报》发表朱自清作《凌叔华著〈小哥儿俩〉》，并附有介绍朱文的短文。

是日，王世杰致信陈源，建议他找机会回台湾小住。

是月，于云南园为应良的诗集《时间的河流》写序，凌叔华认为如果闻一多还在，一定会欣赏应良的诗，他语言凝练，竭力推敲，是非常认真的诗人。虽然有批评说，应良的诗“不曾反映现实，专反映些人以外的东西，未免显得跟不上时代”，但凌叔华认为:“我们尊重应良的作品，正因为他不肯写‘人云亦云’的物事。一个真正的诗人，他应当独具只眼看世上一切的。就是当时被大家藐视也不要紧。李白不是被当时多少人瞧不上眼吗？但是他是多伟大一个诗人。”凌叔华在序中鼓励应良：“我们希望应良珍惜目前一切，成就固可喜，不为时人欣赏也不必失望。”[520]

冬，凌叔华去英后第一次回中国大陆，先到武汉，未得见已被打为右派的袁昌英，“当局独许（陈）登恪往汉口相见”，导游武大一周。[521]之后凌叔华去北京，与张奚若、邓以蛰等重聚，张奚若模仿已故老友杨振声手拿酒杯、扮演《空城计》里的孔明，一桌人大笑，邓以蛰“一言不发，却满眼含泪”，凌叔华“差点也流出泪来”。[522]

12月16日，《〈时间的河流〉序》发表于《南洋商报》。

是年，凌叔华作行草“大江东去，浪淘尽，千古风流人物”。[523]

同年，陈纪滢、罗家伦、曾恩波与陈源同赴德国法兰克福参加第三十届国际笔会，会后访英国，拜访陈源家，其时凌叔华在新加坡，众人见“家中凌乱，与在珞珈山时的小洋楼书斋相比，大有天渊之别”。[524]

· 1960年　60岁

9月4日，台湾当局以“包庇匪谍、煽动叛乱”之罪逮捕雷震及《自由中国》编辑同人。

1月1日，散文《爱山庐梦影》选入《南洋文摘》创刊号。该刊宗旨是帮助新加坡和马来西亚的读者认识马来亚和南洋各方面的事物，从而养成马来亚意识和南洋意识。《编后话》中评论凌叔华的“这篇散文瑰丽而动人，真是名家手笔”。[525]

2月，于爱山庐创作《〈爱山庐梦影〉自序》，凌叔华说起自己旅居西方十多年，中文作品久无知音，星马这几年，不但可以重温“爱山”的旧梦，还遇到几位“对人生对文艺工作有同样见识的真朋友”，使她获得被欣赏的勇气。散文集《爱山庐梦影》是她“来南洋后收集的一件纪念品”，记录她近三四年的生活与思想，也寄托她对云南园“留恋的情绪”，是“来星马的纪念”。[526]

是月，《爱山庐梦影》由新加坡星洲世界书局出版，扉页“献给星马鼓励我的朋友”，作序者李冰人是新加坡著名诗人。选入文章十一篇，分别是:《爱山庐梦影》《记我所知道的槟城》《我们怎样看中国画》《二十世纪的中国艺术》《新诗的由来》《重游日本记》《〈时间的河流〉序》《谈看戏及伦敦最近上演的名剧》《近代戏剧杂讲》《谈戏剧有各种写法》《略谈分幕及分场》。

其中谈文论艺的文章三篇:《我们怎样看中国画》《二十世

纪的中国艺术》和《新诗的未来》。其中《二十世纪的中国艺术》评介了1959年出版的迈可·苏立文（Michael Sullivan，1916—2013）的专著《二十世纪的中国艺术》（*Art and Artists of Twentieth-Century China*），认为该书“用现代人的眼光口吻描述与批评，熔古今中西的文化于一炉，而读者读时毫无阻碍地得到领悟乐趣，很少书能有这种力量的”，这样的书，也能“增加汉族人的自信心”，让人认识到“文字之外，艺术是一份更加可爱的遗产”。[527]

书中收录与戏剧相关文章四篇，除1958年2月创作的《谈看戏及伦敦最近上演的名剧》外，还有三篇是凌叔华在南洋大学新文学研究班上课的讲稿，材料是由几种英文戏剧的书摘译而成，为缺乏戏剧技术及理论材料的新加坡戏剧爱好者提供了一种参考。《近代戏剧杂讲》从性格描写、个性创造、布景与人物的关系、台词与角色的关系入手，凌叔华认为：“个性描写是写剧本最重要的及最难的工作，剧本成功与否，完全靠剧中人个性写得好不好。”[528]《谈戏剧有各种写法》列举了引起观众好奇心的神秘派写法、喜剧型的讽刺性写法等，指出“写剧者只需认定情节的新鲜有味，体裁的脱俗，便可创作出新的成功的剧本”。[529]《略谈分幕及分场》介绍了戏剧分幕和分场的原因及常见情形，凌叔华认为“什么伟大的戏情都应分幕地写出来”，但“分场不宜多”，用于分幕和分场的下幕，可以发挥比台词更有力量的效力。[530]

4月23日，凌叔华致信伦纳德，谈到她秘密去中国之事：“中国的朋友忠告我说，最好别向其他人提起我的中国之行。”[531]其他人包括陈源和小滢。小滢当时在香港工作，为

BBC做翻译，从凌叔华燕京大学老同学谭女士处得知凌叔华人在香港，并会从澳门去大陆，小滢和陈源均很震惊。其时两岸敌对厉害，小滢担心台湾得知凌叔华回大陆，会召回陈源扣留，急电报陈源："如果台湾让你回去述职，你千万不要去。我在信里再告诉你详细情况。"[532]

4月26日，在《南洋商报》发表《〈凌叔华选集〉后记》，交代这本书的出版由来。1956年夏，凌叔华赴南洋理工大学教授"新文学研究"及"新文学导读"，发现"这里青年学子爱好文艺而且有写作天才的很不少"，但是看过的书却出奇的少。原因之一在于香港和南洋的书业走上畸形发展的道路，"大家均在竞印古籍及翻印现代能有销路的书，这是无本生利的作品，所以很自然的就没有人再关心新的创作及出版新书了"，故而学生会有知识饥荒。另外，凌叔华旧作常被翻印，却常常在作者和作品上犯低级错误，凌叔华也想借此重新细读、挑选自己的作品，出一定本。[533]

5月，在星洲世界书局出版《凌叔华选集：凌叔华自选短篇小说集》，作序者连士升是新加坡著名报人、作家，《南洋商报》总编，称此书风雅，是"南洋人士必备的良药"。

8月15日，夏志清致信夏济安，说看到袁同礼编的《西方文学中的中国》（*China in Western Literature*）中有凌叔华的《古韵》。不知道是凌叔华自己翻译的短篇小说集还是英文创作的长篇，想请夏济安帮忙翻看查找："此事不关紧要，但我很curious（好奇）凌叔华在英国究竟写了些什么东西。"[534]

10月7日，凌叔华致信瓦内萨，附有苏轼《江城子》的英文翻译，[1] 以苏轼名句表达自己的感伤：

> She was sitting, as she used to, at the toilet table
> Near the window of her room.
> We faced each other silently
> And tears fell as suddenly as summer rain.
>
> For years I have longed to go where I could weep–
> To that hill covered with young trees on a moon lit night.[535]

是年，凌叔华自1958年10月在《南洋商报》连载的《新诗的未来》由星洲世界书局出版单行本。

同年，熊式一再版小说《天桥》，在序中说："近来有一位老牌的女作家，用了她同行冤家的笔名，写一部英文的自传，除以杀头为开场之外，还说她父亲有六个太太，她自己便是姨太太生的。"所说的女作家即是凌叔华，熊式一想写一本与《古韵》不同的"以历史事实、社会背景为重的小说"。[2]

---

1 苏轼原诗为："小轩窗，正梳妆，相顾无言，惟有泪千行。料得年年肠断处，明月夜，短松冈。"

2 凌叔华在给夏志清的信中说熊式一是"因王宝钏剧本一举成名的作者熊某"，说他写文章介绍凌叔华等作者时，用的是"居然出了书"、"居然也开了画展"诸语，凌叔华愤愤："是可忍孰不可忍！！"（凌叔华致夏志清，1981年3月25日。）陈源也曾批评过熊式一戏剧对英国人审美的迎合。

· 1961年　61岁

1月，《南洋文艺》创刊，创刊号刊载文章《读〈凌叔华选集〉》。

9月1日，连士升致信凌叔华，告知已读完她此前所寄新书两册，一为新出版的英文《新约》，一为威廉·库珀（William Cooper，1910—2002）的《外省生活景象》（*Scenes from Provincial Life*，1950）；并与凌叔华讨论新加坡教学研究的困境，一在人才缺乏，二在书籍缺乏。又问凌叔华近来有否述作，长篇小说是否动笔。[536]

在《外省生活景象》扉页，凌叔华用蓝墨水笔书写竖行留言：

> 一本写得很好的书
>
> 士升学长存
>
> 凌叔华 一九六一[537]

10月23日，凌叔华致信伦纳德，并寄去新小说第一章："这个故事是关于那场战争的，战争打破了几个有前途的年轻人的梦想，也打碎了一些幸福家庭的未来。中国和日本之间的战争是悲剧性的，双方都不是很清楚为什么要打仗，但又不得不打，装出为高尚的目标而战的样子。"[538]不过伦纳德认为这章太短，无法对她的整体构思有足够认识。

是年，美国耶鲁大学出版夏志清英文专著《中国现代小说史》，列“冰心与凌叔华”专门论述。夏志清给予凌叔华很高评价，他列举庐隐、陈衡哲、冯沅君、苏雪林几位女作家，认为“在创造的才能上，这些人都比不上凌叔华”。[539]论整体成就，凌叔华也超过了在第一代现代作家中占有重要席位的冰心，他认为:“和冰心一样，凌叔华写的也是妇女和儿童的故事。和冰心不一样的是，她一开始就显示出一种较成熟的感性和敏锐的心理观察，潜力也比冰心大，可惜的是她在三十年代的作品很少，无法证实这一份潜力。”[540]“但是作为一个敏锐的观察者，观察在一个过渡时期中中国妇女的挫折与悲惨遭遇，她却是不亚于任何作家的。”[541]

· 1962年　62岁

1月11日—2月7日，中共中央“七千人大会”召开，对新中国成立以来的工作经验和教训进行总结。

5月28日，小滢调回伦敦工作，陈源希望小滢一家与自己同住，可帮女儿省钱，一家人也可共享天伦。凌叔华不同意，致信陈源，强调儿女长大不该靠父母。

6月4日，王世杰致信陈源，问他是否有意回台湾任教两三年。

10月9日，凌叔华为筹备巴黎画展致信王世杰，请教藏品中蔡之定及其作品应如何描述，王世杰回信道：“蔡之定为乾隆进士（似是状元，但杰已不能记得清晰），为鉴赏家，与吴荣光等友善，系闽人，道光时尚在（拙藏李唐《采薇图卷》，有其道光三年题识）。”[542]

10月12日，在《南洋商报·商余副刊》发表《介绍中国文人画》，写于巴黎画展开幕前夕。落款写“爱山庐”，原是她在新加坡的书斋名，伦敦书斋名亦起了同名。[543]

11月起，凌叔华再次在巴黎赛努奇博物馆展出画作及收藏，题为“十四世纪至二十世纪文人画”（Quelques peintures de lettrés, XIVe-XXe siècles de la collection Ling Su-hua），展期为1962年11月—1963年11月。

· 1963年　63岁

夏末，凌叔华致信梁实秋，说起此前与胡适商定重印《西滢闲话》之事，胡适允诺代为找书，但一直搁置，近日凌叔华一位朋友在伦敦大学图书馆借到一本，便拟将此事提上日程。[544]

9月9日，梁实秋作《重印〈西滢闲话〉序》。

11月14日，夏志清致信凌叔华，附赠《中国现代小说史》。凌叔华回信表示感谢，并告知《西滢闲话》即将出版之事。[545]

12月28日，凌叔华致信夏志清，感慨：

> 有时我认为出去作女佣，也比写文艺创作说出来比较有出息一些。可惜被一切限制，还只好关门写文章。[546]

· 1964年　64岁

1月27日，中华人民共和国与法国建交。

年初，凌叔华致信梁实秋，因她从当地报纸得知梁宅入盗，十分关切。

2月4日，梁实秋致信凌叔华，告知详情："我受一大惊，损失轻微，盗则（贼）丧失性命。"同一封信中，梁实秋与凌叔华分享养花心得，他因为忙碌而无暇养花，便想到"一个人混到与花鸟为伍，其枯寂之生涯亦可想矣"，尤其国外更是难以忍受，故劝陈源动笔写作："那样的学养才华，而竟不肯动笔，实在太可惜了。你们在外国这样久，心情一定寂寞，须知寂寞正是最好的动笔的环境。"[547]

8月21日，郭有守在德国法兰克福为张大千画展举办开幕典礼，邀请凌叔华担任嘉宾，可惜未赶上。凌叔华在巴黎停留两晚，回伦敦时陈源与潘玉良到机场送行，陈源突发中风，潘玉良劝凌叔华暂缓回英，凌叔华仍如期返航。[548]

是年，在新加坡发表《爱山庐寻梦记》，记录与陈源在奥地利阿尔卑斯山区的冬季之旅。

· 1965年　65岁

1月24日，英国首相丘吉尔逝世。

11月10日，上海《文汇报》发表姚文元的《评新编历史剧〈海瑞罢官〉》一文，揭开了“文化大革命”的序幕。

1月1日，凌叔华在《南洋商报》发表《一九六四岁暮随笔——和星洲青年朋友说的闲话》，回顾在新加坡讲学的经历，并与青年朋友分享近来西方文学、绘画、音乐、戏剧等发展现状。科技的发展与观念的落后，个人的努力与社会的碍阻，常使青年苦闷，但凌叔华仍鼓励年轻人:“在社会背境及思想不够清明的年头，我们文学艺术的工作者，特别感到苦闷，自是不免的。但是我想，如若我们认清了我们努力的方向……我们会为胜任工作而感到愉悦的。”[549]

1月9日，连士升致信凌叔华，说凌叔华离开后，自己五年没有再到南洋大学，几日前应朋友邀请至南大，访凌叔华旧居“爱山庐”，“地以人传，只要南大存在一天，‘爱山庐’也将成为参观南大的游客必到的地方”。并就凌叔华新作《一九六四岁暮随笔》所引毕加索之语发表看法。毕加索认为人类有求新天性，所以他想法画些奇奇怪怪的东西吸引人，因为人们对于越看不懂的画，就越是佩服。但连士升认为，“豪放须从规矩中得来”，毕加索的立体主义实则来自早期的工笔画基础。[550]

1月24日，凌叔华收连士升信后，回信表示赞同，说连士升的话“可使青年学子猛省，从事于基本训练”。连士升颇为感动。是日丘吉尔逝世，连士升在信中与凌叔华讨论丘吉尔的演讲术。[551]

4月3日，陆小曼去世。[552]

· 1966年　66岁

5月28日，中共中央文化革命领导小组成立，隶属于中央政治局常委之下。法国政府要求台湾当局驻巴黎的代表撤离。

是年，熊式一一家搬到伦敦北部瑞士屋区，蔡岱梅开始与凌叔华和小滢亲近。据吴芳思的回忆，当时相住不远的艺术家张倩英（1909—2003）、方召麐（1914—2006）和凌叔华不时会一起聚会打麻将。小滢记得凌叔华“一直认为自己比那些（打麻将）的女士们高贵”，“也许是因为早期声名在外，让她有些自鸣得意”。[553]

3月1日，在《南洋商报》发表《陈文希伦敦画展记》，介绍陈文希在伦敦的画展。评价“他的鸡比齐白石的鸡更为可贵”，因为“齐白石只敢画小鸡，陈文希不论母鸡小鸡或公鸡一概都画，这比齐白石高一筹了”。她认为陈文希的最高艺术成就是“做到避免甜、邪、俗、懒四字”，所以“他的画上意境，也是逸品居多了”。[554]

3月12日，因中法建交，法国政府要求台湾当局交出使馆，将以“联合国中国代表”名义驻大使馆看守的陈源强行架出。

9月12日，苏雪林接凌叔华自英寄来之信，得知凌叔华赴加拿大教中国现代文学，陈源已退休，与外孙女同住。雪林想到凌叔华离英后，陈源饮食无着，老境可怜。

11月30日，苏雪林接凌叔华来信，提到陈源自联合国教科文组织退休后，无一文退休费。

· 1967年　67岁

1月，林海音主编的《纯文学》杂志在台湾创刊，第二期即推出“近代中国作家与作品”专栏。每刊一篇老作家的作品，便请相关作家撰写评介，后将所选作家作品结集出版为《中国近代作家与作品》。

春，《纯文学》刊发凌叔华《绣枕》，由苏雪林《其人其文凌叔华》推介，雪林盛赞凌叔华，说她“既具有东方典型美人的美，她的作品也幽深、娴静、温婉、细致，富有女性温柔的气质”。

2月17日至20日，凌叔华旅居加拿大期间，寄文《由文人画想到北京的一个文人画会》，在《南洋商报》连载。

2月24日至3月25日，在英国艺术委员会画廊（Arts Council Gallery）展出她收藏的14世纪至20世纪中国画，名为“一位中国画家的选择”（A Chinese Painter’s Choice）。

5月17日，苏雪林接陈源英国来信，提到老来记忆力日退，人名、地名、成语、常用语汇多不能记忆，看书读报速度极慢，下笔无力。苏雪林回信劝慰，说自己也有类似状况，均是老年衰退症。

6月底，凌叔华赴加拿大，在多伦多大学教授近代文学。

9月12日，凌叔华致信伊恩，感谢伊恩帮她考虑在美国以平装本形式再版《古韵》，她认为现在正是很好的时机，“近年来大多数关于中国的书在那里都很畅销。如今，人们对那些宣传性的书籍感到厌倦，他们意识到那些反映真实生活、有女性文学品味的书籍才是他们想要的”。她提议考虑弗吉尼亚·伍尔夫的出版商哈考特·布瑞斯（Harcourt Brace），并对《古韵》再版充满希望：

> 我希望我不会再错过《古韵》的另一个十年。（这本书十年前第一次出版。）时间过得很快，您觉得呢？[555]

9月18日，凌叔华致信查托与温德斯出版社职员布伦纳先生（Hugo Brunner），附上关于《古韵》的评论。[556]

10月19日，凌叔华致信赵如兰，咨询《古韵》在美出版事宜。

11月15日，赵如兰致信凌叔华，答复凌叔华前信，提供出版社建议，如Dover（多佛出版公司）、Groves Press（格罗夫出版社）、Doubleday（道布尔戴出版社）、Anchor（安可出版社）、Tuttle（塔特尔出版社）等，但也提到这些出版社近来对远东地区似乎更感兴趣。[557]

是年，创作独幕剧《除夕家宴》。

· 1968年　68岁

1月1日，在《南洋商报》发表独幕剧《除夕家宴》。

是日，同报刊载《编余走笔》，评价凌叔华人、文、画均“清秀”。

2月13日，梁实秋译完莎士比亚十四行诗，寄予凌叔华，希望“不吝赐教”；告知凌叔华他还在继续翻译莎翁的两首长诗，同时在编辑《徐志摩全集》。邀请陈源、凌叔华回台湾短游。

5月4日，凌叔华致信连士升，告知近况，并告知维塔丈夫哈罗德及法国作家莫洛亚去世的消息，准备写短文悼念哈罗德和莫洛亚。

5月11日，连士升致信凌叔华，谈论哈罗德与莫洛亚生平，及凌叔华与二人的交情。维塔与哈罗德“夫妇二人待你那么周到，替你保存字画，达七年之久，足见你的人格高尚，能够得到异邦友人的青睐”；莫洛亚为凌叔华在巴黎的书画展写序，“这份交情，实在值得珍贵”。认为两人的离世对国际文坛是大损失，对凌叔华个人也是大创伤。如写悼念短文，希望能尽快动笔，因为“思想和感情这种莫名其妙的东西，稍纵即逝”。[558]

是年，陈小滢在伦敦看到朱利安·贝尔的传记，只知他是父母的朋友，便买来当作生日礼物送给父亲。后来她自己读到此书，才知道凌叔华和朱利安的往事，而陈源“不但很冷静地加了一些批注，还把很多错字也标注出来”。后来，小滢问父亲：

“这是真的吗?”他说:“是。”我又问父亲为什么要和母亲结婚，发生了这么多事情之后，他们为什么仍然在一起。他沉吟了一下回答:“她是才女，她有她的才华。”就这么一句话，然后慢慢站起来，回到车里。[559]

· 1969年　69岁

1月1日，在《南洋商报》发表剧作《下一代》，讲述伦敦一户南洋侨民家庭的生活。

是月，陈源致信浦薛凤，提到有血压高之病，在英国养息，春天又患上软骨病，出门不便，居家不出。[560]浦薛凤复信建议用保暖膝盖之物，还去药店买了寄去英国给陈源。[561]

8月14日，伦纳德·伍尔夫去世。

9月26日，凌叔华致信伊恩，告知英国广播公司的“女性时刻”将播出《古韵》的三段节选，从次日27日开始，分别在三个星期六下午播出，广播员是西尔维娅·柯勒律治（Sylvia Coleridge），“女性时刻”制作人弗吉尼亚·布朗·威尔金森（Virginia Browne Wilkinson）告知另外三段节选将在明年一月播出。凌叔华认为这是一次很好的宣传，想知道是否可能让《古韵》再版。另外，她提到最近找到1938年和1939年写给弗吉尼亚·伍尔夫的信和手稿，可以用在新书中。希望能和伊恩面谈详议。

10月27日，凌叔华致信伊恩，说意外看到《古韵》被查托与温德斯出版社列入了11月出版名单，想知道来龙去脉。另外，也希望《古韵》出版时，伊恩能请他的朋友们说一些好话。

11月1日，凌叔华致信斯莫伍德夫人，感谢她批准了《古韵》的预印本。凌叔华意识到，要让一本多年前出版的书引起广泛反响是不可能的，“但在更多的文学论文中提及或关注这本书，这也许值得尝试。要做到这一点，您可能需要一些新的材料，给读者带来一些新的吸引力”。凌叔华认为书信能揭示作家的真实想法和个性，想知道是否有可能用到弗吉尼亚·伍尔夫和她的通信：“这些信是我创作《古韵》的最初灵感。我给弗吉尼亚·伍尔夫的信是用简单的英语写的，其中一些可能写得不够好，无法出版，但其中一些信可以表达我作为一个外国人当时想说的话。”[562]

11月10日，凌叔华致信布伦纳，感谢他为《古韵》再版所做的努力，她寄了一些可能对宣传有用的资料，包括六封弗吉尼亚·伍尔夫的信和四封自己的信、两本目录和一套十本的复制品，附有法国作家安德烈·莫洛亚写的序言：

> 这些都可能为宣传我的创作和绘画提供一些素材。安德烈·莫洛亚和胡适（当时伟大的中国学者）都告诉我，他们从来没有写过任何介绍中国艺术家的文章，却为我写了。在莫洛亚的序言中，他提到了弗吉尼亚·伍尔夫和《古韵》以及我画作的“洞察力”。[563]

11月17日，凌叔华致信布伦纳，说她想为宣传书写一些东西，主要内容是：

> 关于弗吉尼亚·伍尔夫和我之间的通信是如何开始的。

那时我们“相距千里”，正值那场可怕的中日战争。我们的敌人拥有所有的现代化装备，而我们几乎没有武器，但我们不得不去打一场战争。

凌叔华提到大卫·霍克斯（David Hawkes，1923—2009）邀请她11月28日给他的学生做一个关于中国现代文学的讲座，凌叔华特别提到他是近年来西方研究中国最优秀的学者之一，她问布伦纳是否可以寄一本《古韵》给他，或给其他能写评论的人。

另外，凌叔华提出，和弗吉尼亚·伍尔夫一样，她希望布伦纳叫她的笔名Su Hua，而不是陈夫人：“就我而言，西方的陈夫人太多了，有些陈夫人我根本不喜欢。”[564]

11月27日，《古韵》再版。

12月18日，陈源致信吴鲁芹：

年关已经到了，我们还是在伦敦没有动，并不是我们决定不去台北，而是我们没有决定是否去台湾还是留伦敦。走或不走，需有决心，老是决不下心来。

· 1970年　70岁

1月1日，在《南洋商报》发表独幕剧《夫妻》。

2月8日，凌叔华致信布伦纳，解释因为丈夫身体不好，所以没有写信。她发现一些以前的手稿，没有出版过，可能可以帮助更多读者了解《古韵》，但她希望先能弄清楚这些手稿对西方公众是否有吸引力。

3月21日，王世杰收到凌叔华的信，得知陈源中风，“情状极严重。心殊不安之至”。[565]

3月25日，陈纪滢致信凌叔华，询问陈源病情。

3月29日，陈源去世。

3月31日，《南洋商报》刊载李建《记凌叔华先生》，介绍凌叔华及她在南洋大学的教学与生活。

4月3日，陈源由殡仪馆至坟场，然而“他的最后一程，人生的最后一程，肉体行将被焚化的最后一段三英里的道路”，只有台湾外交官陈尧圣和他的太太熊文英二人相送，熊后来在文章中写：“陈源教授在灵柩中，如果有知，应该觉得孤独，凄凉……”[566]

4月6日，凌叔华致信陈纪滢，讲述陈源临终前后病况，并请帮忙在台湾择一墓地：

> 3月25日来示收到，蒙记挂通伯病况，十分感激。不幸

他终于抵抗不过旧病（即在法国受刺激得的Stroke病！）于29晚与世长别了！通伯于3月12日入院之后，始终未能说话，大约多半在半醒半睡状态中，样子安详，颇可告慰挚友与亲人而已。4月3日在伦敦北城教堂火葬。此后华拟将骨灰带回台湾，择风景清幽之处给他作长眠之地。罗家伦先生墓地似乎甚为理想，通伯与他、孟真、适之等生前为至好朋友，如能在这些人附近择到地点就好了。不知先生暇时能否就所知告我一点可能性……

4月7日，台湾《中央日报》刊载苏雪林的《悼陈源教授》。

4月14日，英国《泰晤士报》刊载悼念陈源的文章，称其去世使英国人"丧失了一种与现代中国历史最重要的一段时期仅存的联系"。

4月18日，王世杰赴阳明山公墓拜谒罗家伦，并应凌叔华此前之请，为陈源墓地做初步观察。[567]

5月13日，致信C. 戴-刘易斯（C. Day Lewis，1910—2002），寄上几年前写的两部短剧，想请刘易斯读："我的一些朋友认为它们体现了中国诗歌的精髓。但我不敢去想英语读者是否会喜欢它们。如果您能读一下，我将不胜感激。"[568]

5月26日，梁实秋致信凌叔华，回忆陈源"不轻发言，言必有中"。

6月14日，凌叔华赴台湾，参加王世杰在台北故宫博物院举办的《明清之际明画特展》。

6月16日，凌叔华拜访王世杰，与之详谈陈源去世前的情况。

6月19日，与李方桂夫妇、吴大猷、傅申夫妇、杜威利等在王世杰家吃晚饭。

6月27日，在台北中泰宾馆见苏雪林，苏雪林云凌叔华比十年前微胖，“尚不显老”，凌叔华邀其来宾馆同住，但雪林怕宾馆冷气，没有答应。

6月28日，在台大医院外科讲堂，参加武汉大学校友会举办的陈源先生追悼会，出席者150人，追悼会后，苏雪林与顾如邀请凌叔华、陈源之弟陈洪夫妇赴功德堂吃素食。

6月29日，上午与苏雪林参观台北故宫博物院，观赏故宫乾隆皇帝书画及文房珍玩，中午，故宫博物院副院长何联奎请凌叔华与苏雪林至红宝石餐厅用餐。

约是月，与张秀亚、林海音、谢冰莹、琦君、王怡之相约至台北中泰宾馆聚会，并合影留念。

7月，在《纯文学》杂志发表剧作《下一代》，该作早前曾在《南洋商报》发表。

11月23日，王世杰致信凌叔华，感谢她介绍美国藏家朋友：“承介绍美国史坦因夫人，已如嘱善为接待。彼在敝家所阅拙藏书画，不下三四十件，似以此一晤会为快。”[569]

12月，致信浦薛凤、陆佩玉，欲将浦薛凤致陈源信收入《西滢全集》，请撰纪念文章，并告知《西滢全集》将在《传记文学》杂志社出版。

是年，致信《传记文学》主编刘绍唐，附上王世杰所存陈源长信及王世杰致凌叔华信一封，希望刘绍唐能在《传记文学》刊载，可以作为《西滢全集》“有力的广告”。[570]

同年，作诗《春日偶成》，后经陈从周发表在北京《团结报》：

重重新绿漾湖光，幽径行行草木香。

便从江南山水看，梦回依旧是他乡。

· 1971年　71岁

3月，撰写怀念陈源的文章《写在周年祭的前夕》，未刊。

7月18日，赴湖区旅行，念老友苏雪林，致信并赋诗：

湖区杂记

重峦叠翠映湖光，曲径闲行草木香。

暂作江南山水看，梦回依旧是他乡。[571]

秋，连士升游欧，抵伦敦时，凌叔华至寓所拜访，中午请连氏一家在中国饭馆吃饭。之后，连士升再往巴黎、日内瓦、波恩，归来伦敦，又应凌叔华之邀，至大英博物馆参观敦煌古物；并至凌叔华家拜访。

10月16日，连士升致信凌叔华，感谢伦敦期间凌叔华的招待，谈到凌叔华的家，是“花园洋楼，坐落于伦敦高尚的住宅区，宁静舒适，富有城市山林的意味”；凌叔华的书斋“藏书不少”，四壁挂着凌叔华最得意的绘画多幅。评价凌叔华的画“独树一个风格，不落反（凡）响”，书法则显然得力于董其昌，“娟秀中带着遒劲，很够味儿”。建议凌叔华回东方，将毕生杰作选出印成画集，以广流传。此外，连士升特别称赞凌叔华《我们怎样看中国画》一文，并在信中抄录他最认可的两段。[572]

10月17日，王世杰致信凌叔华，怀念陈源：“旧友大半凋零，闷时忆念不置，通伯其一也。”

· 1972年　72岁

9月5日，发生以色列运动员在慕尼黑奥运会惨遭杀害的“慕尼黑惨案”。

春，梁实秋因误信冰心去世的消息，写文《忆冰心》，发表在《传记文学》十三卷六期。凌叔华读后致信梁实秋，告知冰心依然健在。

4月1日，致信连士升，告知身体健康，并对连士升表示想回东方小住：

> 近来我尤其想到东方来过些年日，因我觉得西方一切都在走下坡路，尤其年青一代消沉于自我享受（尤以性生活为甚）的自私生活，这对于西方文明及文化都是一个大打击。英美的青年，不以懒散自私为耻。英国近年来失业者已超过百万，年青人都拿国家津贴养活下来，他们大多数并不急急做工，只是懒散游荡，甚至吸毒，不以为耻！[573]

4月9日，连士升致信凌叔华，对凌叔华离英的想法十分理解，称凌叔华“出身望族，五十年来，严守文学和艺术的岗位，手不释卷，笔不停挥”，“尽心、尽意、尽力地要促进中外文化艺术的交流”，见一般青年消沉缺乏斗志，难怪会失望，动回东方的念头。连士升认为凌叔华如能到香港或新加坡小住，把她收藏的汉代石刻带来展览，是很有意义的事。连士升也提到凌叔华在南洋大学教过的学生石君（原名吴秀珍）出版诗集《绿苔》，并以凌叔华教授学生的名义拜访他，称石君对凌叔华“景仰备至”，称赞凌叔华：

> 你在南洋大学播的种，现在已经到了收获的阶段。你在新马一带的学生，一提到你的大名，眼睛简直会发亮，脸部也发出光彩，这是从事舌耕笔耕的人最大的收获，比较任何政府所颁给的勋章有意义得多。[574]

9月7日，凌叔华致信连士升，谈到德国慕尼黑发生的屠杀事件，精神受到严重打击：

> 今日买了报纸看看，不少社论都十分悲观。英国本身亦十分懊恼，一边受爱尔兰的不宣而战的闲气，另外又受乌干达送回亚洲英籍民的压迫，真是哑子吃黄连！现在他们自认不是头等民族，也不叫人称赞谦虚了。

凌叔华因此想暂时取消东方之行。感慨：“我们这一代的人真是‘苦命’，战争的魔影，永远追随着我们。”

9月13日，连士升致信凌叔华，称她“是个成功的文学家，文学家的想象力极强”，故而会有如此心情，但也鼓励她应从乐观处考察，否则就算气死自己，也无济于事。[575]

是年，回国游览，至湖南、北京、上海等地。

· 1973年　73岁

5月14日，郭有守致信凌叔华，告知中国将派大型文物展览到巴黎展出，他向国家文物局王冶秋局长和郭劳外事处长介绍凌叔华：“我主要介绍你和你的收藏。我认为应归祖国所有。……我当时向他建议，望他与外交部商议，电知驻英使馆通知你去巴黎参加开幕。王团长五日离北京，六日到巴黎，七日就通知你，可谓没有误期。”[576]

7月2日，沈从文收到凌叔华自英国寄来的生活用品和药物，致信表明心意：“至于生活上日用品，从来未感到缺少，可说‘要什么有什么’，而且事实上还十分价廉，医药方面则有公费治疗，更不必担心（所悉熟人中情形通差不太多，只个别偶尔会久病延缠，情绪上有些不可免的焦躁。一般都可说生活过得很好，远不像帝国主义者有意造谣所说的情形）。盼望你以后不必费神远远地从国外捎寄东西来。”[577]

9月22日，苏雪林致信凌叔华，报告袁昌英去世的噩耗。在珞珈山和乐山武汉大学圈子中长大的历史学家吴其昌之女吴令华曾谈及三人：“袁昌英一肚子学问，满腹诗书，气度自华，令人仰慕；凌叔华生活在自己的精神世界里，云中仙子，高贵优雅，令人艳羡；而苏雪林则像是隔壁邻居的大朋友，快人快语，率真亲切，令人亲近。”[578]珞珈三女杰自此阴阳疏隔。

11月20日，凌叔华收到邓颖超秘书赵炜的回信：“你最近一时期给我寄来的信及剪报已收到，均及时转呈超姐，请勿念。超姐谢谢你，嘱我复信给你。从你所寄来的剪报看，知道你很关心世界大事，而且积极剪报提供新闻消息，我们看到后很高兴。”[579]

· 1974年　74岁

8月初，罗青从美国经伦敦回台湾，梁实秋委托罗青代为拜访凌叔华并转交短笺，因她"是张秀亚在辅仁的学生，是代表台湾故旧登门拜访的最佳人选，一定有得聊"。凌叔华令其转告梁实秋：

> 你回去告诉你们梁先生，我写信多少次，要他来，他一辈子翻译莎士比亚，研究英国文学，居然没有到过英国，实在说不过去。……快叫他来看看，大英帝国都快没落完了，再不来，就什么也看不到了，现在的年轻人，一点样子也没有，以后，只有更糟。

后梁实秋回复："Arthur Waley一辈子翻译中国文学诗词，没有到过中国，我一辈子翻译英国文学莎士比亚，也没有到过英国，一东一西，刚好可以扯平。"

是日，凌叔华与罗青聊画甚是投机，招待其吃打卤面：[1]

1　关于凌叔华的饮食，小滢曾谈到："母亲不能吃猪肉，所以我们大部分时间都吃牛肉。她做饭很好，但她不想做。我们一直吃中国菜，但都是简餐。我父亲常常下面条，就是简单的清汤面。我的确按照赵女士（即赵杨步伟）的烹饪书做过饭，但我母亲却把大部分菜都扔掉了，因为她们就像猫和狗一般天生不对付，彼此厌恶。我们经常吃白米饭，中国式炖牛肉和卷心菜。……我父亲喜欢无锡菜，不过我的母亲做菜却很简单。"转引自吴芳思：《梅达谷的麻将》，载《蒋彝和他的文友：旅英华人的艺术创作与社会交往（1930—1950）》，第238页。

打卤非常丰富，肉丝笋丝香菇丝胡萝卜丝加蛋花，红红黄黄黑黑白白，十分香醇可口。凌先生坐了下来，拿起筷子，看了看我的面碗，又放下了，说给你再加一个卤蛋吧。说罢起身，朝冰箱走去，一面自豪又稀罕地说：“我的卤蛋，可是有名的，一般人想吃还吃不到呢。”[580]

· 1975年　75岁

3月，凌叔华在香港《大公报》连载《回国杂写》，以“我怎样回国及回国所见”“我们为什么要回国（痛定思痛的回忆）”两部分，详述她1960年和1975年的两次回国经历。

4月，凌叔华抵达北京，得知请求去敦煌已被批准，喜出望外。

4月下旬，北京机场经西安飞兰州，抵兰州时，敦煌研究所所长常书鸿接机，次日参观兰州博物馆和兰州大桥公社；第三日参观兰州毛织厂，晚饭后搭火车去酒泉，再赴敦煌。

5月1日，早五点，凌叔华完成敦煌之旅，自敦煌乘火车到达兰州，敦煌研究所所长常书鸿与妻子李承仙同去车站迎接。上午稍事休息后，常书鸿将近作油画四幅与凌叔华看，并赠以他1958年出版的小画册，凌叔华很喜欢他画的“人物”，说“外国人画中国人画不出真正中国人的气概”，而常书鸿的画“充满了中国人的气质特点”，建议常书鸿托她将几幅油画送去参加英国每年一度的夏季画展。但因为画作出国关系很难处理，常画也不在家中，遗憾未成。李承仙看凌叔华鞋旧，送了她一双皮鞋，她说很合适。下午，常书鸿陪凌叔华参观雁滩人民公社，“她表示满意”。晚上，省委副秘书长以国际旅行社社长的名义请凌叔华吃了丰盛晚餐，常、李陪同。[581]

5月2日，上午五点，凌叔华离开酒店；八点乘飞机飞西安、延安，再回北京。常书鸿在给郭有守的信件中，提到此次凌叔华的旅行费用以公费优待。[582]

5月9日，梁实秋与韩菁清结婚，凌叔华致信罗青，请代为致意："梁先生结婚喜讯，也传到国外。从此，梁先生可以减少悼亡寂寞的侵袭，对他的健康及未来工作，实有补益。"[583]

5月11日，王世杰与张维桢、张沅长午餐，谈及凌叔华赴大陆并"为文鼓吹之事"，颇有微词："余以为凌女士如此作为，其夫陈通伯如有灵，在九泉之下必寒心。"[584]

是年，罗家伦女儿罗久芳陪母亲张维桢游西欧，专程拜访凌叔华。凌叔华请她们在中餐厅午饭，然后去她的画室参观，题赠《古韵》第二版给久芳。[585]

· 1976年　76岁

是年，英国广播电台约请凌叔华搜集茅盾、巴金资料，以便推荐二人参评诺贝尔文学奖。[586]

· 1977年　77岁

1月26日，凌叔华致信赵如兰，附上刚发表的文章，并分享关于中国文化的思考：“我去敦煌看过壁画之后，我觉得中国民族原来是一个很健康的民族，经过宋理学家的磨折，明清君主的摧残，精神上很受损失，体格上也吃亏，你看对不对？”[587]

2月17日，凌叔华应邀在英国广播电台介绍鲁迅。

7月16日，致信巴金，说在《大公报》上看到巴金访问，知道他仍在上海，一切安好，十分欣慰。信中念及抗战前一年与萧乾同访巴金之事，“蒙你殷殷招待，至为可感”。也分享生活现状，表达身处异国的孤独：“十分寂寞与无聊，这到底不是自己的国土，人民也是隔层山似的。”希望9月能回国，在上海与巴金一见。[588]信中说巴金或者不会记得她，后来巴金在《关于〈长生塔〉》中说：“我当然记得她，而且我还保存着她四十二年前写给我的几封信。”[589]

7月24日，苏雪林收到凌叔华来信，说赴美旅游归来，见到方君璧身体不错，只是老迈虚弱，耳有重听。

8月29日，巴金致信凌叔华，期待上海相见。

10月，回国途中听闻“四人帮”粉碎，创作打油诗：

一九七七偶成打油诗

海外忽闻收四怪，初闻涕泪满衣裳，

却看字画愁何在，漫卷诗书喜欲狂。

白日放歌非纵酒，青春已过早还乡，

却从港九入深圳，直到羊城上洛阳。

（注：我于第二次世界大战后，匆匆出国，在北京旧居存有数箱家传书画。一九七二年回京，发现均已在“文化大革命”期间被烧被毁了。幸而还有少数书画带到西方，以前不免担心不能带回国去。）

洛阳指北京。[590]

11月1日，苏雪林收到凌叔华信，得知老朋友蒋彝在美国患癌症。

12月5日，苏雪林给凌叔华写圣诞新年贺卡。

· 1978年　78岁

8月6日，通过中国驻伦敦大使馆向华国锋总理和邓小平副总理转交关于领回史家胡同旧居的申请。

9月24日，巴金创作《关于〈长生塔〉》，谈到《隐身珠》的创作过程，以及对凌叔华的回忆。

是月，在《大公报在港复刊十周年纪念文集》中发表散文《敦煌礼赞》，记叙敦煌旅游的所见所闻。

是年，《新月小说选》出版，叶公超作序，谈到新月派写小说的人中最著名的是沈从文，其次是凌叔华。评论凌叔华“是一个出身于传统社会旧家庭中的新女性写实作家”，认为她的文字像英国十九世纪小说家简·奥斯汀，书中人物也似《傲慢与偏见》。[591]

同年，田仲济、孙昌熙主编《中国现代文学史》出版，是新中国成立后第一次有文学史提及凌叔华之名。“写在后面”中，作者以凌叔华为例，反思中国现代文学史将非革命作家隔绝于外的倾向。凌叔华研究得以重启。[592]

• 1979年　79岁

6月28日，苏雪林收到凌叔华信，信中附有端午节感怀诗：

天涯漂泊寄残年，佳节传来只惘然。

屈子沉江词赋在，与君日诵吊先贤。

苏雪林评价凌叔华的古体诗：平仄尚调，诗亦小有风致。

9月21日，沈从文致信赵家璧，谈起徐志摩出事前，众人力劝他离婚，胡适特为提到，“把林徽因、凌叔华及某名作家并提时，却以为论才情，小曼先生或不及三人有才气，论为人气度开阔，小曼却高一着……对人对事真正厚道，还是小曼好”。[593]

10月，吴鲁芹在《传记文学》发表《记珞珈三杰》，书写记忆中的老师苏雪林、袁昌英和师母凌叔华。苏雪林读后颇有不悦，在日记中称其：“对凌叔华独揄扬备至，对我及袁昌英则不表佩服。”[594]

是年，凌叔华患上乳腺癌。

· 1980年　80岁

1月2日，苏雪林收到凌叔华所寄贺卡和短信。

1月4日，苏雪林取航空信笺回复，在日记中提到："叔华写信也和谢冰莹差不多，冰莹寥寥数行，好像开条子，叔华则金玉其音，每年圣诞新年来一贺卡，卡上附言至多不过百字。唯我写信辄长篇大论，累累数百言，学生时代好写长信，今仍不改，亦是怪已！"[595]

是月，致信阎纯德，说《花之寺》有"幼稚病"。

6月15日，陈敬之《现代文学早期的女作家》在台湾成文出版社出版，"早期的几位女作家"中有"凌叔华文如其人"一节，后另有专章讨论凌叔华，概括她的四个特点：一是东方典型美人；二有美满的家庭生活；三是富有女性美的文艺作品；四是画家兼艺术收藏家。

6月30日，凌叔华致信浦薛凤，是收到浦信后的回复，得知浦薛凤女儿将携女过英国转欧洲，她因独居，常去外埠漫游，希望能提前通知，以免失之交臂。谈到有台北书店友人此前带来《叶公超文选》《方令孺文选》，"常于黄昏时低诵，俾领略三四十年前友侪文酒乐趣，此虽私人情趣，但在乱世，有此慰藉，胜服人参鹿茸多矣"。又谈到陈源去世后，内心抑郁无可排解，只能远游纾解苦恼，遗憾自己没有宗教信仰，只能"努力寄情书画文艺，俾生活情感有所皈依"。信中也有提到冰心：

“冰心是我老友，近年曾相见数次，她虽在古稀之年，但健康和兴趣未减当年。可喜也。”

是月，尹雪曼在台湾成文出版社出版《鼎盛时期的新小说》，有专章“凌叔华的纯文学”评论凌叔华。总结凌叔华创作特色为：一、于心理描写，是深刻细腻的；二、于文字表现，是深蕴于内，而且调子平静；三、于景物描写，对色彩特具敏感，而且处处表现出一种诗情画意；四、于文字的运用，是纯粹的国语。[596]

7月3日，凌叔华致信浦薛凤，告知收到浦寄来的女儿浦丽琳的诗集《心笛集》，“不少晶莹诗意”；也提到浦丽琳及女儿到欧洲旅游，来伦敦拜访凌叔华之事，凌叔华对她们印象很好，赠予旧作《古韵》《新诗的未来》及所写的敦煌文章。浦丽琳后来回忆此次会面，说凌叔华“洁白朴素”，“脸上一无脂粉，穿了件素色的衣服，头上包了个布巾”，还准备了数碟糖果、山楂片、陈皮梅等。凌叔华伦敦寓所进门处放有不少旧报纸、杂志、瓶子，墙上挂有她的“小品中国画”。凌叔华“平易近人，纯朴的个性”，给浦丽琳气质“不凡的好印象”。[597]

8月，木令耆连续两日拜访凌叔华，与她谈天，并在她家用餐。木令耆说凌叔华令她“憧憬老年的我”，评价她“如夏初的菊花，有些傲岸，有些孤僻，但又极热情，极温善，极易伤心”。并评价凌叔华在伦敦的独居生活：“这是她自己的选择，孤独是她的自然选择，并不是她不善合群，而是她易于受伤，易于失望，‘孤独’是她采取的护符，独自生活也保护了她的精神。她如菊花，敦厚娴雅又富于感情。”[598]

10月22日，夏志清因写《中国现代小说史》致信凌叔华，提到读了《一件喜事》以后，“实在认为是篇杰作，无怪英国作家都叫好”，并表示对凌叔华家世大感兴趣，想写长论文将凌叔华的小说“好好检讨一番，也想提供一些可靠的传记资料”，故而希望凌叔华能将父亲的事迹、生活告知，并希望能将《古韵》及未入选《凌叔华选集》的小说和散文寄他一阅。同时，夏志清还提到弗吉尼亚·伍尔夫的日记书信今年大量推出，认为凌叔华与她的交往经过，“其实也可写几篇回忆，永远变成文学史的一部分”。[599]

11月17日，凌叔华回复夏志清信，称之为“空谷足音，好久未有的喜悦”：

我们常想虽然一个文艺工作者不应好虚名慕爱戴，但古今未有几人想得开这一点的。古人说“藏之名山”，之后也还是说“传之后人”，希望你不见笑我的坦白。……蒙你谬奖拙作《一件喜事》，确也令我高兴，这好比刻意做的一件艺术品（此处艺术说是绣花或菜品均可），为得到识货的称许，不免由心的高兴吧！

凌叔华谈起她想要继续创作的愿望：

近来因眼见许多的朋友的凋落如深秋草木，懊恼之余，不免还想振作一下，努力写一本像样的书，一来偿愿，二来也许是生活的如意办法，我们这一类的人，活着专为"日食三飧"是会悲观的。（蜜蜂型的人？）

凌叔华还向夏志清介绍了西方文坛对她作品的批评，例如哈罗德·阿克顿发表在《泰晤士报文学增刊》上的长篇介绍文章，另外也提及欣赏她作品的几位西方批评家，包括奥登、莫洛亚等，并强调"都具有凭据的"。至于夏志清提到的弗吉尼亚·伍尔夫，凌叔华认为她在伍尔夫的信中所看到的是"一个很爱扶助弱小人物的女性"，这印象与一般英国人不同，她想写一篇文章介绍伍尔夫这部分个性，但英国登文章不太容易，希望夏志清能介绍美国是否有合适刊物。[600]

是年，凌叔华向南洋大学旧学生余秀斌表示，想赴新加坡住一段时间。

· 1981年　81岁

2月15日，凌叔华致信夏志清，回答夏关于凌作的若干问题。凌叔华告诉夏，《古韵》并非译作，只有《一件喜事》和《搬家》是意译，其他都是直接用英文创作，写后请马乔里小姐（Miss Margaret Strachey）修改过句法。除《古韵》外，《无聊》和《写信》也得到朋友夸奖。凌叔华也提到从音节解释新诗的旧文《新诗的未来》，曾在新加坡发表过，几月前又被登载于美国的《秋水》双月刊，会同小说一并寄给夏志清。[601]

3月25日，凌叔华致信夏志清，回答夏所问关于她父母、生年等问题，并谈到与来英友人吴鲁芹的长谈，遗憾在英国除了英国朋友，没有一个中国朋友肯谈这些事，对于有成就的作家，她“也不屑于高攀”。凌叔华特别提到熊式一：

> 因王宝钏剧本一举成名的作者熊某对我们这样作者，他写文章介绍时，都是酸溜溜的——说“居然出了书”及“居然也开了画展”，是可忍孰不可忍！！

至于弗吉尼亚·伍尔夫，凌叔华提到最近伦敦为布鲁姆斯伯里圈所开的三次介绍会，两次音乐会，一次戏剧，均是满座，可见布鲁姆斯伯里的影响力仍存，凌叔华也准备试写一篇关于伍尔夫和维塔的回忆文，寄给宋淇和乔志高所办的《译丛》

（*Renditions*）。

另外，凌叔华随信附上她法国画展的宣传册，特别提到内有法国作家安德烈·莫洛亚的序："据他对人说（对中国朋友），这是他唯一的一篇文章，提到他对于中国艺术与文学。他也是唯一的法国作家鼓励过我写书的。"[602]

4月23日，苏雪林致信凌叔华，提到凌叔华此前在信中说要发愤写作："你现在要发愤写作，甚好！甚好！夏志清在他一本关于五四新文学书里说你的文才在兰子与我之上，这是真的。可惜你总是惜墨如金，发表了几本书后便搁笔，这不是妄自菲薄吗？于今重拾彩笔定有惊人巨著写出来。儿时故事题目太好，快写快写，我想先睹为快呢。"[603]

4月25日，凌叔华致信夏志清，将弗吉尼亚·伍尔夫等人的信以及和《古韵》有关的信影印寄上，总共八封，其中有弗吉尼亚·伍尔夫两封，伦纳德·伍尔夫四封，维塔一封，她认为这些信可以说明伍尔夫夫妇和维塔这三位帮助过凌叔华的人的真实性情：

> 普通文艺界人士都以为V.W.是一个非常骄傲无情的人，她的丈夫又是一个冷酷的出版家，那是错了。……Vita S. West原是贵族出身……她原是一个爱才如渴的人，一点架子没有，我第一面见了她，她即一口气鼓励我写完我的书，当然她为了追念她的好友，也有关系。……V.W.之夫L.Woolf外表也十分冷淡，他是负盛名的出版家，又是*New*

*Statesman*及*Nation*的主笔，又是议员，但他对一个无名小卒，都十分热心扶助且让人感到亲切，这是难得的。

此外，凌叔华还影印了两篇文章，一是《泰晤士报文学增刊》关于凌叔华作品的长评文章；一是她所写的纪念弗吉尼亚·伍尔夫的文章。

长评文章旨在说明《古韵》当时在英国批评界得到的盛赞："书出之后，如经过*Times Literary Supplement*批评，那本书即有'身份证'了。"凌叔华谈到，有英国朋友告诉她，如果她当时能认定机会，再写下去，说不定可以享受国际声誉。但是她没有继续，现在重提，希望"亡羊补牢"还是可以办到："这二十几年，我知道可歌可泣的事情很多，写下来虽不为名为利，倒也是一棕（种）值得做的工作吧？"为此，她也希望能得到夏志清的支持："希望高明时加鼓励。"

纪念弗吉尼亚·伍尔夫的文章是凌叔华看了艾德娜·奥布莱（Edna O' Brien）编剧的《弗吉尼亚》（*Virginia*），发现一票难求且引发很多讨论，决定创作文章，回顾处于中日战争绝望境地的自己如何唐突给伍尔夫写信，伍尔夫如何鼓励她创作《古韵》。伍尔夫去世后，维塔和伦纳德又如何帮助她完成《古韵》，最终促成其出版，希望能够通过凌叔华与他们的相交情谊，"让世人看到他们的谦逊与善良"。她为文章初拟的题目是"我记得弗吉尼亚·伍尔夫"（I remember Virginia Woolf）。[604]

5月初，凌叔华回北京，文洁若至凌叔华所住的华侨大厦将她接至寓所，与刚做完肾结石手术的萧乾相见。文洁若形容凌叔华“皮肤白净，皱纹不多，一对清亮亮的眼睛透出内在的睿智”，“身材适中，仪表端庄，没有老态”，可能因为头发稀疏，在室内也“扎着一块小小的丝巾”，“精神矍铄，娓娓而谈”。[605]之后，凌叔华至昆明采风，为新作做准备。到北京准备离去时，文洁若又去华侨大厦为她送行。

5月16日，致信阎纯德，再次强调署名“凌叔华”的长篇小说《梦里心声》和短篇小说集《柳惠英》不是她的作品。

5月17日，夏志清致信凌叔华。

6月4日，凌叔华回伦敦。读到夏志清5月17日的信，立刻致信宋淇，反对他们在《译丛》出版“凌叔华专号”（Special Section on L.S.H.）。

6月5日，凌叔华致信夏志清，详细解释为何反对出版“凌叔华专号”，主要是两重考虑，第一是担心会沦为笑柄：

> 有些人以为我要“沽名钓誉”，同时也要弄一可靠饭碗，以养余年。这两者我都并不需要而且不以为耻。在我多年淡泊生涯中，我也曾被中外智识阶级同情与尊重，今忽有此“不虞之誉”，大约会有不少人以为我将要借口途穷日暮，大打秋风了！……
>
> （我一再强调自己是工蜂一类动物，“无工可做，便会苦恼，其实做了工，劳顿至死也无怨言”，我用“乖乖的倒下死了”），我一再以工蜂比喻，就是怕人以为我借口“年

将就木，乞怜于出版家”的意思。

第二是认为有悖于自己的原意，只是“想把V.W.对我的慈悲恩惠公之于众，有不少批评家、作家，也是她朋友多年了，大都未描写到她这一方面的个性……此次写出，只是一种感激心情的驱使，而且让东方读者也看到西方作家善良人性的一面，也是值得的（我毫无想过借V.W.文风以自表扬）”。

总的来说，凌叔华自陈：

> 我希望我已经说清楚我绝对不赞成为凌叔华出专号。我虽已近风烛残年，但我绝不希冀身后虚荣或叫人误会我沽名钓誉，抢一碗饭以保余生！[606]

6月30日，凌叔华致信夏志清，表达对夏氏寄还文稿的感谢，也再次表示歉意：

> 我很抱歉我一直未曾想到自己犯了“敝帚自珍”错误，更未想到也受了“嗟来食”的待遇，这次的事费了您不少时光，惭愧不已，但望您勿见怪。其实这也是古今文人通病，不是我一人有这毛病！[607]

7月14日，常书鸿致信凌叔华，提到他5月在宴会上见到邓颖超，邓向旁人介绍常说：“这是我的好朋友，他对我的朋友凌叔华在甘肃遇到困难时帮了她的忙！”[608]

11月19日，叶公超在台北《联合报》副刊发表《新月忆旧——忆徐志摩二三事》，提到徐志摩曾将陆小曼和凌叔华作比：“陆小曼……是很奇怪的女人，实际上是和凌叔华同样的人，不过彼此不承认是同样的女人。”叶公超说“陆小曼和凌叔华是不说话、不肯见面的”，此话存疑。

是月，陈从周在《新文学史料》发表文章《记徐志摩》，提到陆小曼去世前交给他一批凌叔华写给徐志摩的信：“系用仿古诗笺来写，笺上画着帘外双燕，书法是那么秀逸，但仅文字之美而已。”

· 1982年　82岁

1月，凌叔华致信夏志清，提到结婚时的打扮及衣饰，都是陆小曼悉心帮忙准备。

3月，小说《弟弟》和散文《敦煌礼赞》选入阎纯德主编、福建人民出版社出版的《台港和海外华人女作家作品选》。

4月15日，凌叔华收到浦丽琳新诗集，一口气读完，写信恭喜，称“我国新诗界已有传人了”。[609]

10月12日，弗朗西斯·斯伯丁（Francis Spalding）致信凌叔华，告知她会在1983年出版的瓦内萨传记中修改一些此前凌叔华希望她修改的段落。在后来出版的传记中，她将凌叔华称作是朱利安在中国的“珍贵朋友”，回避了他们的亲密关系。[610]

10月15日，凌叔华收到陈从周新出版的《徐志摩年谱》，致信陈从周感谢，并提到徐志摩与陆小曼及“八宝箱”旧事，强调她不是不愿将“八宝箱”交出，只是认为应该交给徐志摩的妻子陆小曼，但胡适认为不必，碍于“人多势众”，凌叔华只能原封交与胡适。“可惜里面不少稿子及日记，世人没见过面的，都埋没或遗失了”。凌叔华重申与徐志摩的感情，“真是如同手足之亲，而我对文艺的心得，大半都是由他的培植。小曼知道很清楚”。至于陆小曼，凌叔华也认为人们对她太过忽视：“她有的错处，是一般青年女人常犯的，但是大家对她，多不原谅。”另外，凌叔华提到日本占领上海时，孙大雨和郑振铎到旅馆来看她，教给一些行路难方策，助她逃出敌人陷阱，请陈从周代为致谢。信中提到凌叔华在《武汉日报·现代文艺》刊载过《志摩遗札》，希望能找到刊物下落。[611]

秋，叶君健应剑桥大学国王学院之邀，做中国文学及英国文学的报告，其间多次与凌叔华长谈。

· 1983年　83岁

1月8日，凌叔华致信浦丽琳，谈到目前遇到自悲自叹之事不少，“独居伦敦，外表还得装出‘我有办法’的可怜相”。说她想写回忆录：“记北京的朋友，不少活得有声有色的。今后都不在了，记录下来，也许还是值得的。”[612]

3月初，赵家璧致信武汉大学中文系教师唐达晖，请代为找寻凌叔华所说的《武汉日报·现代文艺》及《志摩遗札》。

4月15日，陈从周致信凌叔华，希望她能为徐志摩写传记：“盼望者是你能归国一聚。我陪你同上硖石去看看志摩兄的家与墓。他与我不知是什么前缘，我几乎做了他儿子该做之事。幼仪说我比他儿孙好万倍。如今世上最了解他的是你，希望能为他写一传，而这传亦只有你写最得体。”[613]

5月4日，赵家璧前信告知，唐达晖已找到《志摩遗札》，凌叔华复信赵家璧，说“真是惊喜万分，这是多年未有过的喜事”。并回复赵家璧关于“八宝箱”之问的诸种问题：

> 因为志摩遗稿存在我处，第一个不甘心的是徽音，第二个想讨好她的人是胡适（他政治兴趣方浓……）。我很坦白的说，据理说，志摩既把它托付我，我有权代他作主（那个“八宝箱”中不止是日记，还有不少寄与《晨报》的文稿），我说这个箱子应交予陆小曼，因她是妻子，不意

胡适一再催交，并且劝我不必保存做“秘宝”（此二字是他用，十分伤我的自尊心，我为什么须借志摩的遗物为秘宝呢）。我托公超转告胡，要交与小曼，不意他没照我话做，这是我想不到的。现在遗稿失散，我不能不难过。从这里可见胡适在志摩遗稿的保存和转移方面，玩了多大的花样。近据卞之琳写的文章中透露，就是这些后来交给林徽音保留的日记等，“在‘文化大革命’期间终于消失了（倒不是直接出于‘打、砸，抢’）”。[614]

5月7日，凌叔华复信陈从周，详述当年徐志摩“八宝箱”相关事实，确认她已将“八宝箱”原封交给胡适，但胡适仍在日记中写“志摩日记有二本存凌叔华处”，“在梁实秋编的徐志摩传上也提到”，“赵家璧也看到胡的日记上如此写”，如今才发现被冤枉了四五十年，凌叔华深感不忿。为此，在信中揣摩自己受此委屈的原因：

日来我平心静气地回忆当年情况，觉得胡适为何要如此卖力气死向我们要志摩日记的原因，多半是为那时他热衷政治，志摩失事时，凡清华、北大教授，时下名女人，都向胡家跑。他平日也没机会接近这些人，因志摩之死，忽然胡家热闹起来，他想结交这些人物，所以制造一些事故，以便这些人物常来。那时我蒙在鼓中，但有两三女友来告我，叫我赶快交出志摩日记算了。我听了她们的话，即写信胡适派人来取，且叮嘱要交与小曼。但胡不听我话！竟未交出全部。小曼只收回她的二部日记（她未同志摩结婚前的日记，已印出来了！但许多人还以为另有日记）。[615]

是月，致信诸孝正，回答诸在前信中提到的问题。诸孝正是新中国成立后较早介绍凌叔华文学成就的学者之一，曾在1985年和1987年发表《凌叔华和她的散文》和《试论凌叔华的短篇小说创作》，所编《凌叔华散文选集》1986年于百花文艺出版社出版，其间与凌叔华多有书信往来。

7月，唐达晖在《武汉大学学报》发表《关于〈现代文艺〉与〈志摩遗札〉》，介绍凌叔华1935—1936年间编辑《武汉日报·现代文艺》及在副刊上刊载《志摩遗札》之详情。

· 1984年　84岁

2月23日，此前收到浦薛凤出版的回忆录《音容宛在》，读完后是日致信浦薛凤，称其“记童年之事，历历如绘”，又回忆朱湘等老友事，“读后感念甚多”。

3月9日，致信浦薛凤，发漂泊海外之感慨：“近日我常想到祖国风物人情，时有隔世叹息。在西方虽已多年，习惯一切生活人情，但总觉得不是味儿，到处仍觉得自己像那只丑小鸭，没有同类的悲哀。”又谈到近年旅行减少，“怀乡情绪日增”。[616]

3月11日，致信浦丽琳，听闻她暑假要自美国去北京冰心干妈家过暑假，邀请她顺路到伦敦停留，再去北京。浦丽琳以不顺路为由婉拒。信中凌叔华称赞浦丽琳的新诗：“一个诗人，如果只能写众人可写的诗，那就不必再写了；如能写出不同凡响的诗而不写，那是社会的损失。为此，我代表文艺界劝你继续多写些诗。”[617]

6月14日，苏雪林再次在日记中抱怨凌叔华写信太短，认为“当是文思狭迫之故”。[618]

7月16日，苏雪林在日记中谈到凌叔华年龄问题，说凌叔华自谓出生年为1904年。而1970年凌叔华赴台参加陈源葬礼时，陈源之弟陈洪的妻子曾告诉雪林，凌叔华已经七十，所以雪林认为凌叔华应该瞒了五六年，是为真。[619]凌叔华为1900年出生。

夏，浦丽琳在北京期间，接凌叔华来信，问浦丽琳自己是否应该回国常住，如要回国，日常生活应带何物。浦丽琳回复她说，无法提供是否长住的建议，但如果要回国，可带胶纸（scotch tape）、吸水海绵（sponge）、不粘底的炒菜锅等零星杂物。

秋，萧乾与文洁若赴英，在中国驻英大使馆举行的晚宴上与凌叔华重逢，文洁若说当时凌叔华“背已略驼，但仍显得挺硬朗”。凌叔华对萧乾说：“我生在北京，尽管到西方已三十几年，我的心却还留在中国。只是因为伦敦生活相当方便，小滢一家人也都在英国定居，所以总拿不定主意回不回去。”[620]

11月1日，在台湾《联合文学》创刊号发表小说《一个惊心动魄的早晨》。

11月，《凌叔华小说集》在台湾出版，凌叔华写序，为此书稍做说明，以表不是随便翻印的坊间作品。并趁此机会，介绍其人其作，亦可看作凌叔华对自己文学事业最后的总结：

> 我自己承认是一个不努力“前进”的作家，我向来不曾努力追随当代名士摇旗呐喊，表示前进思想，也不曾腆颜写些媚世文章。最近几年，我便被打入国外冷宫了，倒有几个研究中国近代文学的作者，专诚写信告我，他们已在研究我的作品，作为论文。他们发现我与一般名作家不同处，是我的作品，专为中国妇女儿童的生活思想报导，一点不受时代思想的传染，有些且安慰我说，虽然不为当时读者群众拥护，但是它将永远会被世界文艺爱护人珍惜的。

在我们近邻的日本妇女，甚至封我作中国的曼殊菲儿，她们都由衷爱读我描写的妇女与儿童，世上妇女与儿童的数目是比男性读者多的，为此原因，我可以对发行此书的友人，不用太过担忧抱歉吧。[621]

12月28日，致信浦丽琳，说“心绪很差”，回国需要应付人事，不回国又“一生只好委屈地待在英国”，在北京的房子被占住，回国四五次向有关部门申请归还，仍未得到回复。信末感慨：

我发现人生就是苦海，可是回头也无岸给你上去。[622]

· 1985年　85岁

4月14日，凌叔华致信萧乾，告知组织已同意给她复兴路燕京饭店近旁二单元的住房七楼，有煤气供暖，有电梯上下，凌叔华觉得“在北京是天堂样的房子了”，她已接收下来。不过目前厨房、澡房等还在装修，伦敦也需安置，归国还需时日。并提到想多画些画，回国办画展，得款捐助老人院。[623]

4月、5月间，凌叔华出售伦敦居住三十年的亚当街14号屋，原本准备出售二楼，自住一楼，不想买家大肆装修，欲逼迫凌叔华住不下去，贱价出售一楼，买家则可整栋装修出售，获利翻倍。凌叔华只得另寻住处，寻到后，又跌伤腰骨，扶杖而行，无法一人出行。

7月6日，苏雪林收到凌叔华自英国寄来的长信，书写对故友的思念：[1]

> 我天天想念你。尤其记得我们在武汉末年及乐山末一年，彼此甘苦相关，可哀可乐的情况，尤其思念兰子，她是情感很深沉的人，她常常含了泪来报告战争情况，又来替朋友们担心，其实她已是自顾不暇了！雪林，你是个有

1　苏雪林曾在给小滢的信中提到：“你妈对人从无真情感，晚年对我倒有一点。”此信算是一证。

童心的老实人（也是诗人），你所有的岁月，对你不曾留下多少深刻无情的痕迹，因为你会把丑事美化了，你是命运注定的一个诗人。你的童心，美化了人生的丑恶，世上的张爱玲还有不少，望你时常想起我今天的话为幸。长盼你有暇来信。[624]

9月24日，学者杨义致信凌叔华，询问生平等问题。

是日，冰心丈夫吴文藻去世，讣告寄予凌叔华。

10月6日，凌叔华致信冰心，表示哀悼，并追忆旧事：

想到三年前回去，在你家午饭，文藻是如何健康安逸态度，只不过三两年，便已隔世，永远不能畅叙了！人生本来如梦如客，希望你在这苟酷无情的日子里，多想想快乐的往事，目前苦恼，努力忘记它吧！我本来想到今年十月回国还可以再找到一些老友相聚，以了心愿，不想只在一二个月内，先是郑林庄后是文藻，天道是无情的，还说什么？以前，我每次回国，总是一次比一次朋友少了，好比秋风落叶，一回相见一回稀了。……你还记得你初回燕京时见了我面，你说笑话："凌叔华，你知道熟语说的，江阴强盗（吴文藻为江阴人）无锡贼（陈源为无锡人），咱们俩命真苦，一个嫁了强盗一个嫁了小偷。"陈西滢在旁听了只好苦笑！现在想起来有如一梦了。

10月10日，北京故宫博物院建院六十周年纪念，凌叔华为没有收到邀请一事表示遗憾，此前曾致信萧乾告知此事，萧乾给中央领导打了报告，并将凌叔华原信附上，后来领导特地发电报邀请凌叔华。

10月20日，凌叔华原定回国，遗憾行前跌倒，未能参加故宫纪念活动，也未能如约与冰心相见。

· 1986年　86岁

2月28日，凌叔华致杨义，回复杨义去年9月24日的来信，抱歉回复太迟，以及未能提供杨义研究所需的资料，谈起卖房租房诸事，“此中苦恼，非言可述”。

3月14日，致信杨静远，谈到“远居异域，昔人所悲”，又遭受房客“虐待”，跌跤致病，独居困窘，更感晚年之可悲。

是月，人民文学出版社出版《花之寺·女人·小哥儿俩》。

4月28日，致信杨静远，自述生病未愈，跌伤后依旧行路不便，不能自己出门，饮食只能将就，又不好意思请朋友帮忙，生活清苦，“格外觉得悲观”。不过此信目的是询问静远眼疾情况，建议她尽早找眼科医生诊察，如可能是白内障，便要赶紧开刀。如果北京不能开刀，可以考虑到英国，凌叔华表示外汇如不好找，可以先借钱予静远，不过因病无法帮忙照料。

是月，百花文艺出版社出版诸孝正编《凌叔华散文选集》，诸孝正作序。

9月，花城出版社出版凌叔华小说集《花之寺》。

同月，杨义《中国现代小说史（第一卷）》在人民文学出版社出版，专节讨论凌叔华，评价凌叔华小说“以清淡秀逸的笔致，描绘高门巨族和中产人家温顺女性的枯寂和忧郁的灵魂”，在“五四”时期别具一格。但是如同代表作《花之寺》的标题，凌叔华的创作像“寺中之花”，多了一点“逸气”，少了一点现实性。“于此建立心理写实的艺术风格，也于此犯了现实主义作家的大忌”。[625]

12月发表《回忆郁达夫的一些小事情》，收入《怀念郁达夫》文集中。

是年，凌叔华的癌细胞扩散到骨头里。

· 1987年　87岁

春，台湾记者郑丽园在伦敦采访凌叔华，登门八次，当时的凌叔华“头发全白，佝着背、拄着拐杖”。

5月6日和7日，台湾《联合报》发表郑丽园《如梦如歌——英伦八访文坛耆宿凌叔华》，是凌叔华晚年对一生交游、创作及所处文化世界的最全口述。但或由于年老记忆力衰退，或出于其他原因，书中颇有不确之处。

5月13日，苏雪林读过郑丽园访谈，在日记中表达不满，除凌叔华瞒报年龄之外，还有和康有为的关系：

> 叔华谓她父亲与康有为同榜进士，康常至其家做客，她曾请康写字一幅，此乃大笑话，康自戊戌政变即流亡海外，民国成立，袁世凯欲召之，他亦不肯入京，其入京则在民国六年复辟之后，叔华告人她今年八十三岁，戊戌政变我一岁，她距其出生尚差六年，如何能请康为她写字？复辟之后则可，然叔华时年六岁，可以请康写，唯康那时忙得不得了，未必有此闲情至凌家也。[626]

是月，赵园在浙江文艺出版社出版《论小说十家》，书中将庐隐、王统照和凌叔华放于一章讨论，认为他们都是具有“五四”标记的作家，虽不算“大家”，王统照和庐隐“分别唱了一个时候”，凌叔华则像是“匆匆的过路人”，但也在文学史上留下了自己的印记。[627]

9月2日，赵家璧致信凌叔华：“你是‘五四’时代的著名女作家，地质学家李四光教授当年得以顺利回国，你对此事建有殊功，散文家徐迟写的报告文学《地质之光》写到你，全国人民都感谢你！”[628]

10月，致信萧乾，谈及陈源的凄凉晚景，及自己在伦敦的艰难生活。该信次年发表于《人民日报》。

是月，《文教资料》发表陈子善编选《凌叔华海外作品小辑》，搜罗凌叔华在海外发表的作品，丰富完善了凌叔华文学创作的全貌。

11月30日，苏雪林看徐志摩与陆小曼的恋爱日记，称陆小曼“才华胜叔华十倍”。[629]

12月29日，苏雪林写信给林海音，告知凌叔华想来台湾，说是短期旅游，但其实想来台湾养老，因小滢出嫁后，一人居住感到孤独。

· 1988年　88岁

2月15日，在《人民日报》副刊发表去年10月给萧乾的信，题目为《凌叔华致萧乾：关于陈西滢的晚景》。

3月，陈平原在上海人民出版社出版《中国小说叙事模式的转变》，从叙事学角度研究凌叔华小说，指出凌叔华小说中客观叙事、人物心理为结构中心等特色。

夏，南大旧学生余秀斌在剑桥出席侄子毕业典礼，三度拜访凌叔华，共商凌叔华新写自传之事。

秋天，叶君健在伦敦与凌叔华见面，说“她的腰已经有些佝偻了，行动很困难，但她还要自己照顾自己的生活”。叶君健劝说凌叔华回北京，小滢也希望叶君健敦促凌叔华下定决心，但“她环顾了一下房里的那些书籍和绘画，又似乎有所犹豫”。[630]

是年，《古韵》在美国纽约万象出版社（Universe Books）出版。

· 1989年　89岁

7月，孟悦、戴锦华在河南人民出版社出版《浮出历史地表——现代妇女文学研究》，专章评论凌叔华，认为她“更注重也更擅长描写那些扮演着社会性别角色的女性”，或许没有那么鲜明的时代感，但是“更贴近历史——现实结构中的女性生存位置，更像是社会造就的女性而不是作家造就的女性”，让读者看到“五四”时期女性生活更多“隐秘的、封建的、可悲可叹的、可鄙的方面”。[631]

8月，严家炎在人民文学出版社出版《中国现代小说流派史》，将凌叔华的创作放置在京派小说的发展脉络中，认为“用童心写出一批温厚而富有暖意的作品”，是凌叔华为京派做出的贡献。[632]

10月，杨静远在《外国文学研究》发表译为中文的《弗·伍尔夫致凌叔华的六封信》，向大陆读者介绍凌叔华和弗吉尼亚·伍尔夫的跨国情谊。

12月1日，女婿秦乃瑞（John Chinnery，1924—2010）将凌叔华从伦敦送回北京，入住石景山医院“晓园国际保健部”。

是年，游友基发表《凌叔华小说论》，总结凌叔华小说创作特色为：结构布局精巧、意境柔美幽深、观察描写细致、心理刻画真切，谈到凌叔华在文学史论著中的消失，认为凌叔华是一位“不应被遗忘，也不应过分推崇的女性作家”。[633]

· 1990年　90岁

3月24日，中国作协书记处书记邓友梅代表中国作协，《文艺报》副总编吴泰昌和记者应红代表《文艺报》到石景山医院看望叔华，致以生日祝福。

3月25日，凌叔华在医院度过90岁生日。

春，凌淑浩吩咐外孙女魏淑凌致信小滢，说想回北京看望姐姐凌叔华，后来得知凌叔华只有两个星期的时间，时间仓促，未能成行。

5月16日，凌叔华在小滢和外孙秦思源的陪伴下，以救护车送往北海公园，重回史家胡同，史家胡同幼儿园的孩子为她表演了童声合唱，离开前凌叔华喃喃道："妈妈等我吃饭呢。"

5月22日，凌叔华在北京去世，留在世上的最后一句话是："我是不会死的。"[634]

正式讣告为：

凌叔华教授（女，1900—1990年），原名凌瑞棠，笔名凌叔华（SHUHUA）、素心等。原籍广东番禺，生于北京。1922年入燕京大学外文系读书，1926年发表小说《酒后》成名。在《现代评论》《新月》《晨报》副刊上发表大量作品，后结集为《花之寺》《女人》《小哥儿俩》等。《绣枕》等小说表现旧家庭中婉顺女性的苦闷，心理笔法细腻秀逸，揭露了旧礼教对人的残害。她还擅长写儿童情态。1989年底，抱着落叶归根的愿望，终于由英国回到北京。病重后仍在担架上重游了思念多年的北海公园和干面胡同旧居。1990年5月22日上午6点45分于故乡北京辞世，享年90岁。[635]

王世襄拟挽联“叶落枫丹归故里，谷空兰谢有余馨”，小滢觉得很符合凌叔华的思想感情，请人刻在茔地石头上。[636]

5月26日，苏雪林接《联合报》编辑苏伟贞信，请写凌叔华回忆文，在日记中谈到：

若述昔日过从，实易着笔，若述凌叔华文章、绘画上成就则较难，若述其平日性情习惯则更难矣。然人生在世，为文岂能无曲笔？今其人已死，言其短实不该，唯有舍其短而言其长矣。[637]

6月6日，举行凌叔华遗体告别仪式。

6月7日，凌叔华遗体送八宝山火化。

6月8日，凌叔华骨灰送往江苏无锡，与陈源合葬于十八湾姚湾一处军营内的陈氏墓园。

注　释

前言

[1] 施蛰存:《一人一书》,《施蛰存作品新编》，北京：人民文学出版社，2009年，第266页。

[2] 毅真:《几位当代中国女小说家》，载黄人影编:《当代中国女作家论》，上海：上海书店，1985年，第15页。

[3] 陈泽泓:《岭表志谭》，广州：广东人民出版社，2013年，第182页。

[4] （清）吴道镕、丁仁长、梁鼎芬等纂修:《宣统番禺县续志》，上海：上海书店，2003年，第2页。深井村凌姓资料多引自《宣统番禺县续志》，该志由梁鼎芬、凌福彭、张学华等倡修，1918年成立修志局，1933年成书刊行，共四十四卷。

[5] 《宣统番禺县续志》，卷十七・封荫・八，第220页。

[6] 《宣统番禺县续志》，卷二十二・人物（国朝)・九，第286页。

[7] 《宣统番禺县续志》，卷二十二・人物（国朝)・九，第286页。

[8] 据《番禺县续志》卷十六・科目・十，第210页；卷十六・科目・十四，第212页；卷十六・科目・十七，第213页。朱保炯、谢沛霖编:《明清进士题名碑录索引》，上海：上海古籍出版社，1980年，第2857页。

[9] 袁世凯:《保定府知府凌福彭卓异引见胪陈政绩片》，光绪三十三年二月初十日（1907年3月23日),《袁世凯奏议》，天津：天津古籍出版社，1987年，第1458—1459页。

[10] 张荫桓著，任青、马忠文整理：《张荫桓日记》，上海：上海书店出版社，2004年，第465页。

[11] 马忠文：《张荫桓、翁同龢与戊戌年康有为进用之关系》，《近代史研究》，2012年第1期，第4—28页。

[12] 张荫桓著，曹淳亮、林锐选编：《张荫桓诗文珍本集刊》(第一册)，上海：上海古籍出版社，2013年，第516页。

[13] 马忠文：《王贵忱先生与张荫桓研究》，《南方都市报》，2014年6月22日。

[14] 张荫桓为撇清变法责任，在日记中删除了与康有为相关的内容，凌福彭则未有删改；蔡金台在给李盛铎的密札中，提到事变后曾见过凌福彭，也能证明时任军机章京的凌福彭未被牵扯进政变，见邓之诚：《骨董琐记全编》，北京：北京出版社，1996年，第602—604页。

[15] 陈学勇：《高门巨族的兰花：凌叔华的一生》，北京：人民文学出版社，2023年，第5页。

[16] 习庵：《三十年来燕京琐录》，上海：正心书局，1934年，第10页。

[17] 凌叔华致周作人，转引自周作人：《几封信的回忆》，《周作人文选·卷四》，广州：广州出版社，1995年，第492—493页。

1900年　出生

[18] 袁世凯：《保定府知府凌福彭卓异引见胪陈政绩片》，《袁世凯奏议》，第1458—1459页。

[19] 关于凌叔华的出生年份，有多种说法，一些外文资料如刘绍铭（Joseph S. M. Lau）和晋浩文（Howard Goldblatt）所编的《哥伦比亚中国现代文学读本》(*The Columbia Anthology of Modern Chinese Literature*) (New York: Columbia University Press, 2007)，纽约公开图书馆所藏弗吉尼亚·伍尔夫档案等，依然显示凌叔华为1904年生。而萧虹（Lily Xiaohong Lee）和A.D. Stefanowska所编《中国妇女传记辞典》(*Biographical Dictionary of Chinese Women: The Twentieth Century 1912—2000*)(New York: Routledge, 2015)认为凌叔华的出生年份为1900年。然而，凌叔华同父

同母的十四妹凌淑浩的官方档案显示出生年份为1904年，作为同父同母的姐姐，凌叔华不可能出生于同年。另外，据凌叔华在燕京大学的档案，她的出生日期为1901年2月25日，不过学界几乎没有研究者采用此种说法。舒乙在文章《凌叔华最后的日子》中特地将凌叔华的出生日期更正为1900年3月25日，凭据之一是1990年3月25日，凌叔华的妹妹凌淑浩、女儿陈小滢，还有老朋友、文艺界人士都从国内外专程赶来北京石景山医院，为凌叔华庆祝她的九十岁寿辰。如今，获得亲属与同侪认可的1900年3月25日出生说逐渐被学界认可，成为共识。本书即采用此种说法。

[20] 凌叔华致夏志清，转引自孙连五:《凌叔华致夏志清书信六封辑注》,《中国现代文学研究丛刊》，2020年第5期，第231页。

1901年 1岁

[21] 袁世凯:《保定府知府凌福彭卓异引见胪陈政绩片》,《袁世凯奏议》，第1458—1459页。

1902年 2岁

[22] 袁世凯:《保定府知府凌福彭卓异引见胪陈政绩片》,《袁世凯奏议》，第1458—1459页。

1903年 3岁

[23] 详情可见:《天津府守凌福彭调查日本监狱习艺详细情形呈直隶总督袁禀》《天津监狱习艺所办法》《天津监狱习艺所办理事务规程》《天津监狱习艺所看守兵差务规则》,《东方杂志》，1906年第3卷第2期，第64—75页。

1904年 4岁

[24] 袁世凯:《保定府知府凌福彭卓异引见胪陈政绩片》,《袁世凯奏议》，第1458—1459页。

1905 年　5 岁

[25]　广州市黄埔区档案馆。

1906 年　6 岁

[26]《杂咀：光绪三十二年正月中国事纪补遗》，1906年第3卷第2期，第20页。

[27]　袁世凯:《保定府知府凌福彭卓异引见胪陈政绩片》,《袁世凯奏议》，第1458—1459页。

1907 年　7 岁

[28]《电传宫门抄》,《新闻报》，1907年4月20日。

[29]《奏报凌福彭补关道》,《大同报（上海）》，1907年第7卷第10期，第30页。

1908 年　8 岁

[30]《电传宫门抄》,《神州日报》，1908年3月20日，第1页。

[31]《电传宫门抄》,《神州日报》，1908年4月17日，第1页。

[32]　洛滨生:《中国黑幕大观》，上海：中华图书集成公司，1918年，第1—2页。

1909 年　9 岁

[33]　袁克文编:《圭塘唱和诗》。

1910 年　10 岁

[34]《凌福彭被参消息》,《神州日报》，1910年9月17日，第2页。

[35]《近日大员之艳史：凌福彭之假夫人》,《神州日报》，1910年12月23日。

1911 年　11 岁

[36]《凌福彭之一场晦气》,《民立日报》，1911年3月卷，第6页。

[37]《凌福彭幸遇救命星》,《浅说画报》，1911年4月8日第833期，第4页。

[38] 时任直隶总督陈夔龙宣统三年（1911）五月十五日上皇帝书："天恩俯准将凌福彭、齐耀琳均赏给头品顶戴，以彰劳勚。"见《摺奏类二：直隶总督陈夔龙奏请奖藩司凌福彭等片》，《政治官报》，1911年第1300期，第13页。

[39] 《凌福彭杯酒辩冤》，《神州日报》，1911年7月4日。

1912年　12岁

[40] 〔美〕魏淑凌：《家国梦影：凌叔华与凌淑浩》，张林杰译，李娟校译，天津：百花文艺出版社，2008年，第73页。

[41] 凌叔华：《重游日本记》，陈学勇编：《凌叔华文存・下》，成都：四川文艺出版社，1998年，第705页。

1913年　13岁

[42] 凌叔华：《我的创作经验》，载凌叔华著，陈学勇编：《中国儿女——凌叔华佚作・年谱》，上海：上海书店出版社，2008年，第90页。

1914年　14岁

[43] 陈雁：《近代中国女子教育是如何发展起来的》，《人民论坛》，2018年第8期，第142—144页。

[44] 《赵秉钧之薤歌》，《神州日报》，1914年3月26日。

[45] 《凌福彭报告崇陵工程完竣 瑾贵妃命世续前往验收》，《时报》，1914年5月25日。

1915年　15岁

[46] 《特派抚慰筹办广东善后事宜凌福彭、李翰芬呈报到粤抚慰情形文并批令（中华民国四年九月十一日）》，《政府公报》，1915年第1210期，第34—35页。

1916年 16岁

[47] 凌叔华:《民国五年年假日记》,《会报》,1917年12月第4期。

[48] 凌叔华:《民国五年年假日记》,《会报》。

[49] 凌叔华:《游普陀山记》,《会报》,1917年4月第3期。

[50] 凌叔华:《爱山庐梦影》,陈学勇编:《凌叔华文存·下》,四川文艺出版社,1998年,第688页。

[51] Ling Shuhua, *Ancient Melodies* (London: Hogarth Press, 1953), p.125.

[52] 齐璧亭就任直隶第一女子师范学校校长,推动校友会的成立,并创办《直隶第一女子师范学校校友会会报》,每年发刊两次,暑假年假前出版,分送会员校友。旨在"笃守道德,光大学术,卓着功业,表彰才艺",进而帮助"女士女夫,峥嵘露角,推广支会,千斯万斯"。(眉初:《发刊词·其一》,《会报》第1期,1916年4月。)

[53] 凌叔华:《感怀两首》,《会报》,1916年12月第2期。

[54] 凌叔华:《暮秋竹枝词四首》,《会报》,1916年12月第2期。

[55] 凌叔华:《雨后天晴邀女友看菊小启》,《会报》,1916年12月第2期。

[56] 凌叔华:《与同学书劝其熟读尤西堂〈反恨赋〉》,《会报》,1916年12月第2期。

[57] 凌叔华:《与同学书劝其熟读尤西堂〈反恨赋〉》,《会报》。

[58] 凌叔华:《张允瑛女士追悼会记》,《会报》,1916年12月第2期。

[59] 凌叔华:《张允瑛女士追悼会记》,《会报》。

[60] 凌叔华:《论女子学文之功用》,《会报》,1916年12月第2期。

[61] 凌叔华:《论女子学文之功用》,《会报》。

[62] 凌叔华:《记学艺会事》,《会报》,1916年12月第2期。

[63] 陈学勇:《高门巨族的兰花:凌叔华传》,第342页。

1917年 17岁

[64] 凌叔华:《游普陀山记》,《会报》,1917年4月第3期。

[65] 凌叔华:《对于化学实验水之心得》,《会报》,1917年4月第3期。

[66] 凌叔华:《题〈咏絮楼集〉(三首)》,《会报》,1917年4月第3期。

[67] 张兆檀:《敬和淑华仁姊先生原韵即以鸣谢》,《会报》,1917年4月第3期。

[68] “壬子癸丑学制”已有《高等师范学校规程》,但当时中国并没有女子高等师范学校,“学制”提出的男女合校教育也未实行。由于当时中国女子高等教育资源稀缺,毕业生“升学无地”,故齐璧亭任直隶第一女子师范学校校长后,一直推动专修科设立,终于在1917年暑假组成家事专修科一班。

[69] 〔美〕魏淑凌:《家国梦影:凌叔华与凌淑浩》,第99页。

[70] 《修改本会章程》,《会报》,1917年12月第4期。

[71] 《修改本会章程》,《会报》,1917年12月第4期。

[72] 凌叔华、韩恂华:《参观中记料器厂》,《会报》,1917年12月第4期。

[73] 凌叔华:《与执友书历述平生得意事与失意事》,《会报》,1917年12月第4期。

[74] 张皞如:《奇遇歌赠荷生淑华二女士并序》,《会报》,1917年12月第4期。

[75] 凌叔华:《国文毕业考试题目》,《会报》,1917年12月第4期。

1918年　18岁

[76] 凌叔华:《拟募捐赈济水灾启》,《会报》,1918年12月第5期。

[77] 凌叔华:《邀女友组织游春游行团启》,《会报》,1918年12月第5期。

[78] 凌叔华:《人必如何而后为得志说》,《会报》,1918年12月第5期。

[79] 凌叔华:《对于中日密约之感言》,《会报》,1918年12月第5期。

1919年　19岁

[80] 1919年第6卷第9期《教育公报》刊《直隶第一女子师范学校家事专修科学生毕业名单》见“凌瑞棠”。

[81] 〔美〕魏淑凌:《家国梦影:凌叔华与凌淑浩》,第107页。

1920年 20岁

[82] 〔美〕魏淑凌:《家国梦影：凌叔华与凌淑浩》，第107页。

1921年 21岁

[83] 凌叔华:《回忆郁达夫一些小事情》，陈学勇编:《凌叔华文存・下》，第743页。

1923年 23岁

[84] 凌叔华:《回忆一个画会及几个老画家》，陈学勇编:《凌叔华文存・下》，第683页。凌叔华与北京画界老画家相交甚笃，诸多酬唱往还，例如凌叔华曾画夜景赠齐白石，齐白石回赠绝句一首:"开图月似故园明，南舍伤离已五春。画里灯如红豆子，风吹不灭总愁人。"见齐白石:《齐白石诗集》，桂林：漓江出版社，2012年，第161页。

[85] Mary Augusta Mullikin, "An Artists' Party in China", *Studio International*, 110 (512), pp.284—291。

[86] 凌叔华:《悼克恩慈女士》，陈学勇编:《凌叔华文存・下》，第662页。原文写"薰王坟"，应为肃王坟。

[87] 松冈洋右致凌叔华，1923年6月27日，转引自陈烈:《双佳楼往事》，香港：中华书局，2021年，第18—19页。

[88] 凌叔华:《读了〈纯阳性的讨论〉的感想》，《晨报副刊》，1923年8月25日。

[89] 凌叔华致周作人，转引自周作人:《几封信的回忆》，第492—493页。

[90] 凌叔华致周作人，转引自周作人:《几封信的回忆》，第493页。

[91] 凌叔华:《女儿身世太凄凉》，《北京女子高等师范周刊》，1923年12月9日，第47期。

1924年 24岁

[92] 凌叔华致周作人，转引自周作人:《几封信的回忆》，第494页。

[93] 周作人:《卑劣的男子》，《晨报副刊》，1924年2月15日。

[94] 《泰戈尔对北京画界：游华如沙漠中遇绿洲，认中国画界有新发展》，《时事新报（上海）》，1924年5月2日。

[95] 凌叔华：《我的理想及实现的泰戈尔先生》，载《晨报副刊》，1924年5月12日。

[96] 凌叔华：《解闷随记》，陈学勇编：《凌叔华文存·下》，第604—605页。

[97] 郑丽园：《如梦如歌——英伦八访文坛耆宿凌叔华》，陈学勇编：《凌叔华文存·下》，第961—962页。

[98] 《约书亚·瑞那尔支》《汝沙·堡诺》《加米尔·克罗》这三篇文章均出自奥利弗·布朗尼·霍恩（Olive Browne Horne）和凯瑟琳·罗伊斯·斯克比（Katherine Lois Scobey）1903年出版的《伟大艺术家的故事》（*Stories Of Great Artists*, American Book Co.,1903），作者想为自己学校的学生寻找合适书籍，帮助他们了解世上伟大的画家及画作。但现存作品几乎都不适合三四年级儿童，于是便创作了这本《伟大艺术家的故事》。

[99] 英文原载*The China Joumal of Science & Arts*，后邱燕楠译为中文《月宫女神》，载于《现代中文学刊》，2013年第1期，第87—89页。

[100] 梅兰芳：《舞台生活四十年》，北京：中国戏剧出版社，1987年，第290页。

[101] 凌叔华：《解闷随记》，陈学勇编：《凌叔华文存·下》，第604—607页。

[102] 徐志摩致凌叔华，《志摩遗札》，《武汉日报·现代文艺》，1935年10月4日，第34期。

[103] 凌叔华致胡适，陈学勇编：《凌叔华文存·下》，第904页。

[104] 徐志摩：《快雪同志会记》，《徐志摩全集·第三卷·散文（三）》，北京：商务印书馆，2019年，第3页。

[105] 凌叔华致胡适，陈学勇编：《凌叔华文存·下》，第901页。

[106] 凌叔华致胡适，陈学勇编：《凌叔华文存·下》，第925页。

1925年 25岁

[107] 徐志摩：《快雪同志会记》，《徐志摩全集·第三卷·散文（三）》，第3—4页。

[108] 朱自清致俞平伯，《朱自清全集·第11卷书信补遗编》，南京：江苏教育出版社，1998年，第133页。

[109] 徐志摩致陆小曼，《徐志摩全集·第七卷·书信（一）》，第136页。

[110] 《小曼日记》，《爱眉小札》，北京：中国国际广播出版社，2013年，第128页。

[111] 凌叔华：《吃茶》，陈学勇编：《凌叔华文存·上》，第63页。

[112] 《小曼日记》，《爱眉小札》，第129—131页。

[113] 徐志摩致陆小曼，《徐志摩全集·第七卷·书信（一）》，第143页。

[114] 《小曼日记》，《爱眉小札》，第133页。

[115] 胡适：《宋元学案补遗四十二卷本跋》，《胡适文存·三集·卷七》，上海：亚东图书馆，1930年，第951页。

[116] 陈学勇：《高门巨族的兰花：凌叔华传》，第344页。

[117] 《小曼日记》，《爱眉小札》，第151页。

[118] 凌叔华致胡适，陈学勇编：《凌叔华文存·下》，第899页。

[119] 徐志摩致泰戈尔，《徐志摩全集·第七卷·书信（一）》，北京：商务印书馆，2019年，第164页。

[120] 凌叔华致胡适，陈学勇编：《凌叔华文存·下》，第899页。

[121] 徐志摩致陆小曼，《徐志摩全集·第七卷·书信（一）》，第150页。

[122] 凌叔华致周作人，转引自周作人：《几封信的回忆》，第495页。

[123] YM：《酒后》，《松声》，1925年5月，第20期，第5页。

[124] 凌叔华致胡适，陈学勇编：《凌叔华文存·下》，第900页。凌叔华与妹妹淑浩的关系互助也互斥，在淑浩外孙女、美国学者魏淑凌的《家国梦影：凌叔华与凌淑浩》一书中有细腻展现。但在年少时期，仍能看到凌叔华作为胞姐对妹妹的责任。善书法诗文的凌叔华还曾给淑浩手写李白、王之涣和程颢的诗句作书签："处世若大梦，胡为劳其生。所以终日醉，颓然卧前楹。/欲穷千里目，更上一层楼。/云淡风轻近午天。倚花随柳过前林。时人不识予心乐，将谓偷闲学少年。杂句便于记录，付浩妹夹书用。凌叔华"。

[125] 凌叔华致胡适，陈学勇编:《凌叔华文存·下》，第900页。

[126] 转引自陈学勇:《高门巨族的兰花：凌叔华传》，第348—349页。凌叔华在接受郑丽园采访时提到，小畑薰良是通过杨振声拿到《酒后》，中国通常认为是鲁迅在《中国新文学大系》中提到《酒后》，才使人们注意到凌叔华，但凌叔华认为，《酒后》的成名，主要是受日本重视，因《改造》是日本第一份具有学术价值的刊物，小畑薰良之举也算是中日新文学第一次合作。

[127] 《志摩日记》，《爱眉小札》，第40页。

[128] 凌叔华致胡适，陈学勇编:《凌叔华文存·下》，第896页。

[129] 重余:《似曾相识的〈晨报副刊〉篇首图案》，《京报副刊》，1925年10月8日。

[130] 徐志摩致孙伏园信，《京报副刊》，1925年10月9日。

[131] 陈牧:《零零碎碎》，《京报副刊》，1925年11月14日。

[132] 陈源:《闲话》，《现代评论》，1925年11月21日。

[133] 凌叔华致胡适，陈学勇编:《凌叔华文存·下》，第905页。

[134] 凌叔华致胡适，陈学勇编:《凌叔华文存·下》，第906页。

1926年 26岁

[135] 章川岛:《刘博士订正中国现代文学史冤狱图表》，《语丝》，1926年1月26日。

[136] 徐志摩致信周作人，《徐志摩全集·第七卷·书信（一）》，第253页。

[137] 陈源:《闲话的闲话之闲话引出来的几封信·西滢致志摩》，《晨报副刊》，1926年1月30日。

[138] 徐志摩致陆小曼，《徐志摩全集·第七卷·书信（一）》，第158页。

[139] 鲁迅:《不是信》，《语丝》，1926年第65期。

[140] 徐志摩致胡适，《徐志摩全集·第八卷·书信（二）》，第26页。

[141] 凌叔华致胡适，陈学勇编:《凌叔华文存·下》，第906页。

[142] 凌叔华致胡适，陈学勇编:《凌叔华文存·下》，第906—907页。《文存》

中此信日记为“四月卅一日”，4月无31日，误。陈学勇在《高门巨族的兰花：凌叔华传》中将写信日期定为4月1日，追悼大会日期定为3月31日，误。“三·一八”惨案在北大举办的追悼会仅3月23日在北大三院举行的“‘三一八’死难烈士追悼大会”和3月29日在北大一院举行的“国民追悼大会”。如是月末，应是3月29日一场，信应为3月30日写。

[143] 凌叔华:《北戴河东山落潮》(画图),《晨报星期画报》，1926年第1卷第31期。

[144] 周利成编著:《北京老画报》，天津：天津古籍出版社，2011年，第30页。

[145] 凌叔华:《凌叔华女士画的观音》(画图),《晨报星期画报》，1926年第1卷第32期。

[146] 凌叔华:《关于〈说有这么一回事〉的信并一点小事》,《晨报副刊》，1926年5月5日。

[147] 凌叔华:《关于〈说有这么一回事〉的信并一点小事》,《晨报副刊》，1926年5月5日。

[148] 吴宓:《吴宓日记·第3册》，北京：生活·读书·新知三联书店，1998年，第168页。

[149] 吴宓:《吴宓日记·第3册》，第168页。

[150] 吴宓:《五月六日因歆海之邀再游崇效寺看牡丹赋赠同游诸君》,《吴宓诗集》，北京：商务印书馆，2004年，第141页。

[151] 吴宓:《吴宓日记·第3册》，第170页。

[152] 南湖:《八叠题凌叔华女士为陈通伯写高房山小帧》,《新无锡》，1926年5月17日。

[153] 徐志摩致李祁,《徐志摩全集·第七卷·书信（一）》，第108页。

[154] 胡适致鲁迅、周作人、陈源,《胡适全集·23卷》，合肥：安徽教育出版社，2003年，第486页。

[155] 陈西滢:《〈花之寺〉编者小言》,《西滢文录》，沈阳：辽宁教育出版社，2000年，第228页。

[156] 吴宓:《吴宓日记·第3册》，第188页。

[157] 吴宓:《吴宓日记·第3册》，第191页。

[158]《晨报星期画报》，1926年7月18日。

[159] 凌叔华:《小英》，陈学勇编:《凌叔华文存·上》，第299—300页。

[160] 凌叔华致胡适，陈学勇编:《凌叔华文存·下》，第908—909页。

1927年 27岁

[161] 林徽因致胡适，梁从诫编:《林徽因文集·文学卷》，天津：百花文艺出版社，1999年，第319—320页。

[162] 鲁迅:《革“首领”》,《语丝》第153期，1927年10月15日。

[163] 凌叔华:《重游日本记》，陈学勇编:《凌叔华文存·下》，第705页。

1928年 28岁

[164] 凌叔华:《西京日记几页》，陈学勇编:《凌叔华文存·上》，第81页。

[165] 凌叔华:《西京日记几页》，第82页。

[166] 凌叔华:《西京日记几页》，第82页。

[167] 陈源致胡适,《胡适来往书信选·上》，北京：社会科学文献出版社，2013年，第330—331页。

[168] 陈源:《花之寺·编者小言》，上海：新月书店，1928年。

[169] 徐志摩:《花之寺·序》,《新月》，1928年3月10日，第1卷第1期。

[170] 佚名:《花之寺》,《大公报》，1928年4月9日。

[171] 徐志摩致陆小曼,《徐志摩全集·第七卷·书信（一）》，第187—188页。

[172] 凌叔华:《志摩真的不回来了吗?》，陈学勇编:《凌叔华文存·下》，第621页。

[173] 凌叔华绘:《折枝牡丹图卷》，转引自陈烈:《双佳楼往事》，第69页。

[174] 师鸠:《〈花之寺〉凌叔华著》评论,《真善美》，第2卷第6号，第6页。

[175] 弋灵:《花之寺》评论,《文学周报》，第七卷，第685—691页。

1929年　29岁

[176]　钱杏邨:《〈花之寺〉——关于凌淑华创作的考察》,《海风周报》第2期,1929年1月6日。

[177]　炼之:《圣诞节》,《沪潮季刊》,1930年1月15日,第93页。

[178]　凌叔华致胡适,陈学勇编:《凌叔华文存·下》,第909页。

[179]　朱东润:《朱东润传记作品全集·第四卷》,上海:东方出版中心,1999年,第168页。

[180]　凌叔华致胡适,陈学勇编:《凌叔华文存·下》,第910—911页。

[181]　鲁迅致许广平,《两地书》,北京:人民文学出版社,2006年,第297页。

[182]　徐志摩致李祁,《徐志摩全集·第七卷·书信(一)》,第109页。

[183]　南湖:《凌叔华仿南田山水小册属题》,《锡报》,1929年9月5日。

[184]　吴宓日记,《吴宓日记·第4册》,第297页。

[185]　凌叔华致胡适,陈学勇编:《凌叔华文存·下》,第911—912页。

[186]　陈源致胡适,《胡适来往书信选·上》,北京:社会科学文献出版社,2013年,第399页。

1930年　30岁

[187]　沈从文致王际真,《沈从文全集·十八卷》,太原:北岳文艺出版社,2002年,第36页。

[188]　陈源:《译者的话》,《父与子》,上海:商务印书馆,1930年,第3页。

[189]　鲁迅:《"硬译"与"文学的阶级性"》,《萌芽月刊》,第1卷第3期。

[190]　《沿革概要》,《国立武汉大学一览》,1930年。

[191]　读余:《〈女人〉:凌叔华著短篇小说集》,《申报》,1930年7月16日。

[192]　毅真:《几位当代中国女小说家》,《妇女杂志》,16卷7号,1930年7月。

[193]　《系主任聘定信息》,《国立武汉大学周刊》,1930年9月28日,第67期。

[194]　沈从文致王际真,《沈从文全集·十八卷》,第113页。

[195]　沈从文致胡适,《沈从文全集·十八卷》,第118页。

1931年 31岁

[196] 狄克:《一九三〇年中国文艺杂志之回顾》,《当代文艺》,1931年1月,第一期。

[197] 沈从文:《记丁玲续集》,《沈从文全集·十三卷》,第197页。

[198] 徐志摩致陆小曼,《徐志摩全集·第七卷·书信(一)》,第226页。

[199] 沈从文致王际真,《沈从文全集·十八卷》,第143页。

[200] 徐志摩致陆小曼,《徐志摩全集·第七卷·书信(一)》,第226页。

[201] 徐志摩致陆小曼,《徐志摩全集·第七卷·书信(一)》,第227页。

[202] 徐志摩致陆小曼,《徐志摩全集·第七卷·书信(一)》,第228页。

[203] 徐志摩致陆小曼,《徐志摩全集·第七卷·书信(一)》,第229页。

[204] 沈从文:《论中国创作小说》,《文艺月刊》,1931年第2卷第5—6期。

[205] 赵奇:《现代中国的几个女作者》,《清华中国文学会月刊》,第1卷第4期,第37—39页。

[206] 徐志摩致陆小曼,《徐志摩全集·第七卷·书信(一)》,第242页。

[207] 凌叔华:《志摩真的不回来了吗?》,陈学勇编:《凌叔华文存·下》,第619页。

[208] 方令孺:《志摩是人人的朋友》,《新月》,1932年第4卷第1期。

[209] 凌叔华致胡适,陈学勇编:《凌叔华文存·下》,第912—913页。

[210] 林徽因致胡适,《林徽因书信集》,南昌:江西人民出版社,2016年,第10—11页。

[211] 凌叔华致林徽因,转引自林徽因致胡适信,《林徽因书信集》,第11页。

[212] 林徽因致胡适,《林徽因书信集》,第11—12页。

[213] 凌叔华致胡适,胡适:《胡适来往书信选·中册》,北京:中华书局,1979年,第88—89页。

[214] 沈从文致胡适,《沈从文全集·十八卷》,第157页。

[215] 陈源致胡适,耿云志主编:《胡适遗稿及秘藏书信·第35册》,合肥:黄山书社,1994年,第98页。

[216] 胡适致凌叔华,《胡适来往书信选·中册》,第98—99页。

[217] 黄英:《现代中国女作家》，北京：北新书局，1931年，第132页。

1932年　32岁

[218] 凌叔华致胡适，陈学勇编:《凌叔华文存·下》，第915页。

[219] 胡适1932年1月22日日记，《胡适日记全编·六》，合肥：安徽教育出版社，2001年，第172页。

[220] 林徽因致胡适，原信落款为“正月一日”，乃公历2月6日，《林徽因书信集》，第16页。

[221] 中国教育电影协会总务组编印:《中国教育电影协会会务报告》，1933年，第41页。

[222] 凌叔华:《衡湘四日游记》，陈学勇编:《凌叔华文存·下》，第633页。

[223] 胡适日记，曹伯言整理:《胡适日记全集·第六册》，台北：联经出版事业公司，2004年，第635页。

[224] 贺玉波:《〈酒后〉作者凌叔华女士》，收入贺玉波《中国现代女作家》，上海：现代书局，1932年，第55—56页。

1933年　33岁

[225] 费鉴照:《自序》，《现代英国诗人》，上海：新月书店，1933年。

[226] 王哲甫:《中国新文学运动史》，北京：杰成印书局，1933年，第233—234页。

[227] 编者:《序记》，《现代名家随笔丛选》，上海：上海南强书局，1933年。

1934年　34岁

[228] Ling Shuhua to Margery Fry, January 3rd 1934, Charleston Papers, Modern Archives, King's College, Cambridge.

[229] 冰心女士讲，委刚记:《今日中国女作家的地位》，《盛京时报》，1934年1月19日。

[230] 《苏雪林1934年日记》，转引自沈晖编著:《苏雪林年谱长编》，合肥：安

徽文艺出版社，2017年，第46页。

[231] 凌叔华：《我的创作经验》，《中国儿女——凌叔华佚作·年谱》，第90页。

[232] 《爱的史料：凌叔华与陈西滢》，《新光（北平）》，1934年第2期。

[233] 凌叔华：《登富士山》，《现代游记选》，上海：北新书局，1933年，第158页。

[234] 《苏雪林1934年日记》，转引自沈晖编著：《苏雪林年谱长编》，第48页。

[235] Chien-Chao Fei（费鉴照）："Lin Shu-Hwa, Woman Novelist"，*The China Critic*，第7卷第26期。

[236] 见凌叔华：《泰山曲阜纪游》，陈学勇编：《凌叔华文存·下》，第638页。

[237] 郁达夫：《达夫日记集》，上海：北新书局，1935年，第367页。

[238] 郁达夫：《达夫日记集》，第370页。

[239] 凌叔华：《我们怎样看中国画》，《大公报·艺术周刊》，第3期。

[240] 陈家庆：《凌叔华女士过访赋此赠之即为书扇》，《安徽大学月刊》，1934年第2卷第3期。

[241] 《古物陈列所二十周年纪念专刊》，1934年12月，第123页。

[242] 凌叔华：《奶妈》，陈学勇编：《凌叔华文存·上》，第376页。

[243] 巴金：《关于〈长生塔〉》，《创作回忆录》，北京：人民文学出版社，1982年，第10页。

1935年　35岁

[244] 凌叔华：《发刊词》，《武汉日报·现代文艺》，1935年2月15日第1期。

[245] 凌叔华：《谨答向培良先生》，《武汉日报·现代文艺》，1935年3月1日，第3期。

[246] 凌叔华：《花狗》，陈学勇编：《凌叔华文存·下》，第660页。

[247] 汉口市美术展览会筹备委员会：《汉口市美术展览大会纪念特刊》，1935年。

[248] 张秀亚：《其人如玉——忆闺秀派作家凌叔华女士》，张岱年、邓九平主编：《人淡如菊》，北京：北京师范大学出版社，1997年，第262页。

[249] Peter Stansky, William Abrahams, *Julian Bell: From Bloomsbury to the*

Spanish Civil War (Stanford, California: Stanford University Press, 2012), p.182.

[250] 文洁若:《悼凌叔华》，香港《大公报》，1990年6月22—24日。

[251] 张石帚:《关于凌叔华与秦宣夫的国画见解》,《北调》，1935年第2卷第3期。

[252] 赵家璧:《回忆郁达夫与我有关的几件事》,《文坛故旧录——编辑忆旧续集》，西安：西北大学出版社，2019年，第259页。

[253] 凌叔华:《〈小哥儿俩〉自序》，陈学勇编:《凌叔华文存·下》，第785页。

[254] 《国立戏剧学校公演手册第一辑》，1936年，第28页。

[255] Julian Bell to Vanessa Bell, October 5th 1935, Quentin Bell ed., *Julian Bell-Essays, Poems, and Letters*, edited by Quentin Bell (London: The Hogarth Press, 1938).

[256] Julian Bell to Vanessa Bell, October 16th 1935, Quentin Bell ed., *Julian Bell-Essays, Poems, and Letters*.

[257] Julian Bell to Vanessa Bell, October 23rd 1935, Quentin Bell ed., *Julian Bell-Essays, Poems, and Letters*.

[258] 《职务裁撤事项》,《内政公报》，1935年第8卷第20期。

[259] Julian Bell to Vanessa Bell, October 31st 1935, Charleston Papers, Modern Archives, King's College, Cambridge.

[260] Julian Bell to Eddie Playfair November 1st 1935, Julian Bell Papers, Modern Archives, King's College, Cambridge.

[261] Julian Bell to Virginia Woolf, November 15th 1935, Monk House Papers, Keep Archive Centre, Brighton.

[262] 忱河:《我们是这样看中国画：答解铃问，并以请教凌叔华女士》,《南开校友》，1935年第1卷第2期。

[263] Julian Bell to Vanessa Bell, November 22nd 1935, Charleston Papers, Modern Archives, King's College, Cambridge.

[264] Julian Bell to Vanessa Bell, December 6th 1935, Charleston Papers, Modern

Archives, King's College, Cambridge.

[265] Virginia Woolf to Julian Bell, December 17th 1935, *The Letters of Virginia Woolf*, Vol. 5 (London: Hogarth Press, 1979).

[266] Julian Bell to Vanessa Bell, December 17th 1935, Julian Bell Papers, Modern Archives, King's College, Cambridge.

[267] Julian Bell to Vanessa Bell, December 18th 1935, Julian Bell Papers, Modern Archives, King's College, Cambridge.

[268] Julian Bell to Eddie Playfair, December 27th 1935, Julian Bell Papers, Modern Archives, King's College, Cambridge.

[269] 鲁迅:《小说二集·导言》，刘运峰编:《中国新文学大系导言集》，天津：天津人民出版社，2009年，第88页。

1936年 36岁

[270] Julian Bell to Vanessa Bell, January 1st 1936, Julian Bell Papers, Modern Archives, King's College, Cambridge.

[271] Eddie Playfair to Julian Bell, January 1st 1936, Julian Bell Papers, Modern Archives, King's College, Cambridge.

[272] 茅盾（惕）:《再谈儿童文学》,《文学》，第6卷第1期，第5—6页。

[273] 陈家庆:《水调歌头：凌叔华索题所临夏珪溪山无尽图》,《安大季刊》，1936年第1卷第1期。

[274] Ling Shuhua to Julian Bell, January 4th 1936, Julian Bell Papers, Modern Archives, King's College, Cambridge.

[275] 凌叔华:《悼克恩慈女士》，陈学勇编:《凌叔华文存·下》，第665页。

[276] Julian Bell to Eddie Playfair, January 10th 1936, Julian Bell Papers, Modern Archives, King's College, Cambridge.

[277] Julian Bell to Vanessa Bell, January 18th 1936, Quentin Bell ed., *Julian Bell-Essays, Poems, and Letters.*

[278] Julian Bell to Lettice Ramsay, January 20th 1936, Quentin Bell ed., *Julian*

Bell-Essays, Poems, and Letters.

[279] Vanessa Bell to Julian Bell, January 25th 1936, *The Selected Letters of Vanessa Bell* (New York: Pantheon Books, 1993).

[280] Eddie Playfair to Julian Bell, January 25th 1936, *Julian Bell Papers*, Modern Archives, King's College, Cambridge.

[281] Julian Bell to Vanessa Bell, February 1st 1936, Quentin Bell ed., *Julian Bell-Essays, Poems, and Letters.*

[282] Julian Bell to Eddie Playfair, February 3rd 1936, Julian Bell Papers, Modern Archives, King's College, Cambridge.

[283] 刘云份撰、施蛰存校:《翠楼集：名媛诗选》，上海：贝叶山房，1936年。

[284] Julian Bell to Eddie Playfair, February 2nd 1936, Julian Bell Papers, Modern Archives, King's College, Cambridge.

[285] Julian Bell to Eddie Playfair, February 12th 1936, Julian Bell Papers, Modern Archives, King's College, Cambridge.

[286] Julian Bell to Eddie Playfair, March 1st 1936, Julian Bell Papers, Modern Archives, King's College, Cambridge.

[287] Julian Bell to Eddie Playfair, March 11th 1936, Julian Bell Papers, Modern Archives, King's College, Cambridge.

[288] 凌叔华致巴金（之三），载陈建功编著:《中国现代文学馆馆藏珍品大系·信函卷·第1辑》，北京：文化艺术出版社，2009年，第161—163页。

[289] Julian Bell to Vanessa Bell, April 3rd 1936, Quentin Bell ed., *Julian Bell-Essays, Poems, and Letters.*

[290] 苏雪林:《凌叔华的〈花之寺〉与〈女人〉》,《新北辰》，1936年5月，第2卷第5期。

[291] 施瑛等编:《中国新文学丛刊·小说（四）》，上海：启明书店，1936年。

[292] Vanessa Bell to Julian Bell, June 13th 1936, *The Selected Letters of Vanessa Bell.*

[293] 凌叔华致巴金（之四），载陈建功编著:《中国现代文学馆馆藏珍品大

系·信函卷·第1辑》，北京：文化艺术出版社，2009年，第164—165页。

[294] 凌叔华致巴金（之二），载陈建功编著:《中国现代文学馆馆藏珍品大系·信函卷·第1辑》，第159—160页。

[295] 凌叔华致巴金（之二），载陈建功编著:《中国现代文学馆馆藏珍品大系·信函卷·第1辑》，第159—160页。

[296] Julian Bell to Eddie Playfair, September 25th 1936, Julian Bell Papers, Modern Archives, King's College, Cambridge.

[297] 铁轨:《〈小哥儿俩〉——凌叔华著》,《女子月刊》，第四卷第十期，第100—101页。

[298] 陈建军、戚慧著:《袁昌英年谱》，北京：商务印书馆，2023年，第160页。

[299] Vanessa Bell to Julian Bell, October 10th 1936, *Selected Letters of Vanessa Bell.*

[300] 余士铭:《评〈十年〉》,《国闻周报》，第13卷第40期，第34页。

[301] 陈建军、戚慧著:《袁昌英年谱》，第162页。

[302] Julian Bell to Vanessa Bell, October 20th 1936, Quentin Bell ed., *Julian Bell-Essays, Poems, and Letters.*

[303] Julian Bell to Eddie Playfair, October 21st 1936, Julian Bell Papers, Modern Archives, King's College, Cambridge.

[304] Julian Bell to Vanessa Bell, October 31st and November 1st 1936, Quentin Bell ed., *Julian Bell-Essays, Poems, and Letters.*

[305] Julian Bell to Eddie Playfair, November 1st 1936, Julian Bell Papers, Modern Archives, King's College, Cambridge.

[306] Julian Bell to Vanessa Bell, November 8th November 1st 1936, Quentin Bell ed., *Julian Bell-Essays, Poems, and Letters.*

[307] 苏雪林1936年日记，转引自沈晖编著:《苏雪林年谱长编》，第71页。

[308] Julian Bell to Ling Shuhua, November 24th 1936, 转引自Patricia Laurence, *Lily Briscoe's Chinese eyes: Bloomsbury, Modernism, and China* (South Carolina: University of South Carolina Press, 2003) p.88.

[309] 苏雪林1936年日记，转引自沈晖编著:《苏雪林年谱长编》，第72页。

[310] Julian Bell to Eddie Playfair, November 27st 1936, Charleston Papers, Modern Archives, King's College.

[311] Julian Bell to Virginia Woolf, December 5th 1936, 转引自 Patricia Laurence, *Lily Briscoe's Chinese eyes: Bloomsbury, Modernism, and China*, p.63.

[312] 顾颉刚:《顾颉刚日记》(第三卷)，台北：联经出版事业公司，2000年。

[313] Julian Bell to Ling Shuhua, December 12th 1936, 转引自 Patricia Laurence, *Lily Briscoe's Chinese eyes: Bloomsbury, Modernism, and China*, p.81.

[314] Julian Bell to Ling Shuhua, December 16th 1936, 转引自Peter Stansky, William Abrahams, Julian Bell: *From Bloomsbury to the Spanish Civil War*, p.237.

[315] Julian Bell to Ling Shuhua, December 17th 1936, Julian Bell Papers, Modern Archives, King's College, Cambridge.

[316] Julian Bell to Ling Shuhua, December 18th 1936, Julian Bell Papers, Modern Archives, King's College, Cambridge.

[317] 凌叔华:《停刊词》,《武汉日报·现代文艺》，1936年12月29日第95期。

1937年 37岁

[318] 帅约之:《母心·序》，上海：中华书局，1937年，第2页。

[319] 施蛰存:《一人一书》,《宇宙风》，1937年1月16日，第33期，第459—460页。

[320] 陈源致朱利安，信上日期为1937年3月16日，但是有误，其时朱利安已离开中国，信应是在武汉期间所写。Chen Yuan to Julian Bell, dated March 16th 1937, Charleston Papers, Modern Archives, King's College.

[321] 王世杰日记，1937年1月26日，台湾"中央研究院"近代史研究所数据库。

[322] Julian Bell to Ling Shuhua, February 7th 1937, Berg Collection, New York Public Library.

[323] Julian Bell to Ling Shuhua, February 26th 1937, Berg Collection, New York Public Library.

[324] 凌叔华:《一个故事》，陈学勇编:《凌叔华文存・上》，第423页。

[325] Julian Bell to Ling Shuhua, March 9th 1937, Berg Collection, New York Public Library.

[326] 凌叔华:《小莹》，陈学勇编:《凌叔华文存・下》，第667页。

[327] Liao Hongying to Vanessa Bell, July 25th 1937, Charleston Papers, Modern Archives, King's College, Cambridge.

[328] 朱光潜:《编辑后记》，《文学杂志》，第1卷第4期。

[329] 吴世勇编:《沈从文年谱》，天津：天津人民出版社，2006年，第195—196页。

[330] 凌叔华:《慰问汉阳伤兵》，《国闻周报》，第14卷第42期。

[331] Vanessa Bell to Ling Shuhua, December 9th 1937, Berg Collection, New York Public Library.

1938年 38岁

[332] 王世杰日记，1938年3月22日，台湾“中央研究院”近代史研究所数据库。

[333] Virginia Woolf to Ling Shuhua, April 5th 1938, Monk House Papers, Keep Archive Centre, Brighton.

[334] Virginia Woolf to Ling Shuhua, April 9th 1938, Monk House Papers, Keep Archive Centre, Brighton.

[335] Virginia Woolf to Ling Shuhua, April 17th 1938, Monk House Papers, Keep Archive Centre, Brighton.

[336] W.H. Auden & Christopher Isherwood, *Journey to a War* (NY: Random House, 1939), p.160.

[337] Ling Shuhua to Virginia Woolf, May 25th 1938, Monk House Papers, Keep Archive Centre, Brighton.

[338] 凌叔华:《汉口的战时儿童保育院》，《大地图文旬刊》，1938年6月21日，第1卷第9期，第166页。

[339] Virginia Woolf to Ling Shuhua, July 27th 1938, Monk House Papers, Keep

Archive Centre, Brighton.

[340] Ling Shuhua to Virginia Woolf, August 4th 1938, Monk House Papers, Keep Archive Centre, Brighton.

[341] Vanessa Bell to Ling Shuhua, September 16th 1938, Berg Collection, New York Public Library.

[342] Virginia Woolf to Ling Shuhua, October 15th 1938, Monk House Papers, Keep Archive Centre, Brighton.

[343] Vanessa Bell to Ling Shuhua, November 28th 1938，*The Selected Letters of Vanessa Bell.*

1939年 39岁

[344] Ling Shuhua to Virginia Woolf, January 20th 1939, Berg Collection, New York Public Library.

[345] Vanessa Bell to Ling Shuhua, June 13th 1939, *The Selected Letters of Vanessa Bell.*

[346] Virginia Woolf to Ling Shuhua, July 16th 1939, Monk House Papers, Keep Archive Centre, Brighton.

[347] 凌淑芝致凌淑浩，1939年8月16日，转引自陈烈:《双佳楼往事》，第114页。

[348] 松冈洋右致凌叔华，1939年8月25日，转引自陈烈:《双佳楼往事》，第111—113页。

[349] 常风:《回忆凌淑华》，《黄河》，2000年第6期，第85页。

[350] Virginia Woolf to Ling Shuhua, October 15th 1939, Monk House Papers, Keep Archive Centre, Brighton.

[351] Vanessa Bell to Ling Shuhua, December 5th 1939, Berg Collection, New York Public Library.

1940年 40岁

[352] 凌叔华致胡适，1940年2月1日，陈学勇编:《凌叔华文存（下）》，第

920—922页。

[353] 凌叔华致胡适，1940年2月1日，陈学勇编:《凌叔华文存（下）》，第922页。

[354] Vanessa Bell to Ling Shuhua, Februrary 4th 1940, Berg Collection, New York Public Library.

[355] 松冈洋右致凌叔华，1940年3月15日，转引自陈烈:《双佳楼往事》，第133页。

[356] Vanessa Bell to Ling Shuhua, March 17th 1949, *The Selected Letters of Vanessa Bell*.

[357] 松冈洋右致凌叔华，1940年6月12日，转引自陈烈:《双佳楼往事》，第114—115页。

[358] Vanessa Bell to Ling Shuhua, August 25th 1940, Berg Collection, New York Public Library.

[359] 珂:《凌叔华访问记》,《燕京新闻》，1940年第7卷第3期。

1941年 41岁

[360] 凌叔华:《〈椰子集〉序》，陈学勇编:《凌叔华文存·下》，第792—793页。

[361] 凌叔华:《由广州湾到柳州记》,《妇女新运》，第4卷第8期，1942年10月。

[362] 凌叔华:《由广州湾到柳州记》。

1942年 42岁

[363] 《文坛杂碎》,《文坛》，1942年3月20日创刊号。

[364] 杨静远:《让庐日记》，北京：商务印书馆，2015年，第43—45页。

[365] 凌叔华1942年3月27日日记，转引自陈烈:《双佳楼往事》，第196页。

[366] 杨静远:《让庐日记》，第61页。

[367] 杨静远:《让庐日记》，第91页。

[368] 见陈小滢讲述、高艳华记录编选:《乐山纪念册》，北京：商务印书馆，2012年，第39页。

1943年　43岁

[369] 王世杰致凌叔华，1943年1月10日，转引自陈烈:《双佳楼往事》，第156页。

[370] 见《乐山纪念册》，第143页。萧先生指武汉大学数学系教授萧君绛，对中医颇有研究。

[371] 凌叔华致陈源，1943年4月25日，转引自陈烈:《双佳楼往事》，第149页，注7。

[372] 凌叔华致陈源，1943年5月1日，转引自陈烈:《双佳楼往事》，第204页。

[373] 见《乐山纪念册》，第121页。

[374] 凌叔华致陈源，1943年6月18日，转引自陈烈:《双佳楼往事》，第197—198页。

[375] 陈源:《陈西滢日记书信选集·上》，上海：东方出版中心，2022年，第31页。

[376] 凌叔华:《山居》，《当代文艺》，1944年第1卷第4期。

[377] 杨静远:《让庐日记》，第162页。

[378] 杨静远:《让庐日记》，第162页。

[379] 陈源:《陈西滢日记书信选集·上》，第82页。

[380] 陈源:《陈西滢日记书信选集·上》，第86页。

[381] 陈源:《陈西滢日记书信选集·上》，第88页。

[382] 凌叔华致陈源，1943年9月3日，转引自陈烈:《双佳楼往事》，第199—201页。

[383] 陈源:《陈西滢日记书信选集·上》，第107页。

[384] 陈源:《陈西滢日记书信选集·上》，第109页。

[385] 凌叔华致陈源，1943年10月2日，转引自陈烈:《双佳楼往事》，第195页。

[386] 凌叔华致陈源，1943年10月11日，转引自陈烈:《双佳楼往事》，第199页。

[387] 凌叔华致陈源，1943年11月25日，转引自陈烈:《双佳楼往事》，第149页，注7。

[388] 凌叔华:《山居》，《当代文艺》，1944年第1卷第4期。

[389] 见凌福彭墓碑文，今位于广州市黄埔区深井村。

1944年 44岁

[390] 凌叔华致陈源，1944年1月6日，转引自陈烈:《双佳楼往事》，第204页。

[391] 凌叔华致陈源，1944年1月27日，转引自陈烈:《双佳楼往事》，第214页。

[392] 见《乐山纪念册》，第129页。

[393] 凌叔华致陈源，1944年4月27日，转引自陈烈:《双佳楼往事》，第220页。

[394] 陈源:《陈西滢日记书信选集·下》，第867页。

[395] 见《乐山纪念册》，第189页。

[396] 见《乐山纪念册》，第75页。

[397] 见《乐山纪念册》，第247页。

[398] 杨静远:《让庐日记》，第264—265页。

[399] 袁昌英:《法国文学》，重庆：商务印书馆，1944年，第1页。

[400] 《秋日自遣》后更名为《赠犁伯》，发表于《益世报（重庆版）》，1946年2月5日。

[401] 凌叔华:《中秋》三首，转引自陈烈:《双佳楼往事》，第202页。

[402] 陈源1944年11月10日日记，转引自陈烈:《双佳楼往事》，第210页。

[403] 孙法理:《乐山时代的文化生活》,《珞珈》，第112期，1992年7月。

[404] 凌叔华致陈源，1944年10月2日，转引自陈烈:《双佳楼往事》，第215页。

[405] 陈源:《陈西滢日记书信选集·上》，第306页。

[406] 凌叔华致陈源，1944年10月13日，转引自陈烈:《双佳楼往事》，第307页。

[407] 陈源:《陈西滢日记书信选集·上》，第336页。

[408] 陈源:《陈西滢日记书信选集·上》，第359页。

[409] 凌叔华致胡适，陈学勇编:《凌叔华文存·下》，第923—925页。

[410] 陈源:《陈西滢日记书信选集·上》，第402页。

[411] 陈源:《陈西滢日记书信选集·上》，第415页。

1945年　45岁

[412]　凌叔华致信陈源，1945年2月2日，转引自陈烈:《双佳楼往事》，第308页。

[413]　陈源:《陈西滢日记书信选集·下》，第449页。

[414]　杨静远:《让庐日记》，第338页。

[415]　陈源:《陈西滢日记书信选集·下》，第485页。

[416]　陈源:《陈西滢日记书信选集·下》，第510页。

[417]　陈源:《陈西滢日记书信选集·下》，第877页。

[418]　凌叔华致陈源，1945年5月9日，转引自陈烈:《双佳楼往事》，第221—223页。

[419]　陈烈:《双佳楼往事》，第211—212页。

[420]　陈源:《陈西滢日记书信选集·下》，第584页。

[421]　凌叔华致陈源，1945年6月23日，转引自陈烈:《双佳楼往事》，第53页、第308—309页。

[422]　凌叔华致陈源，1945年7月3日，转引自陈烈:《双佳楼往事》，第309页。

[423]　陈小滢致陈源，1945年7月20日，转引自陈烈:《双佳楼往事》，第217页。

[424]　陈源:《陈西滢日记书信选集·下》，第639页。

[425]　凌叔华致陈源，1945年8月10日，转引自陈烈:《双佳楼往事》，第312页。

[426]　陈源:《陈西滢日记书信选集·下》，第697—698页。

[427]　陈源:《陈西滢日记书信选集·下》，第709页。

[428]　凌叔华致陈源，1945年9月13日，转引自陈烈:《双佳楼往事》，第72、314页。

[429]　陈源致陈小滢，1945年10月11日，转引自陈源:《陈西滢日记书信选集·下》，第837页。

[430]　凌叔华致陈源，1945年11月1日，转引自陈烈:《双佳楼往事》，第72、436页。

1946年　46岁

[431]　小滢日记，见《乐山纪念册》，第66页。

[432] 陈源:《陈西滢日记书信选集·下》，第843页。

[433] 《北平文讯》，《文联》，1946年第1卷第6期。

[434] 陈源:《陈西滢日记书信选集·下》，第729页。

[435] 陈源:《陈西滢日记书信选集·下》，第735页。

[436] 《李约瑟谈话》，《大公报（重庆）》，1946年4月1日。

[437] 陈源:《陈西滢日记书信选集·下》，第849页。

[438] 陈源:《陈西滢日记书信选集·下》，第750页。

[439] 陈源:《陈西滢日记书信选集·下》，第752页。

[440] 陈源:《陈西滢日记书信选集·下》，第761页。

[441] 陈源:《陈西滢日记书信选集·下》，第853页。

[442] 凌叔华致陈源，1946年5月23日，转引自陈烈:《双佳楼往事》，第323页。

[443] 见《乐山纪念册》，第223页。

[444] 凌叔华:《回国杂记（二）：我们为什么要回国》，《大公报》，1975年3月9日。

[445] 见《乐山纪念册》，第177页。

[446] 见《乐山纪念册》，第161页。

[447] 见《乐山纪念册》，第167页。

[448] 见《乐山纪念册》，第91页。

[449] 王炳根著:《爱是一切：冰心传》，北京：作家出版社，2016年，第11页。

1947年 47岁

[450] Vanessa Bell to Ling Shuhua, 转引自Frances Spalding, *Vanessa Bell* (New Haven: Ticknor & Fields, 1983), p.339.

[451] 《妇女消息》，《妇女月刊》，1947年7月第6卷第2期。

[452] Vanessa Bell to Angelica Garnett, September 14th 1947, *The Selected Letters of Vanessa Bell.*

[453] 转引自陈学勇:《高门巨族的兰花：凌叔华传》，第381页。

[454] Patricia Laurence, *Lily Briscoe's Chinese eyes: Bloomsbury, Modernism,*

and China, p.240.

1948年　48岁

[455] 徐锺佩:《伦敦和我：大家都小气了》,《南京中央日报周刊》，1948年第2卷第12期，第15页。

[456] 苏雪林致凌叔华，1948年5月12日，转引自陈烈:《双佳楼往事》，第505页。

[457] 陈烈:《双佳楼往事》，第346页。

[458] 沈从文致凌叔华，转引自陈烈:《双佳楼往事》，第337—338页。

1949年　49岁

[459] 琼公:《凌叔华与拍花党》,《大风报》，1949年4月8日。

[460] 苏雪林:《苏雪林日记选（1948—1996）》，北京：商务印书馆，2017年，第15页。

[461] Quentin Bell, 'Ling Su Hui at the Adam's Gallery', *The New Statesman and Nation*, Vol. 38, 31 December 1949.

1950年　50岁

[462] 苏雪林:《苏雪林日记选（1948—1996）》，第27页。

[463] 苏雪林致凌叔华，1950年12月2日，转引自陈烈:《双佳楼往事》，第413页。

[464] Vanessa Bell to Ling Shuhua, December 7th 1950, *The Selected Letters of Vanessa Bell*.

1951年　51岁

[465] 袁昌英致陈源、凌叔华，1951年1月20日，转引自陈烈:《双佳楼往事》，第364页。

[466] 苏雪林致凌叔华，1951年2月15日，转引自陈烈:《双佳楼往事》，第414页。

[467] 陈小滢:《回忆我的母亲凌叔华》，载李菁:《记忆的容颜》，北京：生活·读书·新知三联书店，2012年，第215页。

[468] 苏雪林:《苏雪林日记选(1948—1996)》,第37—38页。

[469] 苏雪林:《苏雪林日记选(1948—1996)》,第38页。

1952年 52岁

[470] Ling Shuhua to Leonard Woolf, May 29th 1952, Leonard Woolf Papers, Keep Archive Centre, Brighton.

[471] 竺可桢致信陈源,1952年6月29日,转引自陈烈:《双佳楼往事》,第359页。

[472] Ling Shuhua to Leonard Woolf, July 6th 1952, Leonard Woolf Papers, Keep Archive Centre, Brighton.

[473] Ling Shuhua to Leonard Woolf, August 20th 1952, Leonard Woolf Papers, Keep Archive Centre, Brighton.

[474] 凌叔华致伊恩·帕森斯,1952年10月8日,转引自徐从辉、桂文泱:《凌叔华致霍加斯出版社英文佚简51封》,《中国现代文学研究丛刊》,2022年第8期,第230页。后文凌叔华与伊恩通信出处同此。

[475] 凌叔华致伦纳德·伍尔夫,1952年10月20日,转引自《凌叔华致霍加斯出版社英文佚简51封》,第233页。如无特别注明,凌叔华与伦纳德·伍尔夫的通信出处同此。

[476] 凌叔华致伦纳德·伍尔夫,1952年11月3日,转引自《凌叔华致霍加斯出版社英文佚简51封》,第234页。

[477] 凌叔华致伦纳德·伍尔夫,1952年11月19日,转引自《凌叔华致霍加斯出版社英文佚简51封》,第236页。

[478] 吴芳思:《梅达谷的麻将》,载〔英〕保罗·贝文、〔英〕安妮·韦查德、〔美〕郑达主编:《蒋彝和他的文友:旅英华人的艺术创作与社会交往(1930—1950)》,上海:中国出版集团东方出版中心,2023年,第244—248页。

1953年 53岁

[479] 杨步伟致信凌叔华,1953年2月22日,转引自陈烈:《双佳楼往事》,第

386页。

[480] 凌叔华致胡适夫妇，1953年4月5日，转引自陈烈:《双佳楼往事》，第388页。

[481] Ling Shuhua to Leonard Woolf, June 3rd 1953, Leonard Woolf Papers, Keep Archive Centre, Brighton.

[482] Ling Shuhua to Leonard Woolf, June 4th 1953, Leonard Woolf Papers, Keep Archive Centre, Brighton.

[483] Ling Shuhua to Leonard Woolf, September 24th 1953, Leonard Woolf Papers, Keep Archive Centre, Brighton.

[484] Ling Shuhua to Leonard Woolf, September 29th 1953, Leonard Woolf Papers, Keep Archive Centre, Brighton.

[485] 凌叔华致伦纳德·伍尔夫，1953年11月29日，转引自《凌叔华致霍加斯出版社英文佚简51封》，第244—245页。

[486] 凌叔华致伦纳德·伍尔夫，1953年12月3日，转引自《凌叔华致霍加斯出版社英文佚简51封》，第245—246页。

1954年　54岁

[487] "Chinese Childhood", *Time and Tide*, 35, no. 3 (Jan. 16).

[488] Harold Acton, *Childhood in Peking*. Rev. of *Ancient Melodies*, by Ling Shuhua. *Times Literary Supplement*. 22 Jan. 1954.

[489] 转引自吴鲁芹《维吉尼亚·吴尔芙与凌叔华》，《文人相重》，上海：上海书店出版社，2009年，第21页。

[490] H.H. "Rev. of *Ancient Melodies*, by Ling Shuhua", *Spectator*. 19 Feb. 1954.

[491] 凌叔华致伦纳德·伍尔夫，1954年4月4日，转引自《凌叔华致霍加斯出版社英文佚简51封》，第248—249页。

[492] 凌叔华致伯奇小姐，1954年7月5日，转引自《凌叔华致霍加斯出版社英文佚简51封》，第251页。凌叔华与伯奇小姐通信均引自于此。

[493] 凌叔华致斯莫伍德夫人，1954年10月8日，转引自《凌叔华致霍加斯出版社英文佚简51封》，《中国现代文学研究丛刊》，第252页。

[494] 《女画家凌叔华在美举行个展》，载台北《中央日报》，1954年12月2日。

[495] Filomena Gould, "Artist Makes Visit Do Double Duty," *Indianapolis News*, 27 October 1954.

[496] "Mrs. Chen Fetes Sister", *Indianapolis Times*, 31 October 1954.

1955年 55岁

[497] Ling Shuhua to Leonard Woolf, November 19th 1955, Leonard Woolf Papers, Keep Archive Centre, Brighton.

[498] Ling Shuhua to Leonard Woolf, November 28th 1955, Leonard Woolf Papers, Keep Archive Centre, Brighton.

1956年 56岁

[499] Ling Shuhua to Leonard Woolf, February 9th 1956, Leonard Woolf Papers, Keep Archive Centre, Brighton.

[500] 苏雪林:《浮生九四——雪林回忆录》，台北：三民书局，1991年，第212页。小滢认为凌叔华去外国讲学，也许是逃避与陈源共同生活的一种方式。

[501] 凌叔华致伦纳德·伍尔夫，1956年3月6日，转引自《凌叔华致霍加斯出版社英文佚简51封》，第253—254页。

[502] 叶君健:《陈西滢和凌叔华——中国现代文学史中的一页》，《叶君健全集·第十六卷》，北京：清华大学出版社，2010年，第56页。

[503] Ling Shuhua to Leonard Woolf, June 3rd 1956, Leonard Woolf Papers, Keep Archive Centre, Brighton.

1957年 57岁

[504] 《苏雪林作品集·日记卷》第2册，台南：台湾成功大学教务处出版组，

1999年，第193页。

[505] 《苏雪林作品集·日记卷》第2册，第194页。

[506] 陈烈:《双佳楼往事》，第397页。

[507] 陈源致凌叔华，1957年3月17日，转引自陈烈:《双佳楼往事》，第451页。

[508] 连士升致凌叔华，1957年4月24日,《海滨寄简一》,《连士升文集·第四卷》，北京：北京大学出版社，2011年，第26—28页。

[509] 连士升:《看凌叔华教授的画》,《南洋商报》，1957年11月20日。

[510] 罗久芳编著:《五四飞鸿：罗家伦珍藏师友书简集》，天津：百花文艺出版社，2010年，第219页。

[511] 骆明:《一身云烟——我走过的文学道路》，新加坡：骆明工作室，2022年。

[512] 余秀斌:《敬悼凌叔华教授》,《联合早报》，1990年7月1日。

1958年 58岁

[513] 罗久芳编著:《五四飞鸿：罗家伦珍藏师友书简集》，第219页。

[514] 罗久芳编著:《五四飞鸿：罗家伦珍藏师友书简集》，第218页。

[515] 凌叔华:《谈看戏及伦敦最近上演的名剧》，陈学勇编:《凌叔华文存·下》，第823—836页。

1959年 59岁

[516] 收录苏雪林等著，苏雪林教授学术文化基金会编:《绿漪风韵——苏雪林及文友书画集》，台南：苏雪林教授学术文化基金会，2010年，第55页。

[517] 凌叔华:《重游日本记·附记》，陈学勇编:《凌叔华文存·下》，第730—731页。

[518] 《夏志清、夏济安书信集（卷四：1959—1962）》，上海：上海人民出版社，2020年。

[519] 苏雪林:《苏雪林日记选（1948—1996）》，第65页。

[520] 凌叔华:《〈时间的河流〉序》，陈学勇编:《凌叔华文存·下》，第798—799页。

[521] 吴宓1961年8月29日日记，《吴宓日记续编·第5册》，北京：生活·读书·新知三联书店，2006年，第155页。

[522] 凌叔华致萧乾，1985年4月14日，转引自姜德明:《作家百简》，石家庄：河北教育出版社，2003年，第179页。

[523] 罗青:《两碗打卤面：雨后访凌叔华》，《南方周末》。2017年8月17日。

[524] 转引自陈烈:《双佳楼往事》，第450页。

1960年 60岁

[525] 《编后话》，《南洋文摘》，1960年1月1日第一期。

[526] 凌叔华:《〈爱山庐梦影〉自序》，陈学勇编:《凌叔华文存·下》，第800—801页。

[527] 凌叔华:《二十世纪的中国艺术》，陈学勇编:《凌叔华文存·下》，第870—872页。

[528] 凌叔华:《近代戏剧杂讲》，陈学勇编:《凌叔华文存·下》，第847页。

[529] 凌叔华:《谈戏剧有各种写法》，陈学勇编:《凌叔华文存·下》，第848—851页。

[530] 凌叔华:《略谈分幕及分场》，陈学勇编:《凌叔华文存·下》，第852—857页。

[531] Ling Shuhua to Leonard Woolf，April 23rd 1960，Leonard Woolf Papers, Keep Archive Centre, Brighton.

[532] 陈小滢:《回忆我的母亲凌叔华》，载李菁:《记忆的容颜》，第214页。

[533] 凌叔华:《〈凌叔华选集〉后记》，陈学勇编:《凌叔华文存·下》，第789页。

[534] 《夏志清、夏济安书信集（卷四：1959—1962）》。

[535] Ling Shuhua to Vanessa Bell, October 7th 1960, The Papers of Angelica Garnett, Modern Archives, King's College, Cambridge.

1961年 61岁

[536] 连士升致凌叔华，1961年9月1日，《海滨寄简三》，《连士升文集·第四

卷》，第274—276页。

[537] 转引自章星虹：《连士升笔下的凌叔华》，《联合早报》，2022年8月1日。

[538] Ling Shuhua to Leonard Woolf，October 23rd 1961，Leonard Woolf Papers, Keep Archive Centre, Brighton.

[539] 夏志清著，刘绍铭等译：《中国现代小说史》，香港：香港中文大学出版社，2001年，第66页。

[540] 夏志清：《中国现代小说史》，第66页。

[541] 夏志清：《中国现代小说史》，第71页。

1962年 62岁

[542] 王世杰致凌叔华，1962年10月9日，转引自陈烈：《双佳楼往事》，第270页。

[543] 章星虹：《伦敦"爱山庐"来稿》，《联合早报》，2020年6月15日。

1963年 63岁

[544] 梁实秋：《重印〈西滢闲话〉序》，《梁实秋怀人丛录》，北京：中国广播电视出版社，1991年，第207页。

[545] 转引自陈学勇：《高门巨族的兰花：凌叔华传》，第390页。

[546] 转引自陈学勇：《高门巨族的兰花：凌叔华传》，第390页。

1964年 64岁

[547] 梁实秋致凌叔华，1964年2月4日，转引自陈烈：《双佳楼往事》，第56、447—448页。

[548] 陈烈：《双佳楼往事》，第453页。

1965年 65岁

[549] 凌叔华：《一九六四年岁暮随笔——和星洲青年朋友说的闲话》，《南洋商报》，1965年1月1日。

[550] 连士升致凌叔华，1965年1月9日，《落霞集》，《连士升文集·第五卷》，

第131—133页。

[551] 连士升致凌叔华，1965年1月24日，《落霞集》，《连士升文集·第五卷》，第143—145页。

[552] 凌叔华曾致信陈从周，谈到1972年回上海时想与小曼相见，得知她在艺专教画生活，但不能见外人。凌叔华为此颇感宽慰，庆幸自己曾劝她学画，并带她拜陈半丁为师，否则小曼无一技傍身，特殊时期很难维生。见凌叔华：《谈徐志摩遗文——致陈从周的信》，载《新文学史料》，1983年第1期，第96页。

1966年　66岁

[553] 吴芳思：《梅达谷的麻将》，载〔英〕保罗·贝文、〔英〕安妮·韦查德、〔美〕郑达主编：《蒋彝和他的文友：旅英华人的艺术创作与社会交往（1930—1950）》，上海：中国出版集团东方出版中心，2023年，第230—244页。

[554] 凌叔华：《陈文希伦敦画展记》，《南洋商报》，1966年3月1日。

1967年　67岁

[555] 凌叔华致伊恩·帕森斯，1967年9月12日，转引自《凌叔华致霍加斯出版社英文佚简51封》，第255页。

[556] 凌叔华致布伦纳·雨果，1967年9月21日，转引自《凌叔华致霍加斯出版社英文佚简51封》，第255页。下文凌叔华与布伦纳通信出处同此。

[557] 赵如兰致凌叔华，1967年11月15日，卞赵如兰特藏，香港中文大学馆藏。

1968年　68岁

[558] 连士升致凌叔华，1968年5月11日，《孤鹜集》，《连士升文集·第五卷》，第269—271页。

[559] 陈小滢：《回忆我的母亲凌叔华》，载李菁：《记忆的容颜》，第210页。

1969年　69岁

[560] 浦丽琳:《海外拾珠：浦薛凤家族收藏师友书简》，天津：百花文艺出版社，2012年，第104页。

[561] 浦丽琳:《海外拾珠：浦薛凤家族收藏师友书简》，第101页。

[562] 凌叔华致斯莫伍德夫人，1969年11月1日，转引自《凌叔华致霍加斯出版社英文佚简51封》，第257页。

[563] 凌叔华致布伦纳·雨果，1969年11月10日，转引自《凌叔华致霍加斯出版社英文佚简51封》，第258页。

[564] 凌叔华致布伦纳·雨果，1969年11月17日，转引自《凌叔华致霍加斯出版社英文佚简51封》，第258—259页。

1970年　70岁

[565] 王世杰日记，1970年3月22日，台湾"中央研究院"近代史研究所数据库。

[566] 熊文英:《回忆陈源教授的最后一程》，台湾《大成》杂志，第13期。

[567] 王世杰日记，1970年4月19日，台湾"中央研究院"近代史研究所数据库。

[568] 凌叔华致信戴·刘易斯，1970年5月13日，转引自《凌叔华致霍加斯出版社英文佚简51封，第260页。

[569] 王世杰致凌叔华，1970年11月23日，转引自陈烈:《双佳楼往事》，第270页。

[570] 凌叔华致刘绍唐，转引自:《中国儿女——凌叔华佚作·年谱》，第198页。

1971年　71岁

[571] 凌叔华致苏雪林，1971年7月18日，《逝水浮云曾照影：名家与苏雪林书信选》，台南：台湾成功大学中国文学系，2007年，第174页。

[572] 连士升致凌叔华，1971年10月16日，《秋水集》，《连士升文集·第五卷》，第395—397页。

1972年　72岁

[573]　凌叔华致连士升，1972年4月1日，《长天集》，《连士升文集·第五卷》，第483—485页。

[574]　连士升致凌叔华，1972年4月9日，《长天集》，《连士升文集·第五卷》，第483—485页。

[575]　连士升致凌叔华，1972年9月13日，《长天集》，《连士升文集·第五卷》，第582—584页。

1973年　73岁

[576]　郭有守致凌叔华，1973年5月14日，转引自陈烈：《双佳楼往事》，第431页。

[577]　沈从文致凌叔华，1973年7月2日，转引自陈烈：《双佳楼往事》，第341页。

[578]　吴令华：《儿时眼中的苏雪林》，《乐山纪念册》，第133页。

[579]　赵炜致凌叔华，1973年11月20日，转引自陈烈：《双佳楼往事》，第473页。

1974年　74岁

[580]　罗青：《两碗打卤面：雨后访凌叔华》，《南方周末》，2017年8月17日。

1975年　75岁

[581]　常书鸿致郭有守，陈烈：《双佳楼往事》，第473—474页。

[582]　常书鸿致郭有守，陈烈：《双佳楼往事》，第474页。

[583]　罗青：《两碗打卤面，雨后访凌叔华》，《南方周末》，2017年8月17日。

[584]　王世杰日记，1975年5月11日，台湾"中央研究院"近代史研究所数据库。

[585]　罗久芳编著：《五四飞鸿：罗家伦珍藏师友书简集》，第221页。

1976年　76岁

[586]　陈学勇：《高门巨族的兰花：凌叔华传》，第393页。

1977年　77岁

[587]　凌叔华致赵如兰，1977年1月26日，卞赵如兰特藏，香港中文大学馆藏。

[588]　凌叔华致巴金（之一），载陈建功编著:《中国现代文学馆馆藏珍品大系·信函卷·第1辑》，第156—158页。

[589]　巴金:《关于〈长生塔〉》，《创作回忆录》，第10—11页。

[590]　转引自陈烈:《双佳楼往事》，第476页。

1978年　78岁

[591]　叶公超:《〈新月小说选〉序》，《叶公超批评文集》，珠海：珠海出版社，1998年，第251页。

[592]　袁婵:《新闺秀的旅吟：凌叔华的生平与文学创作》，香港：中华书局，2020年，第19页。

1979年　79岁

[593]　沈从文:《沈从文全集·二十五卷》，第290页。

[594]　苏雪林:《苏雪林日记选（1948—1996）》，第390页。

1980年　80岁

[595]　苏雪林:《苏雪林作品集·日记卷》第10册，第4页。

[596]　尹雪曼:《鼎盛时期的新小说》，台北：成文出版社，1980年，第119—126页。

[597]　浦丽琳:《家山万里梦依稀》，北京：商务印书馆，2023年，第136页。

[598]　木令耆:《菊访》，木令耆编:《海外华人作家散文选》，香港：三联书店香港分店，1983年，第113—118页。

[599]　夏志清致凌叔华，1980年10月22日，转引自陈烈:《双佳楼往事》，第482页。

[600]　凌叔华致夏志清，1980年11月17日，转引自孙连五，第227—228页。

1981年　81岁

[601]　凌叔华致夏志清，1981年2月15日，转引自孙连五，第229—230页。

[602]　凌叔华致夏志清，1981年3月25日，转引自孙连五，第230—232页。

[603]　苏雪林致凌叔华，1981年4月23日，转引自陈烈:《双佳楼往事》，第483页。

[604]　凌叔华致夏志清，1981年4月25日，转引自孙连五，第230—235页。

[605]　文洁若:《梦之谷奇遇》，北京：中国友谊出版公司，1992年，第52页。

[606]　凌叔华致夏志清，1981年6月5日，转引自孙连五，第236—237页。

[607]　凌叔华致夏志清，1981年6月30日，转引自孙连五，第237—238页。

[608]　常书鸿致凌叔华，1981年7月14日，转引自陈烈:《双佳楼往事》，第474页。

1982年　82岁

[609]　浦丽琳:《海外拾珠：浦薛凤家族收藏师友书简》，第113页。

[610]　Francis Spalding to Ling Shuhua, October 4th 1982, Berg Collection, New York Public Library.

[611]　凌叔华:《谈徐志摩遗文——致陈从周的信》,《新文学史料》，1983年第1期，第96页。

1983年　83岁

[612]　浦丽琳:《海外拾珠：浦薛凤家族收藏师友书简》，第116—117页。

[613]　陈从周致凌叔华，1983年4月15日，转引自陈烈:《双佳楼往事》，第484页。

[614]　《上海师范学院学报》，1982年第3期。

[615]　凌叔华致陈从周，1983年5月7日，转引自赵家璧:《编辑忆旧》，北京：中华书局，2008年，第234—235页。

1984年　84岁

[616]　浦丽琳:《海外拾珠：浦薛凤家族收藏师友书简》，第112页。

[617]　浦丽琳:《海外拾珠：浦薛凤家族收藏师友书简》，第119页。

[618]　苏雪林:《苏雪林日记选（1948—1996）》，第337页。

[619] 苏雪林:《苏雪林日记选（1948—1996）》，第338页。

[620] 文洁若:《梦之谷奇遇》，第53页。

[621] 凌叔华:《〈凌叔华小说集〉序》，陈学勇编:《凌叔华文存·下》，第790—791页。

[622] 浦丽琳:《海外拾珠：浦薛凤家族收藏师友书简》，第122—123页。

1985年 85岁

[623] 姜德明:《作家百简》，第179—180页。

[624] 《逝水浮云曾照影：名家与苏雪林书信选》，第177—178页。

1986年 86岁

[625] 杨义:《中国现代小说史》，北京：人民文学出版社，1986年，第283—289页。

1987年 87岁

[626] 苏雪林:《苏雪林日记选（1948—1996）》，第384页。

[627] 赵园:《论小说十家》，杭州：浙江文艺出版社，1987年，第369—395页。

[628] 赵家璧致凌叔华，1987年9月2日，转引自陈烈:《双佳楼往事》，第345页。

[629] 苏雪林:《苏雪林日记选（1948—1996）》，第390页。

1988年 88岁

[630] 叶君健:《陈西滢与凌叔华——中国现代文学史的一页》，《叶君健全集·十六卷》，第53页。

1989年 89岁

[631] 孟悦、戴锦华:《浮出历史地表》，郑州：河南人民出版社，1989年，第77—78页。

[632] 严家炎:《中国现代小说流派史》，北京：人民文学出版社，1989年，第

220—222页。

[633] 游友基:《凌叔华小说论》,《信阳师范学院学报(哲学社会科学版)》,1989年第1期。

1990年 90岁

[634] 陈小滢:《回忆我的母亲凌叔华》,载李菁:《记忆的容颜》,第216页。

[635] 武汉大学档案馆藏。

[636] 王世襄:《和凌叔华先生一家的交往》,《忆往说趣》,北京:生活·读书·新知三联书店,2010年,第54页。

[637] 苏雪林:《苏雪林作品集·日记卷》第14册,第230页。

凌叔华著述年表

1916年

《感怀两首》（诗词），《校友会会报》第二期（12月），天津。
《暮秋竹枝词四首》（诗词），《校友会会报》第二期（12月），天津。
《雨后天晴邀女友看菊小启》（书信），《校友会会报》第二期（12月），天津。
《与同学书劝其熟读尤西堂〈反恨赋〉》（书信），《校友会会报》第二期（12月），天津。
《张允英女士追悼会记》（杂文），《校友会会报》第二期（12月），天津。
《论女子学文之功用》（杂文），《校友会会报》第二期（12月），天津。
《记学艺会事》（杂文），《校友会会报》第二期（12月），天津。

1917年

《对于化学实验水之心得》（报告），《校友会会报》第三期（4月），天津。
《游普陀山记》（散文），《校友会会报》第三期（4月），天津。
《题〈咏絮楼集〉（三首）》（诗词），《校友会会报》第三期（4月），天津。
《参观中记料器厂》（报告），《校友会会报》第四期（12月），天津。
《民国五年年假日记》（日记），《校友会会报》第四期（12月），天津。
《与执友书历述生平得意事与失意事》（书信），《校友会会报》第四期

（12月），天津。

《拟中秋夜与嫦娥书：对月述怀》（书信），《校友会会报》第四期（12月），天津。

《国文毕业考试题目》（杂文），《校友会会报》第四期（12月），天津。

1918年

《拟募捐赈济水灾启》（书信），《校友会会报》第五期（12月），天津。

《邀女友组织游春游行团启》（书信），《校友会会报》第五期（12月），天津。

《人必如何而后为得志说》（杂文），《校友会会报》第五期（12月），天津。

《对于中日密约之感言》（杂文），《校友会会报》第五期（12月），天津。

1923年

《读了〈纯阳性的讨论〉的感想》（杂文），《晨报副刊》（8月25日），北京。

《女儿身世太凄凉》（小说），《北京女子高等师范周刊》第47期（12月9日），北京。

1924年

《女儿身世太凄凉》（小说），《晨报副刊》（1月13日），北京。

《朝雾中的哈大门大街》（散文），《晨报副刊》（4月18日），北京。

《资本家之圣诞》（小说），《晨报副刊》（3月23日），北京。

《约书亚·瑞那尔支》（译文），《燕大周刊》第41期、42期（5月3日、10日），北京。

《我的理想及实现的泰戈尔先生》（散文），《晨报副刊》（5月12日），北京。

《汝沙·堡诺》（译文），《燕大周刊》第43期、44期（5月17日、24日），北京。

《加米尔·克罗》(译文),《燕大周刊》第45期(5月31日),北京。

《解闷随记》(散文),《晨报副刊》(7月5日),北京。

《我那件事对不起他?》(小说),《晨报六周年增刊》(12月),北京。

"The Goddess of the Moon"(戏剧),*The China Journal of Science & Arts* 杂志,1924年第6期(12月),上海。

1925年

《酒后》(小说),《现代评论》第1卷第5期(1月10日),北京。

《绣枕》(小说),《现代评论》第1卷第15期(3月21日),北京。

《吃茶》(小说),《现代评论》第1卷第20期(4月25日),北京。

《再见》(小说),《现代评论》第2卷第34期(5月7日),北京。

《中秋晚》(小说),《晨报副刊》(10月1日),北京。

《茶会以后》(小说),《晨报副刊》(10月19日),北京。

《花之寺》(小说),《现代评论》第2卷第48期(11月7日),北京。

《太太》(小说),《晨报七周年纪念增刊》(12月31日),北京。

1926年

《有福气的人》(小说),《现代评论》"第一周年纪念增刊"(1月1日),北京。

《等》(小说),《现代评论》第3卷第70期(4月10日),北京。

《小姑娘》(译作),《现代评论》第3卷第72期(4月20日),北京。

《说有这么一回事》(小说),《晨报副刊》(5月3日),北京。

《春天》(小说),《现代评论》第4卷第79期(6月12日),北京。

《小英》(小说),《现代评论》第4卷第95期(10月2日),北京。

1927年

《弟弟》(小说),《现代评论》"第二周年纪念增刊"(1月1日),北京。

《病》（小说），《现代评论》第5卷第121期（4月12日），北京。
《绮霞》（小说），《现代评论》第6卷第138期、139期（7月30日、8月6日），北京。
《他俩的一日》（小说），《现代评论》第6卷第145期、146期（9月17日、24日），北京。

1928 年

《小昭》（小说），《燕大月刊》，第1卷第4期（1月12日），北京。
《花之寺》出版（小说集），新月书店，上海。
《疯了的诗人》（小说），《新月》第1卷第2号（4月10日），上海。
《她们的他》（剧作），《现代评论》三周年纪念增刊（6月），北京。
《登富士山》（散文），《现代评论》第8卷第193期、194期（8月18日、25日），北京。
《一件事》（译作），《现代评论》，第8卷第195期、196期（9月1日、8日），北京。

1929 年

《小刘》（小说），《新月》第1卷第12号（2月10日），上海。
《小蛤蟆》（小说），《新月》第2卷第1号（3月10日），上海。
《小哥儿俩》（小说），《新月》第2卷第2号（4月10日），上海。
《女人》（小说），《小说月报》，第20卷第4号（4月10日），上海。
《送车》（小说），《新月》第2卷第3号（4月19日），上海。
《杨妈》（小说），《新月》，第2卷第4号（6月10日），上海。
《搬家》（小说），《新月》，第2卷第6—7号合刊（9月10日），上海。

1930 年

《凤凰》（小说），《新月》，第3卷第1号（3月10日），上海。
《女人》出版（小说集），商务印书馆，上海。

1931 年

《倪云林》(小说),《文艺月刊》,第2卷第3号(3月30日),南京。

《写信》(小说),《大公报》“万期纪念号”(5月22日),天津。

《旅途》(小说),《文季月刊》(6月),上海。

《晶子(后易名为“生日”)》(小说),《北斗》第2期(10月20日),上海。

《志摩真的不回来了吗?》(散文),《晨报·学园》(12月6日),北京。

1933 年

《衡湘四日游记》(散文),分三期连载完成,天津《大公报·文艺副刊》,第20、21、22期(11月29日、12月2日、12月6日),天津。

1934 年

《我的创作经验》(演讲),《女青年月刊》第13卷第3期(3月),上海。

《千代子》(小说),《文学季刊》第1卷第2期(4月),上海。

《无聊》(小说),天津《大公报·文艺副刊》,第78期(6月23日),天津。

《泰山曲阜纪游》(散文),《国闻周报》第11卷第41期(10月15日),上海。

《我们怎样看中国画》(论文),天津《大公报·艺术周刊》第3期(10月21日),天津。

1935 年

《发刊词》,《武汉日报·现代文艺》第1期(2月15日),武汉。

《谨答向培良先生》(书信),《武汉日报·现代文艺》第3期(3月1日),武汉。

《异国》(小说),《武汉日报·现代文艺》第4期(3月8日),武汉。

《悼花狗》(散文),《大公报·文艺副刊》第148期(3月15日),天津。

《红了的冬青》(童话),《武汉日报·现代文艺》第18期(6月14日),

武汉。

《西京日记几页》（散文），《武汉日报·现代文艺》第19期（6月21日），武汉。

《开瑟琳》（小说），《武汉日报·现代文艺》第23期（7月19日），武汉。

《十七岁》（书评），《武汉日报·现代文艺》第29期（8月30日），武汉。

《转变》（小说），《武汉日报·现代文艺》第31、32期（9月13日、9月20日），武汉。

《心事》（小说），《武汉日报·现代文艺》第35期（10月18日），武汉。

《小哥儿俩》出版（小说集），良友图书公司，上海。

《〈小哥儿俩〉自序》（序），《武汉日报·现代文艺》第38期（11月8日），武汉。

1936年

《悼克恩慈女士》（散文），天津《大公报·文艺》第77期（1月13日），天津。

《春的剪影（一）》（散文），《武汉日报·现代文艺》第56期（3月20日），武汉。

《春的剪影（二）》（散文），《武汉日报·现代文艺》第59期（4月10日），武汉。

《小床与水塔》（小说），《文学时代》第6期（4月），上海。

《奶妈》（小说），《文艺月刊》第8卷第4期（4月），南京。

《死》（小说），上海开明书店纪念作品集《十年》（7月），上海。

《一件喜事》（小说），《大公报·文艺》第194期（8月9日），天津。

What's Point of it?（小说），《天下》第3卷第1期（8月），上海。

《停刊词》，《武汉日报·现代文艺》第95期（12月29日），武汉。

1937年

《一个故事》（小说），《中学生》第73号（3月1日），上海。

A Poet Goes Mad（小说），《天下》第4卷第4期（4月），上海。

《小莹》（散文），《青年界》第12卷第1号（6月），上海。

《八月节》（小说），《文学杂志》第1卷第4期（8月1日），上海。

《汉阳医院伤兵访问记》（散文），天津《大公报》第373期（10月10日），汉口。

《慰劳汉阳伤兵》（散文），《国闻周报》第14卷第42期（11月14日），上海。

Writing a Letter（小说），《天下》第5卷第5期（12月），上海。

1938 年

《汉口的战时儿童保育院》（通讯），《大地图文旬刊》，第1卷第9期（6月21日），上海。

《为接近战区及被轰炸区域的儿童说的话》（杂文），《新民族》（11月22日），重庆。

1939 年

《参观战时儿童保育院》（散文），《大公报（汉口）》（5月22日），汉口。

《后方小景》（散文），《大公报·文艺副刊》第628期（6月1日），香港。

1940 年

《在文学里的儿童》（演讲），《文学集林》第4辑（4月），上海。

1941 年

《〈椰子集〉序》（序），《辅仁文苑》第7辑（1941年3月），北京。

1942 年

《中国儿女》（小说），《文学创作》第1卷第1、2、3期及第2卷第1期（9月15日、10月15日，1943年1月15日、5月1日），桂林。

《由广州湾到柳州记》（散文），《妇女新运》，第4卷第8期（10月），重庆。

1943 年

《回忆一个画会及几个老画家》（散文），《时与潮》第1卷第3期（7月15日），重庆。

1944 年

《致编者信》（书信），《风雨谈》第11期“现代女作家书简专辑”（4月），上海。

《山居》（散文），《当代文艺》第1卷第4期（4月），桂林。

《小滢附志》（书信），《文化先锋》，第4卷第1期（8月11日），重庆。

1950 年

“The Red Coat Man”（小说），*Spectator*（11月24日），伦敦。

“Childhood in China”（小说），*Spectator*（12月22日），伦敦。

1951 年

“Our Old Gardener”（小说），*Country Life*（2月16日），伦敦。

“Happy Days in Kiating”（散文），*Country Life*（10月19日），伦敦。

1952 年

“Visit to a Royal Gardener”（小说），*Country Life*（4月25日），伦敦。

1953 年

“Rock Carvings 1,800 Years Old”（介绍），*Country Life*（4月23日），伦敦。

Ancient Melodies（自传体小说），霍加斯出版社（The Hogarth Press），伦敦。

1956年

“Chinese Woodcuts of Three Centuries”（介绍），*Country Life*（2月23日），伦敦。

1958年

《新诗的未来》（论文），《南洋商报·商余副刊》（10月17日—11月1日），新加坡。

1959年

《〈时间的河流〉序》（序），《南洋商报》（12月16日），新加坡。

1960年

《新诗的未来》（单行本），星洲世界书局，新加坡。
《爱山庐梦影》（散文集），星洲世界书局，新加坡。
《〈凌叔华选集〉后记》，《南洋商报》（4月26日），新加坡。

1962年

《介绍中国文人画》（杂文），《南洋商报·商余副刊》（10月12日），新加坡。

1965年

《一九六四岁暮随笔——和星洲青年朋友说的闲话》（杂文），《南洋商报》（1月1日），新加坡。

1966年

《陈文希伦敦画展记》（散文），《南洋商报》（3月1日），新加坡。

1968 年

《除夕家宴》(剧作),《南洋商报》(1月1日),新加坡。

1969 年

《下一代》(剧作),《南洋商报》(1月1日),新加坡。

1970 年

《夫妻》(剧作),《南洋商报》(1月1日),新加坡。

《下一代》(剧作),《纯文学》第8卷第1期(7月),台北。

1975 年

《回国杂写》(杂文),香港《大公报》(3月6—10日),香港。

1978 年

《敦煌礼赞》(散文),《大公报在港复刊十周年纪念文集》(9月),香港。

1984 年

《一个惊心动魄的早晨》(小说),台湾《联合文学》创刊号(11月1日),台北。

1986 年

《回忆郁达夫一些小事情》(散文),《怀念郁达夫》文集(12月),长沙。

1988 年

《凌叔华致萧乾:关于陈西滢的晚景》(书信),《人民日报》副刊(2月15日),北京。

参考文献

一、英文文献

1. 主要期刊

The Spectator, Press Holdings, UK (1950—1954).

Country Life, Future Public Limited Company, UK (1951—1956).

2. 创作书目

Ling, Shuhua, *Ancient Melodies* (London: Hogarth Press, 1953).

3. 主要参考著作

Auden, W. H., and Christopher Isherwood. *Journey to a War*. New York: Random House, 1939.

Bell, Julian. *Julian Bell: Essays, Poems, and Letters*. Edited by Quentin Bell. London: The Hogarth Press, 1938.

Laurence, Patricia. *Lily Briscoe's Chinese Eyes: Bloomsbury, Modernism, and China*. Columbia, SC: University of South Carolina Press, 2003.

Bell, Vanessa. *Selected Letters of Vanessa Bell*. Edited by Regina Marler. New York: Pantheon Books, 1993.

Spalding, Frances. *Vanessa Bell*. New Haven: Ticknor & Fields, 1983.

Stansky, Peter, and William Abrahams. *Julian Bell: From Bloomsbury to the*

Spanish Civil War. Stanford, CA: Stanford University Press, 2012.

Welland, Sasha Su-Ling. *A Thousand Miles of Dreams: The Journey of Two Chinese Sisters*. Lanham, Boulder, New York, Toronto, Plymouth: Rowman & Littlefield Publishers, 2006.

Woolf, Virginia. *The Letters of Virginia Woolf, Volume VI: 1936—1941*. Edited by Nigel Nicolson and Joanne Trautmann. London: The Hogarth Press, 1980.

4. 档案资料

Charleston Papers & Julian Bell Papers & The Papers of Angelica Garnett, Modern Archives, King's College, Cambridge, UK.

Monk House Papers & Leonard Woolf Papers, Keep Archive Centre, UK.

Berg Collection, New York Public Library, US.

二、中文文献

1. 民国时期期刊

《直隶第一女子师范学校校友会会报》

《晨报副刊》

《新月》

《现代评论》

《武汉日报·现代文艺》

2. 专著

（清）吴道镕、丁仁长、梁鼎芬等纂修:《宣统番禺县续志》，上海：上海书店，2003年。

巴金:《创作回忆录》，北京：人民文学出版社，1982年。

陈建功编著:《中国现代文学馆馆藏珍品大系·信函卷·第1辑》，北京：文化艺术出版社，2009年。

陈建军、戚慧:《袁昌英年谱》，北京：商务印书馆，2023年。

陈烈:《双佳楼往事》，香港：中华书局，2021年。

陈西滢:《父与子》，上海：商务印书馆，1930年。

陈西滢:《西滢文录》，沈阳：辽宁教育出版社，2000年。

陈小滢讲述、高艳华记录编选:《乐山纪念册》，北京：商务印书馆，2012年。

陈新华:《风雨琳琅：林徽因和她的时代》，北京：中信出版集团，2020年。

陈学勇:《高门巨族的兰花：凌叔华的一生》，北京：人民文学出版社，2023年。

陈源:《陈西滢日记书信选集》，上海：东方出版中心，2022年。

陈泽泓著:《岭表志谭》，广州：广东人民出版社，2013年。

邓之诚:《骨董琐记全编》，北京：北京出版社，1996年。

顾颉刚:《顾颉刚日记》(第三卷)，台北：联经出版事业公司，2000年。

贺玉波:《中国现代女作家》，上海：现代书局，1932年。

胡适:《胡适来往书信选》，北京：社会科学文献出版社，2013年。

胡适:《胡适来往书信选》，北京：中华书局，1979年。

胡适:《胡适全集》(第23卷)，合肥：安徽教育出版社，2003年。

胡适:《胡适日记全编》，合肥：安徽教育出版社，2001年。

胡适:《胡适文存》，上海：亚东图书馆，1930年。

胡适著，曹伯言整理:《胡适日记全集》，台北：联经出版事业公司，2004年。

胡适著，耿云志主编:《胡适遗稿及秘藏书信》，合肥：黄山书社，1994年。

黄人影编:《当代中国女作家论》，上海：上海书店，1985年。

黄英:《现代中国女作家》，北京：北新书局，1931年。

姜德明:《作家百简》，石家庄：河北教育出版社，2003年。

李菁:《记忆的容颜》，北京：生活·读书·新知三联书店，2012年。

连士升:《连士升文集》(第四卷、第五卷)，北京：北京大学出版社，2011年。

梁实秋:《梁实秋怀人丛录》，北京：中国广播电视出版社，1991年。

林徽因:《林徽因书信集》，南昌：江西人民出版社，2016年。

林徽因著，梁从诫编:《林徽因文集·文学卷》，天津：百花文艺出版社，1999年。

刘运峰编:《中国新文学大系导言集》，天津：天津人民出版社，2009年。

鲁迅:《两地书》，北京：人民文学出版社，2006年。

罗久芳编著:《五四飞鸿：罗家伦珍藏师友书简集》，天津：百花文艺出版社，2010年。

骆明:《一身云烟——我走过的文学道路》，新加坡：骆明工作室，2022年。

孟悦、戴锦华:《浮出历史地表》，郑州：河南人民出版社，1989年。

木令耆编:《海外华人作家散文选》，香港：三联书店（香港）分店，1983年。

浦丽琳:《海外拾珠：浦薛凤家族收藏师友书简》，天津：百花文艺出版社，2012年。

浦丽琳:《家山万里梦依稀》，北京：商务印书馆，2023年。

齐白石:《齐白石诗集》，桂林：漓江出版社，2012年。

沈从文:《沈从文全集》（十三卷、十八卷、二十五卷），太原：北岳文艺出版社，2002年。

沈晖编著:《苏雪林年谱长编》，合肥：安徽文艺出版社，2017年。

施蛰存:《施蛰存作品新编》，北京：人民文学出版社，2009年。

苏雪林:《浮生九四——雪林回忆录》，台北：三民书局，1991年。

苏雪林:《苏雪林日记选（1948—1996）》，北京：商务印书馆，2017年。

苏雪林:《苏雪林作品集·日记卷》，台南：台湾成功大学教务处出版组，1999年。

苏雪林等著，苏雪林教授学术文化基金会编:《绿漪风韵——苏雪林及文友书画集》，台南：雪林教授学术文化基金会，2010年。

台湾成功大学中文系编:《逝水浮云曾照影：名家与苏雪林书信选》，台南：台湾成功大学中文系，2007年。

王炳根:《爱是一切：冰心传》，北京：作家出版社，2016年。

王世襄:《和凌叔华先生一家的交往》，北京：生活·读书·新知三联书店，2010年。

王哲甫:《中国新文学运动史》，北京：杰成印书局，1933年。

文洁若:《梦之谷奇遇》，北京：中国友谊出版公司，1992年。

吴鲁芹:《文人相重》，上海：上海书店出版社，2009年。

吴宓:《吴宓日记》(第三卷、第四卷)，北京：生活·读书·新知三联书店，1998年。

吴宓:《吴宓日记续编》(第五卷)，北京：生活·读书·新知三联书店，2006年。

吴宓:《吴宓诗集》，北京：商务印书馆，2004年。

吴世勇编:《沈从文年谱》，天津：天津人民出版社，2006年。

习庵:《三十年来燕京琐录》，上海：正心书局，1934年。

夏晓虹:《晚清女性与近代中国》，北京：北京大学出版社，2004年。

夏志清、夏济安:《夏志清、夏济安书信集》(卷四：1959—1962)，上海：上海人民出版社，2020年。

夏志清著，刘绍铭等译:《中国现代小说史》，香港：香港中文大学出版社，2001年。

徐志摩、陆小曼:《爱眉小札》，北京：中国国际广播出版社，2013年。

徐志摩:《徐志摩全集》(第三卷、第七卷、第八卷)，北京：商务印书馆，2019年。

严家炎:《中国现代小说流派史》，北京：人民文学出版社，1989年。

杨静远:《让庐日记》，北京：商务印书馆，2015年。

杨义:《中国现代小说史》，北京：人民文学出版社，1986年。

叶公超:《叶公超批评文集》，珠海：珠海出版社，1998年。

叶君健:《叶君健全集》(第十六卷)，北京：清华大学出版社，2010年。

尹雪曼:《鼎盛时期的新小说》，台北：成文出版社，1980年。

郁达夫:《达夫日记集》，上海：北新书局，1935年。

袁婵:《新闺秀的旅吟：凌叔华的生平与文学创作》，香港：中华书局，2020年。

袁克文编:《圭塘唱和诗》，1910年石印本。

袁世凯:《袁世凯奏议》，天津：天津古籍出版社，1987年。

张岱年、邓九平主编:《人淡如菊》，北京：北京师范大学出版社，1997年。

张荫桓著，曹淳亮、林锐选编:《张荫桓诗文珍本集刊》，上海：上海古籍出版社，2013年。

张荫桓著，任青、马忠文整理:《张荫桓日记》，上海：上海书店出版社，2004年。

赵家璧:《编辑忆旧》，北京：中华书局，2008年。

赵家璧:《文坛故旧录——编辑忆旧续集》，西安：西北大学出版社，2019年。

赵园:《论小说十家》，杭州：浙江文艺出版社，1987年。

周作人:《周作人文选》，广州：广州出版社，1995年。

朱保炯、谢沛霖编:《明清进士题名碑录索引》，上海：上海古籍出版社，1980年。

朱东润:《朱东润传记作品全集》(第四卷)，上海：东方出版中心，1999年。

朱自清:《朱自清全集》(第11卷书信补遗编)，南京：江苏教育出版社，1998年。

〔英〕保罗·贝文、〔英〕安妮·韦查德、〔美〕郑达主编:《蒋彝和他的文友：旅英华人的艺术创作与社会交往(1930—1950)》，上海：东方出版中心，2023年。

〔美〕魏淑凌:《家国梦影：凌叔华与凌淑浩》，张林杰译；李娟校译，天津：百花文艺出版社，2008年。

3. 档案资料文献

北京大学档案馆馆藏

武汉大学档案馆馆藏

台湾“中央研究院”近代史研究所数据库

卞赵如兰特藏，香港中文大学馆藏

图书在版编目（CIP）数据

凌叔华年谱 / 袁婵著. — 北京 : 商务印书馆, 2024. —
ISBN 978 - 7 - 100 - 24563 - 0

Ⅰ. K825.6

中国国家版本馆CIP数据核字第2024JK7445号

凌 叔 华 年 谱

袁 婵 著

商 务 印 书 馆 出 版
（北京王府井大街36号 邮政编码 100710）
商 务 印 书 馆 发 行
山西人民印刷有限责任公司印刷
ISBN 978 - 7 - 100 - 24563 - 0

2025年1月第1版　　开本 889×1194 1/32
2025年1月第1次印刷　　印张 13

定价：98.00元